Técnica contable

Rosario Pérez Gómez

EDITEX

ÍNDICE

CÓMO SE USA ESTE LIBRO

El libro de **Técnica contable** consta de once unidades de trabajo. Cada una de ellas arranca con un **caso práctico inicial,** que plantea una situación relacionada con el ejercicio profesional y que está vinculada con el contenido de la unidad. Es el **eje vertebrador de la exposición,** ya que se irá resolviendo a lo largo del tema y se irán incluyendo llamadas junto a aquellos contenidos que guarden relación con él.

El desarrollo de la unidad aparece ordenado en epígrafes y subepígrafes y se acompaña de múltiples **cuadros, tablas, esquemas, fotografías y dibujos,** que refuerzan la explicación.

En los márgenes aparecen textos complementarios con **ampliación** de información y **vocabulario** para profundizar en los conocimientos expuestos.

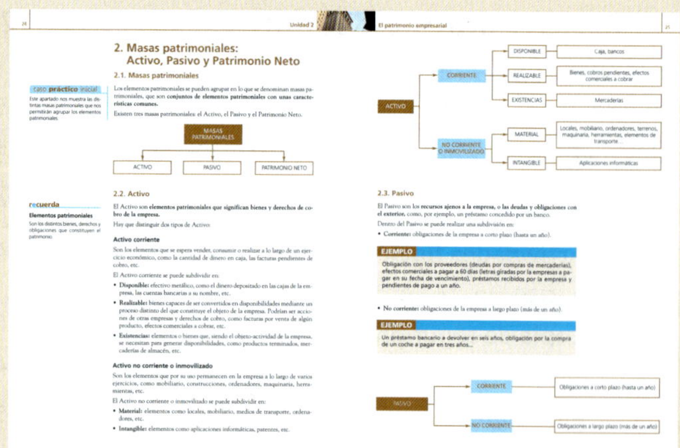

A lo largo de la unidad de trabajo, se incorporan **ejemplos y actividades** que sirven para aclarar los conceptos tratados y facilitar su asimilación.

Recuerda que también se incluyen llamadas sobre el **caso práctico inicial,** para que puedas comprobar si has respondido correctamente a las preguntas que se planteaban al inicio de la unidad.

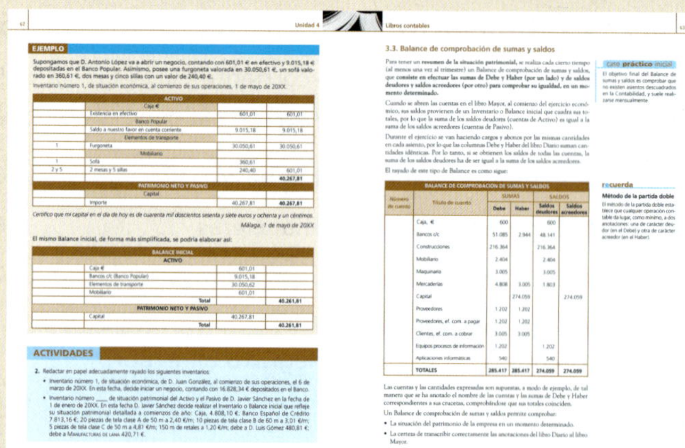

Técnica contable

La doble página de **Actividades finales** te servirá para aplicar los conocimientos adquiridos y para repasar.

Las nuevas tecnologías de la información y la comunicación (TIC) es un área prioritaria en la formación profesional, por lo que, para resolver algunas de estas actividades, debes **entrar en internet** y trabajar con recursos ofrecidos por diferentes instituciones.

Es interesante que dediques un esfuerzo a estas búsquedas, ya que te conectan con la realidad de tu sector profesional y te permiten mantener actualizados tus conocimientos.

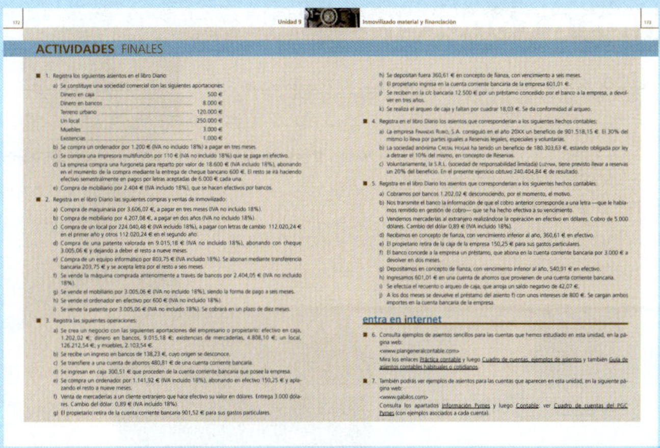
ACTIVIDADES FINALES

entra en internet

En la sección **Práctica profesional** se plantean supuestos que permiten la aplicación práctica de los contenidos, ofreciendo una visión global de los mismos.

Estos supuestos consisten en la simulación de un proceso contable informatizado utilizando el programa **ContaPlus** que, de forma secuenciada y a través de prácticas guiadas, permite aplicar los conocimientos adquiridos a lo largo de cada unidad en un entorno informático, que es lo más cercano a la realidad contable empresarial.

PRÁCTICA PROFESIONAL

Simulación de un proceso contable informatizado

El apartado **En resumen** presenta un mapa conceptual con los conceptos clave de la unidad de trabajo.

Para finalizar, **Evalúa tus conocimientos** consiste en una batería de preguntas tipo test que te permitirán comprobar el nivel de conocimientos adquiridos al término de la unidad.

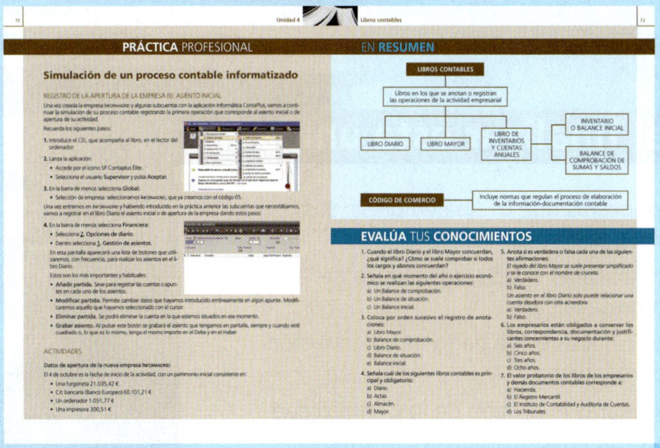
PRÁCTICA PROFESIONAL

Simulación de un proceso contable informatizado

EN RESUMEN

EVALÚA TUS CONOCIMIENTOS

→

1 La actividad económica y la Contabilidad

vamos a conocer...

1. La actividad económica y la empresa
2. La actividad empresarial
3. La Contabilidad

PRÁCTICA **PROFESIONAL**
Utilidad y uso de un programa informático contable en las empresas

y al finalizar esta unidad...

- Conocerás qué es una empresa, sus finalidades, y clases.
- Identificarás el ciclo económico de la actividad empresarial.
- Distinguirás entre pago/gasto, inversión y cobro/ingreso.
- Explicarás el sentido de la Contabilidad, reconociendo sus objetivos y clases.

CASO **PRÁCTICO** INICIAL

situación de partida

«Ranking Global 2000» de las empresas más poderosas elaborado por la revista Forbes en el año 2009.

Ranking	Empresa	País	Actividad principal	Ventas ($ bil.)	Beneficios ($ bil.)	Activo ($ bil.)
1	General Electric	EEUU	Conglomerado *	182,52	17,41	797,77
2	Royal Dutch Shell	Holanda	Petrolera	458,36	26,28	278,44
3	Toyota Motor	Japón	Automoción	263,42	17,21	324,98
4	Exxon Mobil	EEUU	Petrolera	425,70	45,22	228,05
5	BP	Reino Unido	Petrolera	361,14	21,16	228,24
6	HSBC Holdings	Reino Unido	Banca	142,05	5,73	2.520,45
7	AT&T	EEUU	Telecomunicaciones	124,03	12,87	265,25
8	Wal-Mart Stores	EEUU	Grandes almacenes	405,61	13,40	163,43
9	Banco Santander	España	Banca	96,23	13,25	1.318,86
10	Chevron	EEUU	Petrolera	255,11	23,93	161,17
...						
31	Telefónica	España	Telecomunicaciones	80,70	10,57	129,16
...						
40	BBVA	España	Banca	56,51	6,99	747,99

* General Electric: multinacional de infraestructuras, servicios financieros y medios de comunicación, presente en más de 100 países, y con más de 300.000 empleados en todo el mundo.

En el «Ranking Global 2000» se incluyen anualmente las dos mil compañías más importantes del mundo según sus beneficios, ventas, activos y valor en el mercado. Esta lista compite con la tradicional lista «Fortune 500», que se basa únicamente en los ingresos de las compañías.

estudio del caso

La mayoría de las empresas, desde multinacionales a microempresas, sabiendo que los recursos para producir bienes y servicios son limitados y que nuestras necesidades y deseos son casi ilimitados, se enfrentan diariamente a un mismo problema, y se preguntan: ¿Qué bienes y servicios deben producir y en qué cantidad? ¿Cómo deben producirlos y para quién deben producirlos?

A lo largo de esta unidad de trabajo encontrarás suficientes argumentos para contestar a las siguientes cuestiones que se nos pueden plantear analizando el cuadro inicial de clasificación de las empresas más fuertes a escala mundial.

1. ¿Qué tipo de actividades económicas realizan y cuáles son las más destacadas?
2. ¿Cuál es el tamaño de la empresa, atendiendo al volumen de ventas, al valor del activo, al número de empleados y al sector al que pertenecen?
3. ¿A qué sector económico o sectores pertenece?
4. ¿Cuáles son sus formas jurídicas y los riesgos que asumen?
5. ¿Qué significan y qué diferencias hay entre un ingreso (nivel de ventas o cifra de negocios) y un cobro?
6. ¿Cuáles son los conceptos estrechamente relacionados de inversión (activo), gasto y pago?
7. ¿Qué relación y diferencias existen entre los conceptos completamente distintos de liquidez, beneficio y rentabilidad?

Entra en el portal <www.forbes.com> donde puedes encontrar, en inglés, una gran cantidad de datos muy significativos que te ayudarán a realizar diferentes análisis según las variables que desees estudiar.

Para obtener la información en español, debes acceder por ejemplo al buscador <www.google.es>, a continuación escribir «forbes.com» y pulsar enter. En primer lugar aparecerá la página web <www.forbes.com>. Entonces debes pulsar en el enlace <traducir esta página> y aparecerá toda la información en español.

1. La actividad económica y la empresa

1.1. La actividad económica

Ante la complejidad de la satisfacción de las necesidades sociales actuales y la escasez de los bienes, la actividad económica es el eje de la organización contemporánea y a ella se dedica buena parte del esfuerzo colectivo.

Se entiende por **actividad económica** aquella que desarrollan las personas y la sociedad, de forma racional, para cubrir sus necesidades con los bienes limitados de que disponen y con el fin de conseguir un uso óptimo de los mismos.

Para desarrollar una actividad económica, hay que tener en cuenta:

- **Qué** bienes o servicios van a producirse.
- **Cómo** van a producirse; es decir, qué técnica es la más adecuada y económica.
- **Para quién** se va a producir; es decir, quién demanda o necesita.

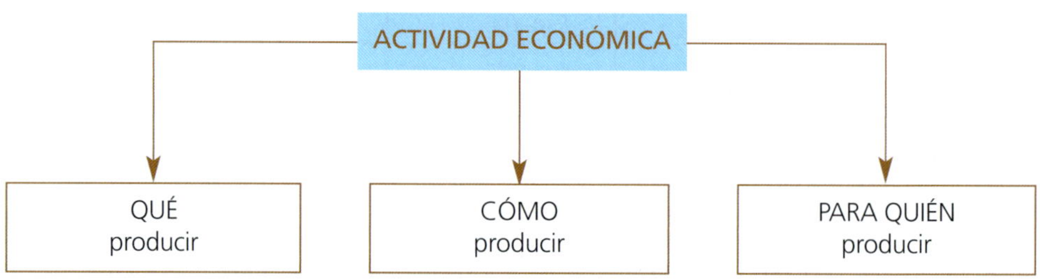

Del estudio de la actividad económica se deducen dos conceptos:

- **Producción:** crear, transformar u optimizar los bienes.
- **Consumo:** utilizar los bienes producidos.

Aparecen, pues, por una parte, los productores que ofertan bienes al mercado y, por otra, los consumidores o receptores finales de los productos, que ven satisfechas sus necesidades.

Existen dos tipos de unidades económicas básicas:

- **Unidades de consumo:** las personas o las familias.
- **Unidades de producción:** las empresas.

1.2. La empresa

Se denomina **empresa** a la unión de capital, técnica y trabajo humano (físico o intelectual) que está orientada a producir bienes o servicios para su oferta a posibles consumidores, y a obtener el mayor beneficio posible.

Las dos finalidades básicas de la empresa son:

- **Producir bienes o servicios** para su oferta a posibles consumidores.
- **Obtener los mayores márgenes de beneficio posibles.**

vocabulario

Capital: conjunto de bienes materiales o financieros que posibilitan la producción de nuevos bienes mediante el trabajo.

Trabajo: combinación de esfuerzos físicos, manuales o intelectuales de distintas personas para crear riqueza.

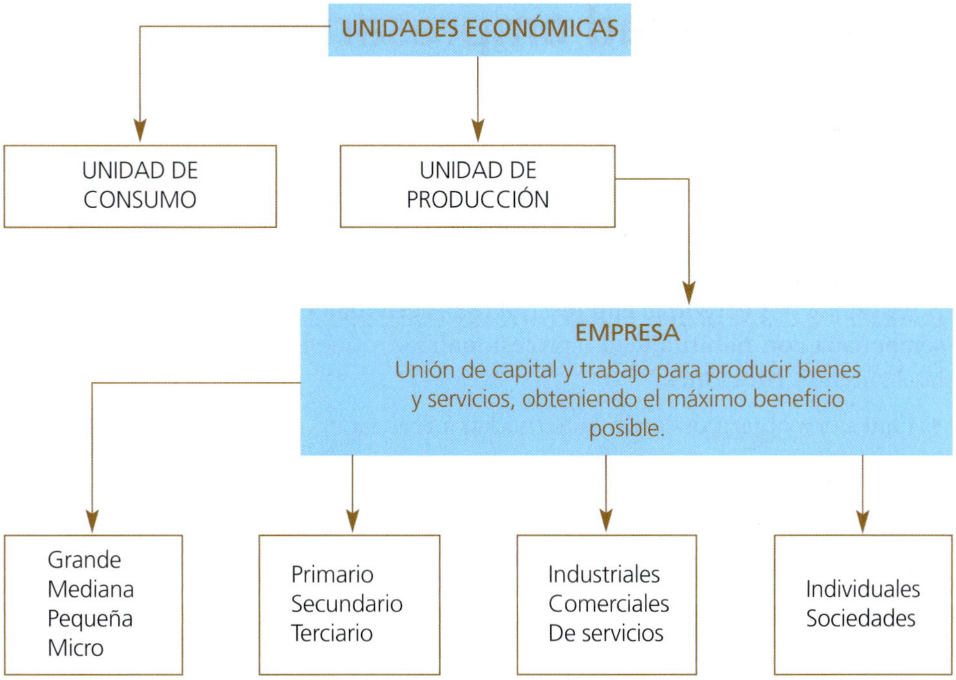

Las empresas se pueden clasificar por:

Tamaño

- **Grandes, medianas, pequeñas y micros:** en general, la clasificación depende del número de trabajadores y del volumen de negocio que tenga la empresa.

Sectores

- **Primario:** agropecuarias (agrícolas, ganaderas y forestales) y extractivas (mineras y pesqueras).
- **Secundario:** transfoman materias primas en productos terminados (industriales).
- **Terciario:** no hay proceso productivo (comerciales, financieras, de transportes, seguros, hostelería, reparaciones, agencias de viajes, gestorías, etc.).

Actividad

- **Industriales:** transformadoras de materias primas en productos terminados.
- **Comerciales:** no producen; compran un producto que luego venden sin que precise transformación.
- **De servicios:** venden o prestan servicios.

Forma

- **Empresas individuales:** persona que, en su nombre y asumiendo todos los riesgos, constituye una empresa.
- **Sociedades:** persona o personas que deciden poner en común un patrimonio para constituir sociedades, como podrían ser sociedades de responsabilidad limitada, sociedades anónimas, sociedades cooperativas, sociedades anónimas laborales, etc.

caso práctico inicial

Aplicando estos criterios de clasificación de las empresas, podrás responder a las cuatro primeras cuestiones planteadas en el caso práctico inicial.

2. La actividad empresarial

2.1. Actividad empresarial

En toda sociedad moderna la actividad empresarial desarrolla un papel esencial como consecuencia de las crecientes necesidades sociales, el aumento de la capacidad de producción y el consumo masivo de productos.

Se entiende por actividad empresarial toda **actividad económica organizada, desempeñada con habitualidad** o profesionalidad y que habrá de caracterizarse por las siguientes **funciones:**

- Fijar unos objetivos según la actividad a realizar.
- Realizar operaciones con ánimo de lucro.
- Tomar decisiones.
- Asumir riesgos.
- Analizar las expectativas futuras.

Toda actividad empresarial sigue un proceso, entendiendo como tal el conjunto de operaciones o de fases que tienen lugar, bien en la compraventa de bienes o servicios (actividad comercial o de servicios), o bien en la transformación de materias primas en productos terminados (actividad industrial).

Dicho **proceso** habrá de cumplir los siguientes **requisitos:**

- Que existan unos objetivos.
- Que exista una estructura sólida (instalaciones, máquinas, etc.) que permita conseguir los objetivos marcados.
- Que exista una organización.
- Que se aplique una tecnología y una técnica.

Para desarrollar el proceso de una actividad empresarial se necesitará de una **financiación** que podrá ser:

- **Propia:** aportaciones del empresario o propietarios (capital) o beneficios que no se distribuyen y permanecen para autofinanciación (reservas).
- **Ajena:** pagos aplazados de productos, préstamos o créditos bancarios, etc.

También, en toda actividad empresarial se precisan unos **factores de producción** que podrán ser: **humanos** (trabajo) y **materiales** (capital).

vocabulario

Financiación: operación que consiste en dotar de recursos financieros (monetarios y otros medios de pago) a una empresa.

Factores de producción: recursos de la sociedad que se utilizan en el proceso productivo.

2.2. Ciclo económico de la actividad empresarial

La empresa se interrelaciona con lo que llamaremos mundo exterior, estableciéndose dos tipos de corrientes: una corriente de productos y una corriente de dinero o de financiación.

La empresa conseguirá del mundo exterior determinados recursos para poder alcanzar sus objetivos, lo que dará lugar a una serie de bienes y servicios.

El mundo exterior comprará a la empresa productos, bien para su consumo, o bien para la venta o transformación.

Estas relaciones darán lugar a una serie de pagos y cobros, así como a deudas y derechos de cobro.

En general, las operaciones que realiza una empresa en su actividad con el mundo exterior constituyen el **ciclo económico externo**. Si no se tienen en cuenta las relaciones con terceros y el objetivo es determinar la formación de costes, sus operaciones establecen el **ciclo económico interno**.

El **ciclo de negocio de una empresa comercial o de servicios** consiste fundamentalmente en la compra de bienes y servicios para su posterior venta.

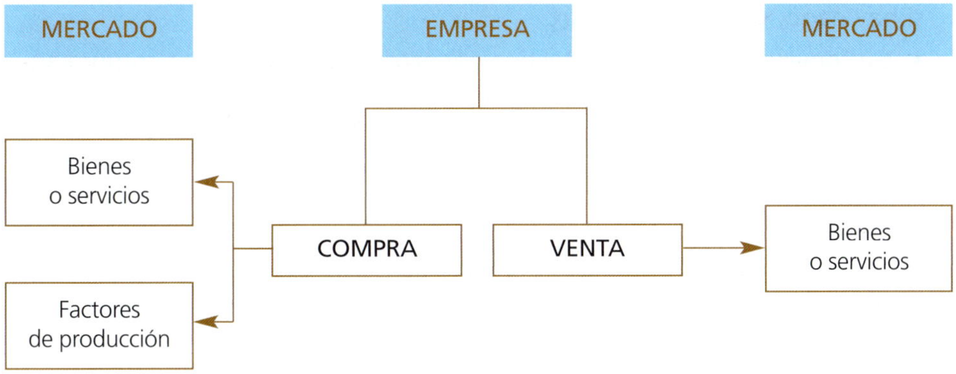

El **ciclo de negocio de una empresa industrial** consiste en la compra de materias primas para su fabricación o transformación en productos terminados.

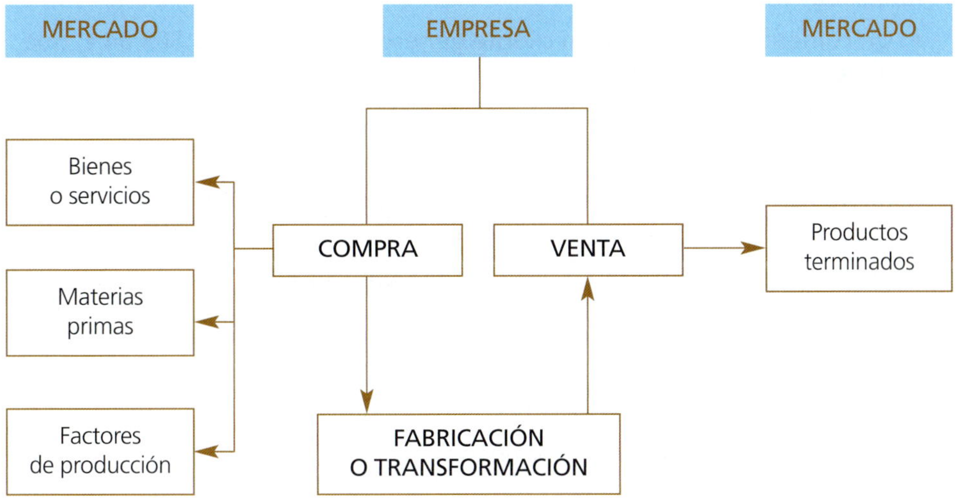

saber más

Coste

Es la medida del consumo realizado para obtener un bien o servicio, o lo que es lo mismo, la aplicación de un gasto al proceso que constituye la actividad habitual de la empresa.

2.3. Inversión, pago/gasto y cobro/ingreso

Sería conveniente distinguir entre lo que significan, para una empresa, los conceptos de inversión, pago y gasto:

- **Inversión** es la compra de bienes que se necesitan para iniciar y mantener la actividad, pero que no se incorporan o consumen en el proceso habitual de la actividad empresarial. Por ejemplo: un local, un mueble, un vehículo, etc.
- **Pago** es el desembolso o salida de dinero.
- **Gasto** es el consumo de un bien o servicio destinado al proceso habitual de la actividad de la empresa. Por ejemplo: compra de géneros propios de la actividad, recibo de la luz, un seguro, una reparación, etc.

Y también se puede diferenciar entre ingreso y cobro:

- **Cobro** es la entrada de dinero.
- **Ingreso** es la venta de productos y servicios que constituyen la actividad habitual de la empresa.

EJEMPLOS

En las siguientes operaciones de la actividad empresarial determinaremos si hay pago, gasto o inversión:

- **Un comerciante paga en efectivo géneros que debía de una compra anterior por valor de 601 €.**

  Esto supone:

  a) Salida de dinero de caja.

  b) Anulación de su deuda.

  Por tanto, hay pago. No hay gasto, ni inversión.

- **Un propietario de una papelería abona por banco el recibo del teléfono, que asciende a 72 €.**

  Esto supone:

  a) Salida de dinero del banco.

  b) Consumo de un servicio.

  Por tanto, hay pago y hay gasto. No existe inversión.

En las siguientes operaciones de la actividad empresarial, determinaremos si hay ingreso o cobro:

- **Un comerciante vende a un cliente géneros por valor de 1.803,04 €, que quedan pendientes de cobro.**

  Esto supone:

  a) Venta de géneros.

  b) No hay entrada de dinero. Se debe la cantidad expresada.

  Por tanto, hay ingreso y no hay cobro.

- **El cliente anterior abona su deuda al comerciante.**

  Esto supone:

  a) Entrada de dinero.

  b) Anulación del derecho de cobro.

  Por tanto, hay cobro y no existe ingreso.

caso **práctico** inicial

Leyendo y analizando este apartado podrás responder a las tres últimas cuestiones planteadas.

saber más

Diferencia entre liquidez y rentabilidad

La liquidez nos muestra la capacidad del negocio de hacer frente a los pagos.

Sin embargo, la rentabilidad indica la relación existente entre los ingresos y los gastos.

EJEMPLOS

(Continuación)

En la siguiente operación de la actividad empresarial, determinaremos si hay pago, gasto, inversión, cobro o ingreso:

- **Un comerciante compra géneros, que precisa transportar, por valor de 781,32 €, abonando con un cheque 901,52 € por ambos conceptos.**

  Posteriormente vende estos géneros por 1.202,02 €, que cobra en efectivo. Se hace cargo del transporte de la venta por 90,15 €, que paga al transportista.

  Esto supone:

Valor del género comprado	781,32 € (pagado)
Gastos de comercialización:	
— Transporte compra	120,20 € (pagado)
— Transporte venta	90,15 € (pagado)
TOTAL GASTOS	991,67 €
Precio del género vendido	1.202,02 € (cobrado)
TOTAL INGRESOS	1.202,02 €

Por tanto, hay pago y hay gastos por 991,67 €.

También hay cobro e ingresos por 1.202,02 €. No existe inversión.

ACTIVIDADES

1. En las siguientes operaciones determina si hay pago, gasto o inversión:

- Un comerciante recibe la factura de un taller de reparaciones de automóviles, que aun no ha abonado, por 180,30 €.
- El propietario de un pequeño negocio compra una furgoneta para el reparto que le cuesta 12.020,24 € y que abona mediante un cheque bancario.
- Un pequeño empresario alquila un local para establecer su negocio y abona 1.500 € por el arrendamiento.

2. En las siguientes operaciones determina si hay cobro o ingreso:

- Se venden géneros por 1.502,53 €, que se cobran en efectivo.
- Están pendientes de cobro 300 € por un transporte realizado por la empresa.
- Se llevan al banco 800 € procedentes de la caja de la empresa.

3. En las siguientes operaciones determina si hay pago, gasto, inversión, cobro o ingreso:

- El propietario de un comercio compra mobiliario por valor de 2.500,75 € abonando en efectivo 500,75 € y dejando a deber el resto.
- Se abona por banco el recibo de la luz por 97,50 €.
- Venta de géneros por 3.350,60 € cobrando en efectivo 350,60 € y quedando pendientes de cobro el resto.

3. La Contabilidad

3.1. Necesidad de control y registro en la gestión empresarial

Cualquier persona o familia trata de controlar y planificar sus gastos y sus ingresos y sabe que no debe gastar más de lo que ingresa.

Cualquier ciudadano normal considera conveniente ahorrar ciertas cantidades de dinero para gastos imprevistos, o bien para comprar cosas, de más valor, que necesita o desea tener.

La mayoría de las personas que consiguen generar ahorros procuran invertirlos de la manera que les resulte más adecuada y rentable.

Todos, cuando compramos algo, estudiamos la mejor manera de hacer esa compra: al contado, a plazos, con qué tipo de plazos, etc.

Por tanto, suele ser habitual que registremos o anotemos nuestros gastos, ingresos, pagos, cobros, ahorros, inversiones, etc. Si una persona o familia lleva este tipo de control, cómo no habría de llevarlo una empresa o negocio.

La actividad empresarial que se desarrolla en las sociedades avanzadas puede llegar a ser de una enorme complejidad, por lo que resulta absolutamente necesario que las empresas controlen y registren todas sus operaciones con la mayor precisión posible.

Las empresas habrán de registrar sus operaciones de tal manera que sean capaces de conocer, valorar e interpretar la situación económica que presentan en un momento determinado.

↑ Tanto las personas, como las empresas, necesitan llevar un control de sus gastos.

3.2. Definición de Contabilidad y objetivos

La Contabilidad puede definirse como la **ciencia que registra y anota las operaciones realizadas por una empresa de forma que tales anotaciones permitan conocer la exacta situación económica y financiera de la entidad y el cambio seguido para llegar a ella.**

El **objetivo** fundamental de la Contabilidad es, por tanto, **informar de la gestión empresarial.**

La Contabilidad deberá informar sobre:

- La situación económica y financiera de la empresa.
- Los resultados de cada ejercicio económico (un año) que tenga la empresa: beneficios o pérdidas y los motivos de dichos resultados.
- Cualquier dato que sirva para mejorar el funcionamiento de la empresa.

La Contabilidad puede analizar la situación económica y financiera de la empresa:

- Estáticamente: en un momento determinado.
- Dinámicamente: teniendo en cuenta los cambios o movimientos a lo largo del tiempo.
- Cuantitativamente: atendiendo a las cantidades.
- Cualitativamente: atendiendo a los conceptos.

3.3. Tipos o clases de Contabilidad

La Contabilidad puede clasificarse atendiendo al sujeto y al objeto de la misma.

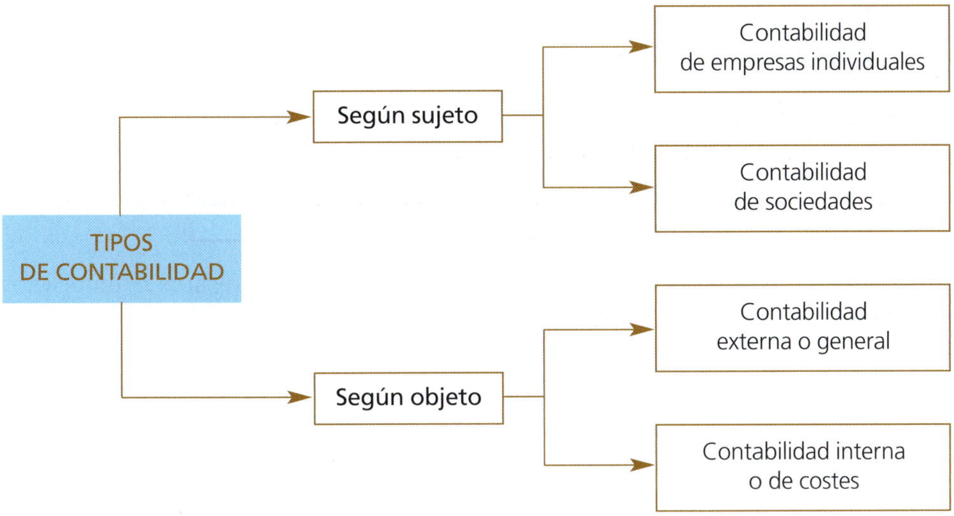

Atendiendo al **sujeto,** se distingue entre:

- **Contabilidad de empresas individuales,** cuando el titular de la empresa es una persona física, por ejemplo, un comerciante individual.
- **Contabilidad de sociedades,** si el titular de la empresa es una persona jurídica o, lo que es lo mismo, una sociedad.

Por el **objeto,** podemos clasificar la Contabilidad en:

- **Contabilidad externa o general** (también llamada financiera), que registra de forma general todo tipo de operaciones teniendo en cuenta la circulación externa, es decir, las relaciones de las empresas con terceros. Esta Contabilidad es la que se lleva en todo tipo de empresas.
- **Contabilidad interna o de costes** (también llamada analítica) que tiene por objeto determinar el coste de transformación de las materias primas en productos terminados, siendo utilizada normalmente por las empresas industriales transformadoras.

saber más

Empresarios y sociedades

Un empresario individual, como **persona física,** no requiere ninguna autorización previa y la ley solo le exige tener capacidad legal.

Una **persona jurídica** es una sociedad con una o más personas que, en virtud de un contrato, se comprometen a poner en común patrimonio o trabajo para el ejercicio de una actividad empresarial.

ACTIVIDADES FINALES

■ 1. Una empresa individual se dedica a la compraventa de mobiliario y tiene 10 trabajadores. Clasifica a esta empresa por:

Tamaño ______ Actividad ______

Sector ______ Forma ______

■ 2. Una sociedad limitada que tiene 300 trabajadores y que tiene como actividad empresarial la fabricación de piezas o componentes para ordenadores, ¿cómo la clasificarías?

■ 3. Copia, completa y explica el siguiente cuadro que corresponde al ciclo de negocio de una empresa industrial:

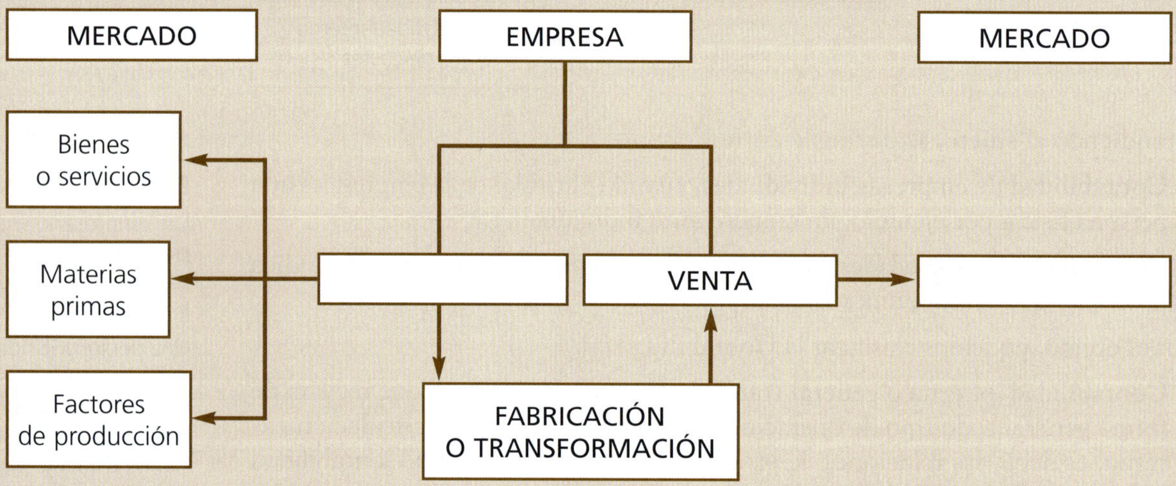

■ 4. Copia y completa el siguiente cuadro de clasificación de la Contabilidad:

■ 5. Una empresa que se dedica a la fabricación de televisores, ¿qué tipo de Contabilidad llevará, externa o interna? Razona la respuesta.

■ 6. Un comerciante de electrodomésticos, ¿necesitará llevar una Contabilidad interna? ¿Por qué?

■ 7. Determina si hay pago, gasto o inversión en las siguientes operaciones de la actividad empresarial:

a) Un comerciante abona por banco el recibo de la luz, que asciende a 150,25 €.
b) Una pequeña empresa de materiales plásticos compra un ordenador para su oficina por 1.202,02 €, que deja a deber.

- 8. En las siguientes operaciones de la actividad empresarial, determina si hay ingreso o cobro.

  a) Un comerciante vende géneros a un cliente por valor de 901,52 €, que quedan pendientes de cobro.

  b) El cliente anterior abona su deuda al comerciante.

- 9. En la empresa que trabajamos se realizan las siguientes operaciones:

  a) Vendemos géneros a clientes por valor de 721,21 €, cobrando 120,20 € en efectivo y dejando a deber el resto.

  b) Se compran géneros por valor de 3.275,52 €, pagando en efectivo 871,47 € y dejando a deber el resto.

  c) Compramos mobiliario por valor de 3.606,07 €, pagando por Banco 901,52 € y dejando a deber el resto a 8 meses.

  d) Compra de géneros por valor de 5.108,60 € que dejamos a deber.

  e) Pagamos la deuda anterior.

  Determina si hay pago, gasto, inversión, cobro o ingreso.

- 10. En las siguientes operaciones de la actividad empresarial, determina:

  • Si hay pago, gasto, inversión, ingreso o cobro.

  • El tipo de Contabilidad —habitual y más adecuada— en que se reflejarían.

  a) Compra de géneros por 420,71 €, que se abonan en efectivo.

  b) Llega el recibo del alquiler de un local comercial que asciende a 721,21 € y que aún no se ha abonado.

  c) Una pequeña fábrica de pan ha realizado ventas por valor de 2.404,05 €, que han sido cobradas en efectivo.

  d) Una tienda de material deportivo ha vendido género por 3.340,50 €, que están pendientes de cobrar por banco.

  e) Un fontanero compra un vehículo para desplazarse en su trabajo por 13.500 €, abonando 3.500 € y dejando a deber el resto.

entra en internet

- 11. Busca más información sobre la pequeña y mediana empresa consultando la página web <www.ipyme.org>

  Encuentra información sobre:

  • Definición de pyme.

  • Formas jurídicas de empresas.

- 12. Entra en la web: <www.ciberconta.unizar.es/LECCION/pyme1/inicio.HTML>

  En ella se explica la importancia actual de la pequeña y mediana empresa.

  Observa los datos de los cuadros que se facilitan.

- 13. Entra en la página web: <www.5campus.com/leccion/cf001/INICIO.HTML>

  Busca información sobre los destinatarios o usuarios de la Contabilidad.

PRÁCTICA PROFESIONAL

Simulación de un proceso contable informatizado

UTILIDAD Y USO DE UN PROGRAMA INFORMÁTICO CONTABLE EN LAS EMPRESAS

Se puede realizar la Contabilidad por el **procedimiento manual**, pero su práctica empresarial presenta **importantes inconvenientes,** como son: lentitud para desarrollar y registrar algunos procesos, trabajo excesivamente rutinario en ciertos momentos y mayor probabilidad de errores.

Estos inconvenientes que se acrecientan en algunas fases del ciclo contable, tienen **soluciones** si se consigue organizar adecuadamente el trabajo y emplear algún procedimiento informatizado que facilite la labor contable.

Lo habitual es, por tanto, emplear **software o programas de aplicación informática** en todo tipo de negocios o empresas. Con el programa **ContaPlus** vamos a simular un proceso contable informatizado a lo largo del libro, que te permitirá acercarte a la realidad contable empresarial.

ACTIVIDADES

1. Introduce el CD, que acompaña al libro, en el lector del ordenador.

2. Instala la aplicación siguiendo las instrucciones que se indican en la pantalla.

3. Una vez instalado, lanza la aplicación:

- Accede por el icono **SP Contaplus Élite.** 

- Selecciona el usuario **Supervisor y pulsa Aceptar.**

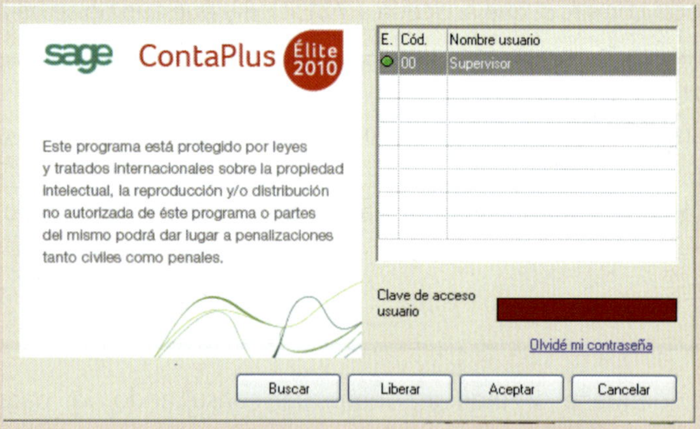

Este es el entorno de trabajo con el que vamos a operar:

- **Barra de empresa activa:** es importante saber dentro de qué empresa estamos trabajando e introduciendo datos. 

- Barra de menús. 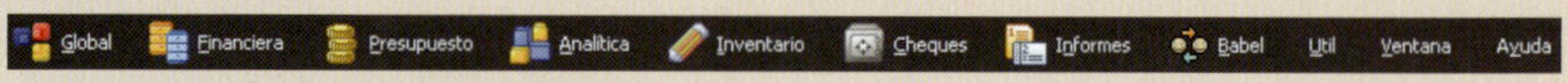

- Barra de iconos. 

EN RESUMEN

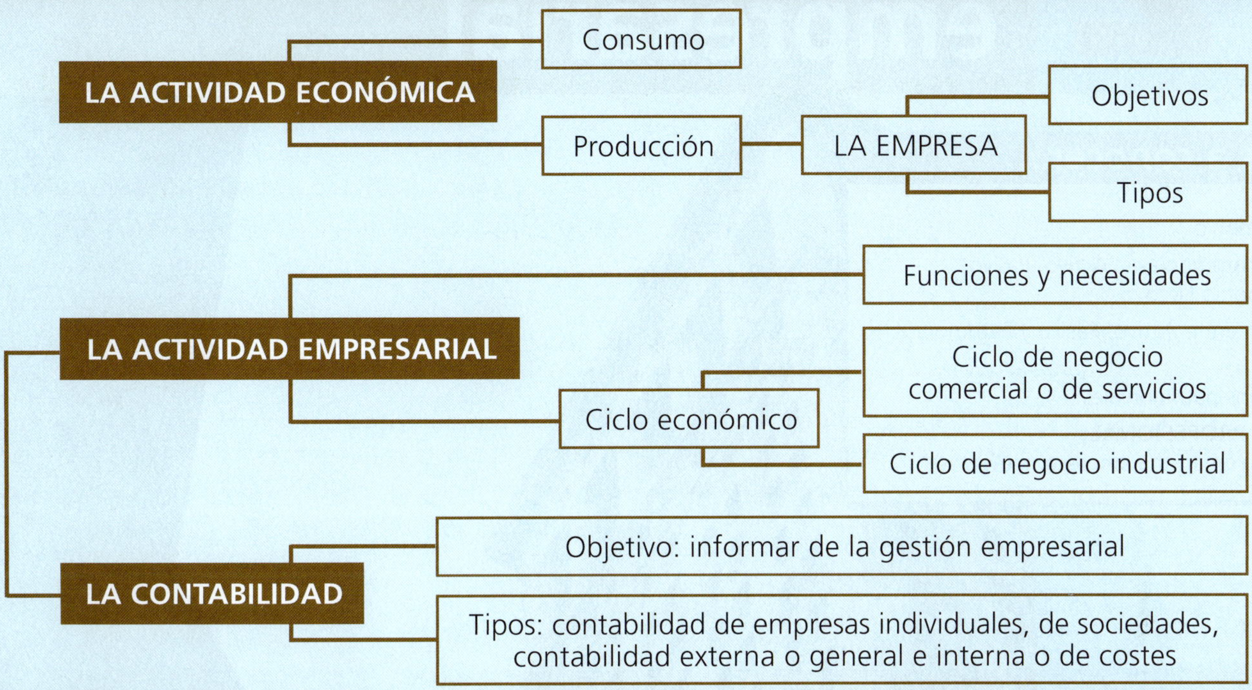

EVALÚA TUS CONOCIMIENTOS

1. Para desarrollar una actividad económica hay que tener presente:

a) _________ bienes y servicios van a producirse.
b) _________ van a producirse los bienes y servicios.
c) _________ se van a producir los bienes y servicios.

2. Indica si es verdadero o falso:

El factor de producción «capital» es la combinación de esfuerzos físicos, manuales o intelectuales de distintos individuos para crear riqueza.

a) Verdadero.
b) Falso.

3. Indica si es verdadero o falso:

Las dos finalidades básicas de la empresa son: producir bienes o servicios para su oferta a posibles consumidores y obtener los mayores márgenes de beneficio posibles.

a) Verdadero.
b) Falso.

4. Marca las opciones correctas:

La Contabilidad tiene como objetivo fundamental informar sobre:

a) La situación económica y financiera de la empresa.
b) La toma de decisiones.
c) El mundo exterior.
d) Los resultados de cada ejercicio económico.
e) Los motivos de los resultados de la empresa.
f) El mercado de consumo y de productos.

5. Un cobro es:

a) Una inversión.
b) Un ingreso.
c) Una entrada de dinero.
d) Una salida de dinero.

6. Marca las opciones correctas:

La Contabilidad puede ser:

a) De empresas individuales.
b) De resultados.
c) General.
d) De ciclos.
e) Interna.
f) Abierta.
g) De sociedades.

7. Marca las opciones correctas:

Las empresas pueden ser:

a) Abiertas o cerradas.
b) Comerciales, industriales o de servicios.
c) De consumo o de producción.
d) De trabajo o de capital.
e) Individuales o sociedades.
f) Pequeñas, medianas o grandes.

2 El patrimonio empresarial

vamos a conocer...

1. El patrimonio
2. Masas patrimoniales: Activo, Pasivo y Patrimonio Neto
3. Relación entre Activo, Pasivo y Patrimonio Neto
4. Equilibrios patrimoniales

PRÁCTICA **PROFESIONAL**
Añadir o crear una empresa nueva

y al finalizar esta unidad...

- Explicarás los conceptos de patrimonio, elementos patrimoniales y masas patrimoniales.
- Distinguirás entre las diferentes clases de Activo y Pasivo.
- Aplicarás la relación entre Activo y Pasivo para hallar el Patrimonio Neto de una empresa o negocio.
- Diferenciarás entre equilibrio contable y equilibrio o desequilibrio económico.

CASO **PRÁCTICO** INICIAL

situación de partida

Carlos, estudiante del ciclo formativo de Técnico en Gestión Administrativa, recibe una relación desordenada de todos los elementos que constituyen la empresa que ha heredado recientemente, cuya actividad principal es la compraventa de productos de alimentación.

Al día siguiente intenta ordenar dicha relación para tratar de entenderla, y se plantea una serie de cuestiones sobre dicho negocio para valorar qué decisiones debe tomar, por lo que considera prioritario conocer su Patrimonio Neto, es decir, las fuentes de financiación propias de la empresa, su activo, formado por los bienes, derechos y otros recursos controlados económicamente, y su pasivo, formado por las deudas y obligaciones contraídas con terceros, así como la situación de la empresa, si está saneada o en quiebra.

La relación de los elementos patrimoniales de la empresa es la siguiente:

Dinero en caja	3.000
Furgoneta para reparto	12.000
Préstamo del banco	90.000
Local comercial	120.000
Debe a un proveedor	30.000
Le debe un cliente	45.000
Estanterías	10.000
Muebles	7.000
Productos de alimentación	20.000
Aportación de los propietarios	3.000
Reservas	94.000

estudio del caso

Partiendo de que la contabilidad es la ciencia que estudia y refleja la imagen del patrimonio de la empresa, su situación financiera y las pérdidas o ganancias, a lo largo de esta unidad iremos adquiriendo los conocimientos suficientes para ayudar a Carlos a determinar en qué situación se encuentra la empresa, y para ello, seguiremos los siguientes pasos:

1. Identificar los elementos patrimoniales que constituyen la empresa, es decir, los bienes, derechos de cobro y obligaciones.
2. Clasificar y agrupar dichos elementos patrimoniales con características homogéneas o características comunes en tres grandes masas patrimoniales (Activo, Patrimonio Neto y Pasivo), en función de su pertenencia a la estructura económica o financiera de la empresa.
3. Establecer la ecuación fundamental de la contabilidad, o equilibrio contable: Activo = Pasivo + Patrimonio Neto, expresando numéricamente el valor de cada uno de ellos.
4. Identificar la riqueza empresarial que posee, calculando la diferencia entre la suma del valor de los bienes y derechos (Activo) y el valor de las deudas y obligaciones con terceros (Pasivo). A este resultado se le denomina Patrimonio Neto:

   Activo – Pasivo = Patrimonio Neto.

   Valor del Patrimonio Neto = (Bienes + Derechos) – Obligaciones
5. Sabiendo que la empresa se financia con los recursos aportados por terceros (Pasivo) y por fuentes propias (Patrimonio Neto) con la finalidad de invertir en bienes, derechos y otros recursos (Activo) necesarios para el desarrollo de la actividad empresarial, debemos comparar la estructura económica (Activo) con la estructura financiera (Pasivo + Patrimonio Neto), para analizar y determinar en qué situación patrimonial se encuentra la empresa, desde el punto de vista económico-financiero.
6. Finalmente, a través del estudio realizado, comprobaremos cómo en este supuesto existe una situación de equilibrio patrimonial, al tener un Activo superior al Pasivo, así como una adecuada relación entre la financiación propia y la ajena.

1. El patrimonio

1.1. Concepto de patrimonio

El patrimonio es el objeto de estudio de la Contabilidad

La Contabilidad mide, valora y representa el patrimonio de la empresa y sus variaciones a lo largo del tiempo. Por tanto, evalúa el patrimonio inicial y registra sus posteriores modificaciones.

Patrimonio se suele identificar con riqueza; sin embargo, el patrimonio es un todo, que está constituido por el conjunto de medios económicos y financieros de una empresa. A través de estos medios, la empresa pretende lograr sus objetivos, entre los que destaca la obtención del máximo beneficio posible.

El patrimonio empresarial es el conjunto de bienes, derechos de cobro, deudas y obligaciones, que constituirán el caudal económico y financiero que le posibilitarán alcanzar sus fines.

Se puede decir que el patrimonio está compuesto por dos grandes grupos: uno de signo positivo y otro de signo negativo:

+ Grupo de elementos de signo positivo: formado por los bienes y derechos de cobro a favor de la empresa

– Grupo de elementos de signo negativo: compuesto por las deudas y obligaciones de la empresa

vocabulario

Normalización contable: llevar a cabo un plan o modelo de organización contable para que sea utilizado por todas las empresas.

EJEMPLOS

Se pueden considerar elementos de signo positivo: el dinero depositado en la caja, el local propiedad de la empresa, una factura pendiente de cobro por la venta de géneros, una furgoneta de reparto, etc.

Y pueden ser elementos de signo negativo: una deuda por la compra de ordenadores, un préstamo que le concedió el banco, etc.

1.2. Elementos patrimoniales

El patrimonio está compuesto por diferentes tipos de elementos. Se denominan, por tanto, elementos patrimoniales a **los distintos bienes, derechos y obligaciones que constituyen el patrimonio.** Estos elementos pueden ser:

- **Bienes,** objetos propiedad de la empresa, como:
  - — Dinero en efectivo.
  - — Dinero depositado en los bancos.
  - — Locales, pisos y todo tipo de construcciones.
  - — Terrenos.
  - — Mobiliario.
  - — Ordenadores.
  - — Programas informáticos, etc.

saber más

Registros contables

La Contabilidad registra y anota las operaciones de una empresa en libros contables para conocer su situación económica y financiera.

- **Derechos,** créditos a favor de la empresa, como:
  — Derechos de la empresa a cobrar, cantidades que se le adeudan.
  — Derechos de la empresa a realizar, determinados actos comerciales, industriales o financieros.
- **Obligaciones,** créditos o deudas de la empresa con respecto a otras personas:
  — Deudas por compras.
  — Créditos a favor de los bancos.
  — Capital aportado por el propietario, etc.

Cada uno de los elementos es registrado y medido por la Contabilidad. Se registrarán los elementos patrimoniales al comenzar el ejercicio económico para posteriormente anotar sus variaciones: ventas, compras, cobros, pagos, etc. Al final se ordenará toda la información para determinar los beneficios o las pérdidas y el valor del patrimonio, en ese momento del ejercicio.

EJEMPLO

Clasificar los siguientes elementos patrimoniales de una empresa en bienes, derechos y obligaciones:

Dinero en cuenta corriente bancaria	Bien
Maquinaria	Bien
Derecho de cobro por venta	Derecho
Préstamo bancario	Obligación
Capital	Obligación
Dinero depositado en caja	Bien
Local de su propiedad	Bien
Vehículo	Bien
Facturas pendientes de pago	Obligación
Facturas pendientes de cobro	Derecho
Anticipo de dinero a la empresa hecho por un cliente	Obligación
Existencias en el almacén	Bien
Aplicaciones informáticas	Bien
Anticipo de una empresa para una futura compra	Derecho
Ordenador	Bien

caso práctico inicial

Este apartado nos muestra los distintos elementos patrimoniales que nos ayudarán a identificar los del caso práctico inicial.

2. Masas patrimoniales: Activo, Pasivo y Patrimonio Neto

2.1. Masas patrimoniales

caso práctico inicial

Este apartado nos muestra las distintas masas patrimoniales que nos permitirán agrupar los elementos patrimoniales.

Los elementos patrimoniales se pueden agrupar en lo que se denominan masas patrimoniales, que son **conjuntos de elementos patrimoniales con unas características comunes.**

Existen tres masas patrimoniales: el Activo, el Pasivo y el Patrimonio Neto.

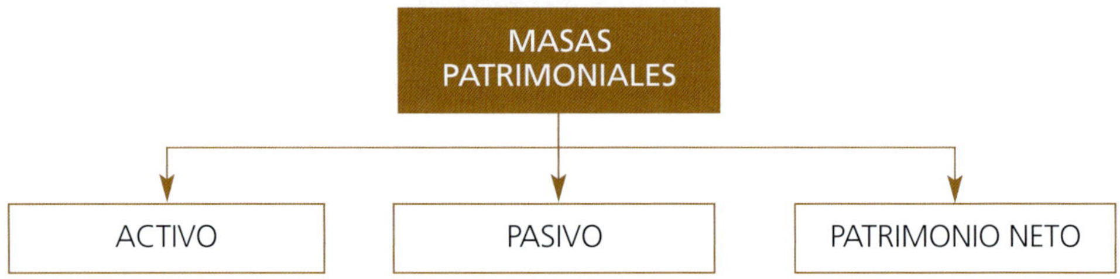

2.2. Activo

recuerda

Elementos patrimoniales

Son los distintos bienes, derechos y obligaciones que constituyen el patrimonio.

El Activo son **elementos patrimoniales que significan bienes y derechos de cobro de la empresa.**

Hay que distinguir dos tipos de Activo:

Activo corriente

Son los elementos que se espera vender, consumir o realizar a lo largo de un ejercicio económico, como la cantidad de dinero en caja, las facturas pendientes de cobro, etc.

El Activo corriente se puede subdividir en:

- **Disponible:** efectivo metálico, como el dinero depositado en las cajas de la empresa, las cuentas bancarias a su nombre, etc.
- **Realizable:** bienes capaces de ser convertidos en disponibilidades mediante un proceso distinto del que constituye el objeto de la empresa. Podrían ser acciones de otras empresas y derechos de cobro, como facturas por venta de algún producto, efectos comerciales a cobrar, etc.
- **Existencias:** elementos o bienes que, siendo el objeto-actividad de la empresa, se necesitan para generar disponibilidades, como productos terminados, mercaderías de almacén, etc.

Activo no corriente o inmovilizado

Son los elementos que por su uso permanecen en la empresa a lo largo de varios ejercicios, como mobiliario, construcciones, ordenadores, maquinaria, herramientas, etc.

El Activo no corriente o inmovilizado se puede subdividir en:

- **Material:** elementos como locales, mobiliario, medios de transporte, ordenadores, etc.
- **Intangible:** elementos como aplicaciones informáticas, patentes, etc.

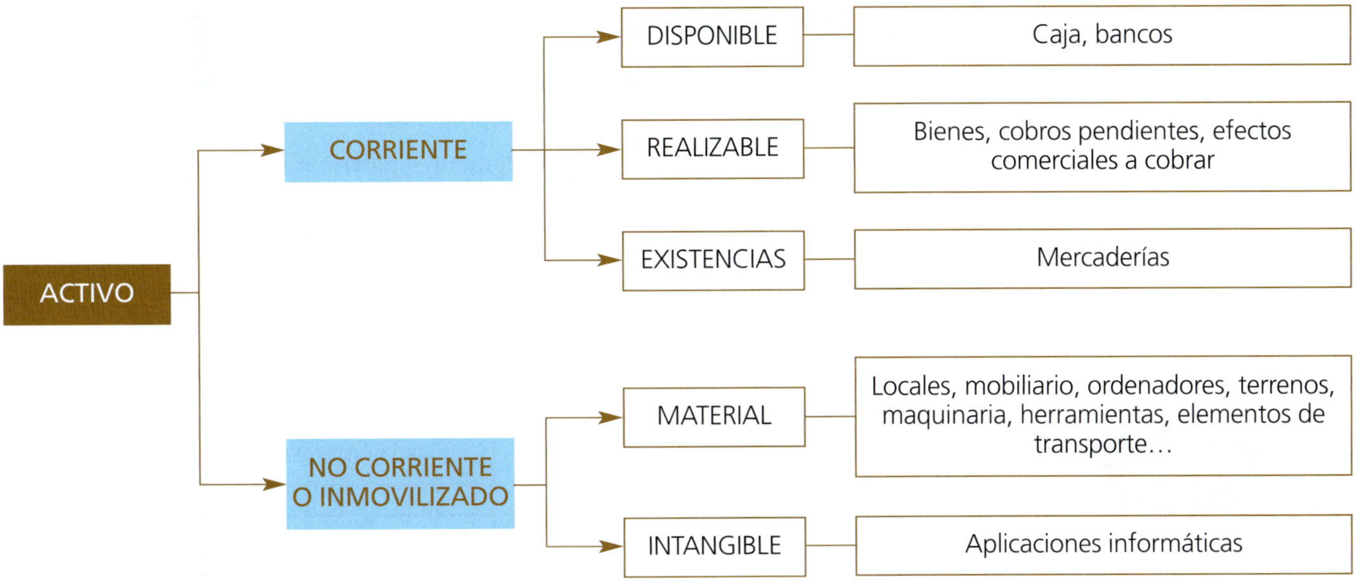

2.3. Pasivo

El Pasivo son los **recursos ajenos a la empresa, o las deudas y obligaciones con el exterior,** como, por ejemplo, un préstamo concedido por un banco.

Dentro del Pasivo se puede realizar una subdivisión en:

- **Corriente:** obligaciones de la empresa a corto plazo (hasta un año).

EJEMPLO

Obligación con los proveedores (deudas por compras de mercaderías), efectos comerciales a pagar a 60 días (letras giradas por la empresas a pagar en su fecha de vencimiento), préstamos recibidos por la empresa y pendientes de pago a un año.

- **No corriente:** obligaciones de la empresa a largo plazo (más de un año).

EJEMPLO

Un préstamo bancario a devolver en seis años, obligación por la compra de un coche a pagar en tres años...

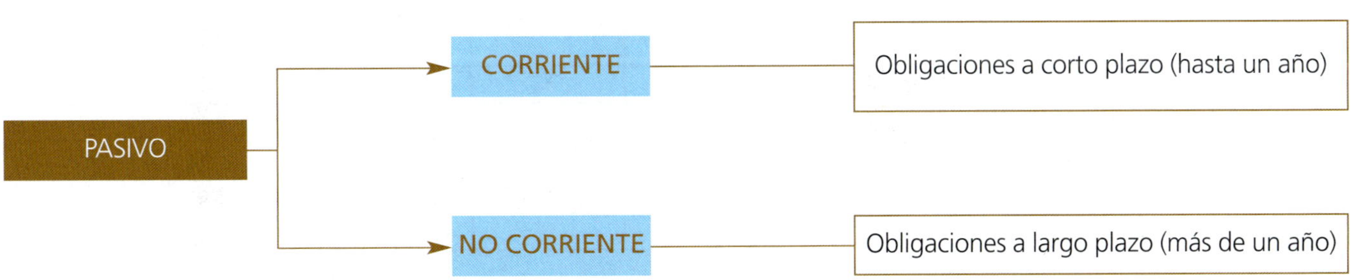

2.4. Patrimonio Neto

Son los **recursos propios de la empresa o deudas y obligaciones internas,** como, por ejemplo, el capital aportado por el propietario y los beneficios no distribuidos.

Se pueden distinguir los siguientes elementos patrimoniales:

- **Capital:** patrimonio del empresario individual o aportaciones realizadas a la empresa por los socios que la constituyen (capital o capital social).
- **Reservas:** beneficios de la empresa no distribuidos entre sus propietarios que constituyen un fondo económico hasta su reparto posterior.

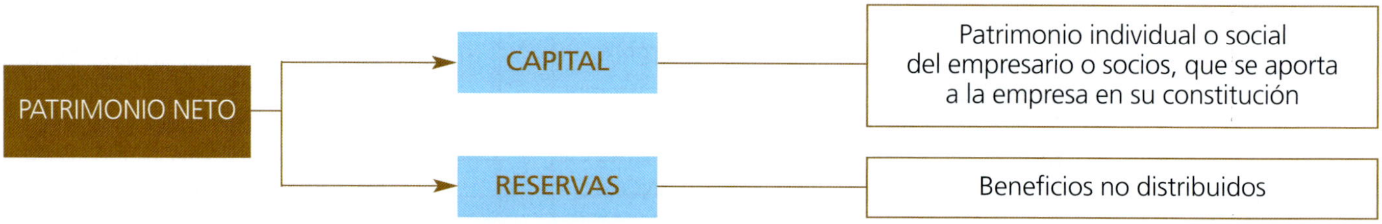

EJEMPLO

Clasificar los siguientes elementos patrimoniales:

ELEMENTOS PATRIMONIALES	ACTIVO		PASIVO	PATRIMONIO NETO
	NO CORRIENTE	CORRIENTE		
Ordenadores	X			
Existencias en almacén		X		
Dinero en c/c bancaria de la empresa		X		
Capital				X
Letras de cambio pendientes de pago			X	
Derecho de cobro por la venta de un coche		X		
Deuda por la compra de géneros			X	
Reservas				X
Acciones de otras empresas		X		
Vehículos	X			
Anticipo a cuenta de una futura compra		X		
Nave comercial	X			
Aplicaciones informáticas	X			
Deuda por la compra de una máquina			X	
Anticipo a cuenta de una futura venta			X	
Ampliación de capital aportado por el propietario				X
Patente de la empresa	X			
Anticipo de sueldo a un trabajador		X		
Dinero en la caja de la empresa		X		
Máquinas	X			
Derecho de cobro por la venta de géneros		X		
Letras de cambio pendientes de cobro		X		
Muebles	X			
Deuda por la compra de muebles			X	

EJEMPLO

Clasificar los siguientes elementos patrimoniales:

ELEMENTOS PATRIMONIALES	ACTIVO					PASIVO		PATRIMONIO NETO
	NO CORRIENTE		CORRIENTE			NO CORRIENTE	CORRIENTE	
	Mat.	Inta.	Disp.	Realiz.	Exist.			
Préstamo concedido a la empresa a largo plazo						X		
Dinero en caja de la empresa			X					
Capital aportado por el propietario								X
Vehículos	X							
Existencias en el almacén					X			
Acciones de otras empresas				X				
Aplicaciones informáticas		X						
Dinero en c/c bancaria			X					
Letras de cambio a 30 días pendientes de pago							X	
Letras de cambio a 60 días pendientes de cobro				X				
Beneficios no distribuidos								X
Terrenos	X							
Anticipo a cuenta de una futura compra				X				
Anticipio a cuenta de una futura venta							X	
Derecho de cobro a corto plazo por la venta de una máquina				X				
Deuda a largo plazo por la compra de un local comercial						X		
Deuda a corto plazo por la compra de muebles							X	
Anticipo de sueldo a un trabajador				X				
Patente de la empresa		X						
Local propiedad de la empresa	X							
Derecho de cobro por la venta de géneros				X				
Deuda por la compra de géneros							X	
Compra de bonos emitidos por el banco				X				
Ampliación de capital aportado por el propietario								X

ACTIVIDADES

1. Clasificar los siguientes elementos patrimoniales, como en el ejemplo anterior:

- Capital aportado por el propietario.
- Existencias en almacén.
- Aplicaciones informáticas.
- Dinero c/c bancaria.
- Beneficios no distribuidos.
- Ordenador.
- Derecho de cobro a corto plazo por la venta de una máquina.
- Anticipo de sueldo a un trabajador.
- Deuda por compra de géneros.
- Patente propiedad de la empresa.

3. Relación entre Activo, Pasivo y Patrimonio Neto

El **Activo** es lo que se posee, es decir, los bienes poseídos y los derechos que se convertirán en cosas poseídas en un futuro. Por tanto:

- Es la estructura económica de la empresa.
- Constituye el uso dado a los recursos financieros de la empresa.

Activo = Destino de los medios financieros

El **Pasivo y el Patrimonio Neto** representan cómo financiar aquello que se desea poseer, mediante deudas, préstamos, aportaciones de los propietarios, etc. Por tanto:

- Es la estructura financiera de la empresa.
- Está constituido por las fuentes de financiación de la empresa, tanto propias (Patrimonio Neto), como ajenas (Pasivo).

Pasivo + Patrimonio Neto = Origen de los medios financieros

En consecuencia, el valor de cada uno de ellos se expresa numéricamente, siendo el Patrimonio Neto la diferencia entre la suma de todos los elementos positivos o Activo y la suma de todos los negativos o Pasivo.

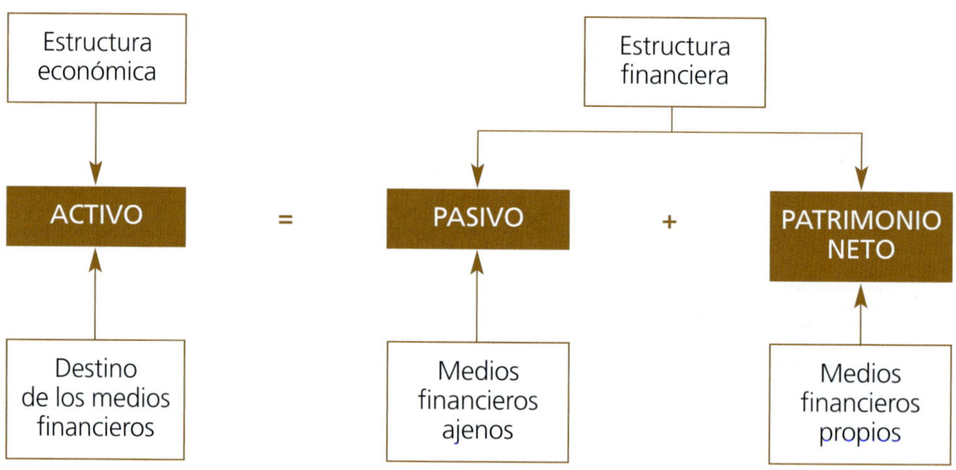

Según esto, podemos establecer las siguientes relaciones fundamentales entre Activo y Pasivo:

Activo = Pasivo

Activo = Pasivo + Patrimonio Neto

Patrimonio Neto = Activo – Pasivo

EJEMPLO

Un negocio tiene en la actualidad la siguiente situación patrimonial:

Dinero en caja	1.202,02 €
Dinero en bancos	18.030,36 €
Préstamo concedido	6.010,12 €
Un local en propiedad	36.060,73 €
Mobiliario	1.202,02 €
Derechos de cobro	1.803,04 €
Deuda	901,52 €
Existencias	2.404,05 €
Vehículo	9.015,18 €

Hallemos el Patrimonio Neto de este negocio.

ACTIVO

1.202,02 + 18.030,36 + 36.060,73 + 1.202,02 + 1.803,04 + 2.404,05 + 9.015,18 = 69.717,40 €

PASIVO

6.010,12 + 901,52 = 6.911,64 €

PATRIMONIO NETO = Activo – Pasivo = 69.717,40 – 6.911,64 = 62.805,76 €

ACTIVIDADES

2. D. Juan García posee un establecimiento comercial de papelería que presenta la siguiente situación patrimonial:

Dinero depositado en caja	300,51 €
Dinero depositado en c/c bancaria	15.626,31 €
Local de su propiedad	60.101,21 €
Diverso tipo de mobiliario	1.202,02 €
Un ordenador personal	2.103,54 €
Un préstamo bancario	12.020,24 €
Existencias de papelería	6.010,12 €
Facturas pendientes de pago	601,01 €
Facturas pendientes de cobro	1.202,02 €

Calcular el total del Activo, el Pasivo y el Patrimonio Neto.

3. D. Antonio González es propietario de un negocio de cristales, marcos y espejos que presenta la siguiente situación patrimonial:

Dinero depositado en caja	481 €
Dinero depositado en c/c bancaria	18.030 €
Máquinas	6.010 €
Herramientas	3.005 €
Un préstamo del banco	18.030 €
Cristales, espejos y marcos	6.010 €
Facturas pendientes de pago	601 €
Facturas pendientes de cobro	962 €

Calcular el total del Activo, el Pasivo y el Patrimonio Neto.

4. Equilibrios patrimoniales

El equilibrio patrimonial es el que resulta de comparar la estructura económica (Activo) con la estructura económica (Pasivo + Patrimonio Neto).

Desde el **punto de vista contable,** el patrimonio de una empresa siempre estará equilibrado, ya que se cumplirá la ecuación:

Activo = Pasivo + Patrimonio Neto

Pero este equilibrio contable es independiente de la situación de equilibro o desequilibrio que la empresa pueda presentar desde un **punto de vista económico.**

4.1. Situación patrimonial positiva

caso **práctico** inicial

La situación de equilibrio, tanto desde el punto de vista contable, como del económico, se refleja en la valoración y agrupación de las masas patrimoniales del caso práctico inicial.

Se produce cuando el Activo es superior al Pasivo, siendo la situación más general.

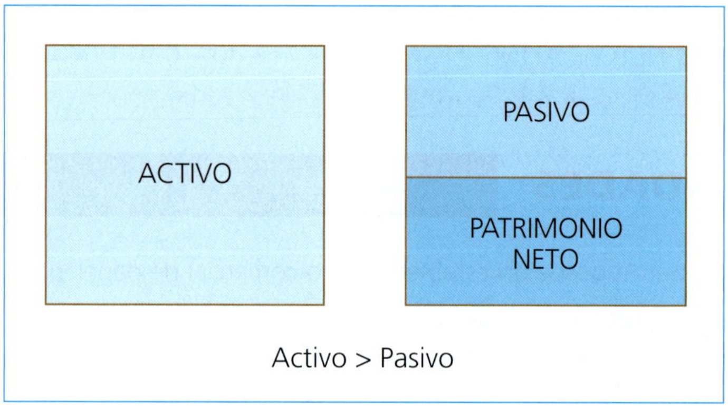

4.2. Situación patrimonial nula

Se produce cuando el Activo es igual al Pasivo, siendo el Patrimonio Neto nulo, como muestra la figura.

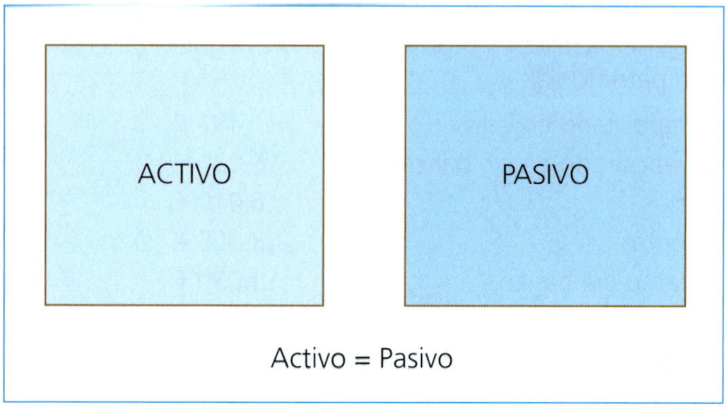

4.3. Situación patrimonial negativa

Se produce cuando el Activo es menor que el Pasivo. Los bienes y derechos de cobro del Activo no pueden cubrir las deudas y obligaciones y el Patrimonio Neto sería, por tanto, negativo.

Esta situación se considera de quiebra para la empresa, tal y como se muestra en la figura.

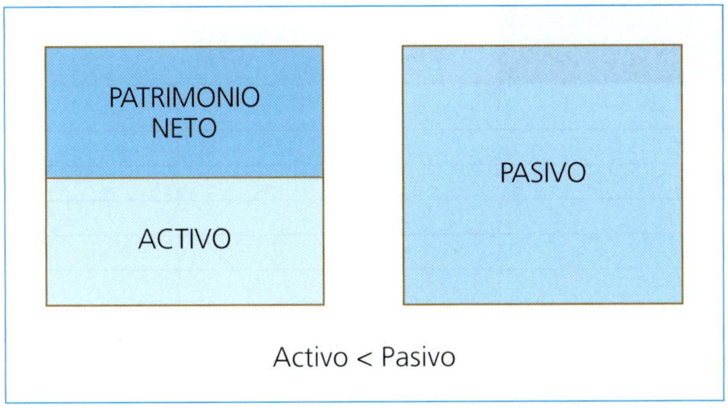

EJEMPLO

Supongamos las siguientes situaciones patrimoniales:

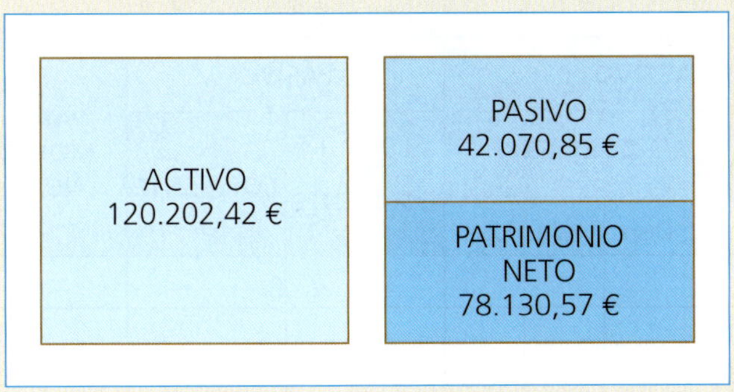

Activo > Pasivo Situación patrimonial positiva

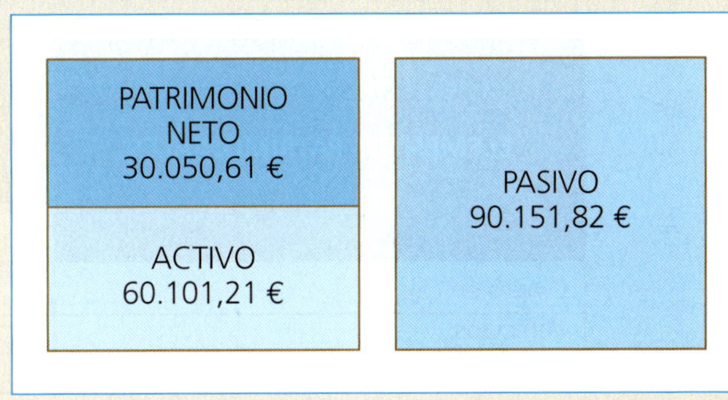

Activo < Pasivo Situación patrimonial negativa

ACTIVIDADES FINALES

■ 1. Clasifica los siguientes elementos patrimoniales:

ELEMENTOS PATRIMONIALES	ACTIVO		PASIVO	PATRIMONIO NETO
	NO CORRIENTE	CORRIENTE		
Dinero en c/c bancaria de la empresa				
Mobiliario				
Beneficios no distribuidos				
Existencias				
Deuda por la compra de un terreno				
Maquinaria				
Acciones de otras empresas				
Derecho de cobro por la venta de muebles				
Anticipo a cuenta de una futura compra				
Anticipo a cuenta de una futura venta				
Letras de cambio pendientes de pago				
Letras de cambio pendientes de cobro				

■ 2. Clasifica los siguientes elementos patrimoniales:

ELEMENTOS PATRIMONIALES	ACTIVO					PASIVO		PATRIMONIO NETO
	NO CORRIENTE		CORRIENTE			NO CORRIENTE	CORRIENTE	
	Mat.	Inta.	Disp.	Realiz.	Exist.			
Dinero en caja								
Vehículos								
Acciones de otras empresas								
Letras de cambio a 90 días pendientes de pago								
Terrenos								
Anticipo a cuenta de una futura compra								
Anticipo a cuenta de una futura venta								
Deuda a largo plazo por compra de local comercial								
Derecho de cobro de venta de géneros								
Ampliación de capital aportado por el propietario								
Aplicaciones informáticas								
Local								
Letras de cambio a 30 días pendientes de cobro								
Préstamo concedido a la empresa a pagar en 3 años								
Capital aportado al propietario								
Ordenadores								
Dinero en c/c bancaria								

■ 3. D. Antonio Gómez es propietario de un negocio de cristales que presenta la siguiente situación patrimonial:

- Dinero depositado en caja .... 480,81 €
- Dinero depositado en c/c bancaria .... 18.030,36 €
- Local de su propiedad .... 172.121,45 €
- Mobiliario .... 480,81 €
- Máquinas .... 6.010,12 €
- Herramientas .... 3.005,06 €
- Una furgoneta para el reparto .... 7.212,15 €
- Un préstamo del banco .... 18.030,36 €
- Cristales, espejos, marcos y molduras valorados en .... 6.010,12 €
- Anticipo recibido de un cliente .... 150,25 €
- Letras de cambio pendientes de pago .... 601,01 €
- Facturas pendientes de cobro .... 961,62 €

a) Calcula el total de Activo.

b) Calcula el total de Pasivo.

c) Calcula el Patrimonio Neto.

d) Haz una clasificación completa de todos los elementos patrimoniales.

■ 4. Determina el equilibrio o desequilibrio de las siguientes situaciones patrimoniales:

a) Activo = 60.101,21 €
Pasivo = 60.101,21 €

b) Activo = 180.303,63 €
Pasivo = 120.202,42 €
Patrimonio Neto = 60.101,21 €

c) Activo = 60.101,21 €
Pasivo = 120.202,42 €
Patrimonio Neto = 60.101,21 €

entra en internet

■ 5. Consulta esta sencilla lección que explica qué es el patrimonio de una empresa:

<www.gabilos.com/cursos/curso_de_contabilidad/1_que_es_el_patrimonio.htm>

■ 6. Amplía tus conocimientos sobre el equilibrio o desequilibrio patrimonial de las empresas consultando la siguiente la siguiente página web:

<http://jms32.eresmas.net/tacticos/contabilidad/CF01021_EquilibrioPatrimonial.PDF>

PRÁCTICA PROFESIONAL

Simulación de un proceso contable informatizado

AÑADIR O CREAR UNA EMPRESA NUEVA

Se trata de crear o añadir una nueva empresa con la que trabajaremos en las sucesivas prácticas y simularemos un proceso contable informatizado.

Todos los programas informáticos contables, en un fichero maestro de empresas, nos permitirán:

- Añadir empresas nuevas.
- Eliminar alguna de las empresas creadas.
- Seleccionar la empresa, ya creada, que se desee.

En el programa ContaPlus, para crear una empresa, en la barra de menús selecciona **Global:**

1. **Selección de empresa:** en esta pantalla crearemos y seleccionaremos la empresa.
2. Pulsaremos el botón **Añadir**.
3. Aparece una ventana con pestañas y una serie de campos a cumplimentar. Trabajaremos con la primera pestaña, en la que se necesitarán los siguientes **Datos de empresa:**
   - **Código:** dato interno y alfanumérico para asignar a la empresa que se cree.
   - **Nombre:** nombre interno de la empresa.
   - **Fecha de inicio y fin de ejercicio:** período contable (fuera de ese período no se podrá contabilizar).
   - **Fecha de acceso contable:** opcional. No es necesario.
   - **Dígitos subcuenta:** n.º de dígitos de nuestras subcuentas siendo el número mínimo 5.
   - **Estructura del Plan General de Contabilidad:** seleccionaremos **Nuevo PGC pymes.**

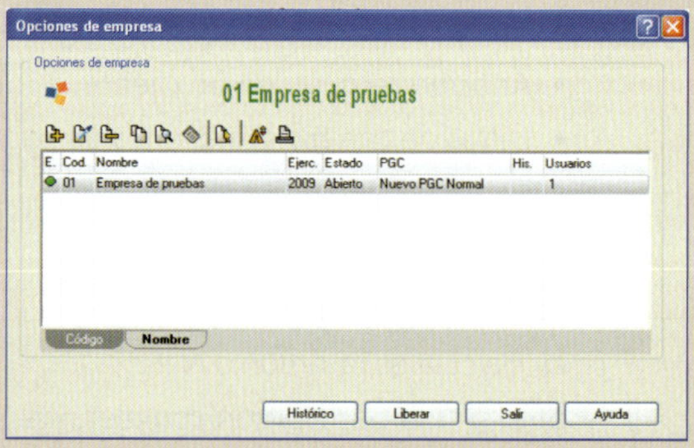

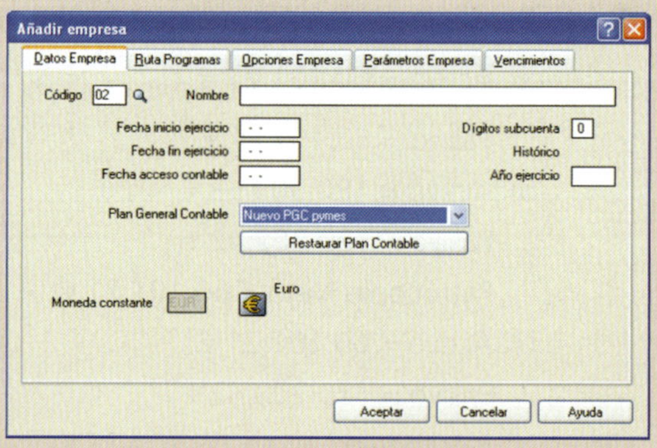

ACTIVIDADES

Crea una empresa con los siguientes datos:

- Código: 05
- Nombre o denominación: INFORMADRID, una empresa individual dedicada a la compraventa al por mayor de material informático dirigida a nuevas empresas que necesiten una buena calidad a un precio asequible.
- Fecha de inicio de la actividad: 4 de octubre de 20XX.
- Fecha de fin de ejercicio: 31 de diciembre de 20XX.
- Dígitos subcuenta: 5 (el mínimo que permite el programa).
- Estructura del Plan General de Contabilidad: Nuevo PGC pymes.

EN RESUMEN

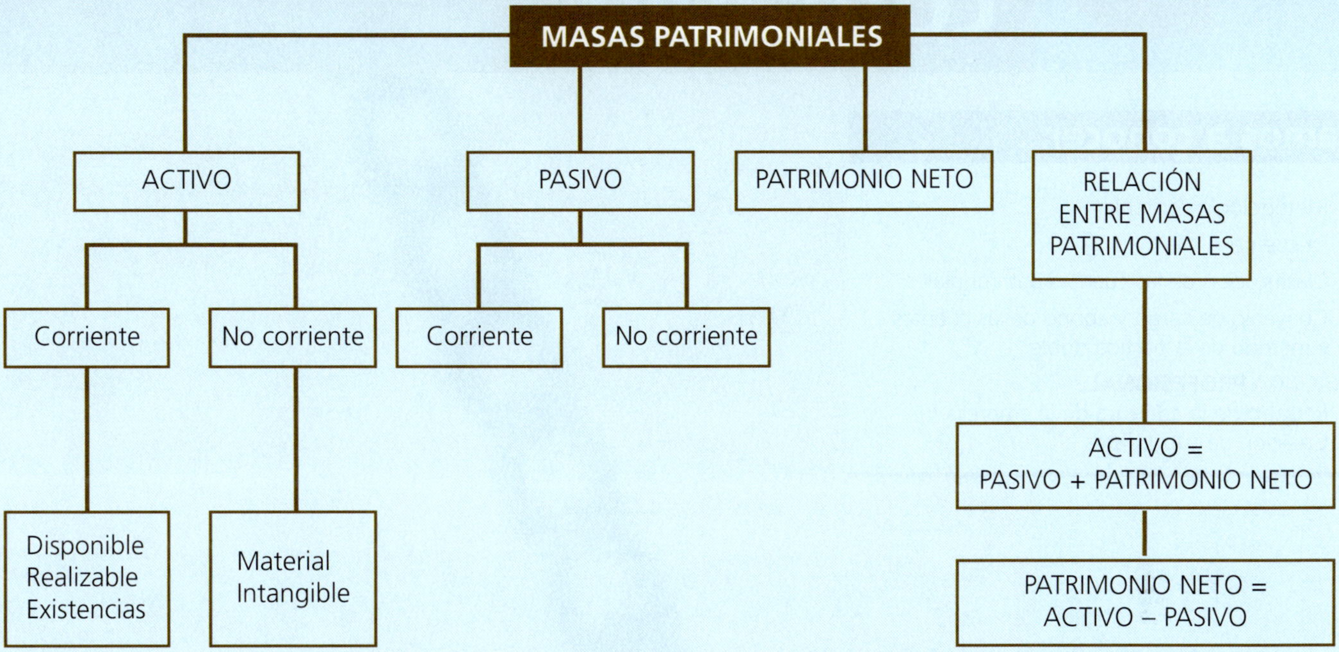

EVALÚA TUS CONOCIMIENTOS

1. Indica a qué masa pertenecen los siguientes elementos patrimoniales: Activo, Pasivo o Patrimonio Neto:

a) Un local.

b) Programa informático.

c) Reservas.

d) Un vehículo.

e) Una deuda por una compra.

f) Un derecho de cobro por una venta.

g) El capital aportado por el propietario.

2. El dinero efectivo de caja es (marca lo que proceda):

a) Inmovilizado.

b) Realizable.

c) Material.

d) Corriente.

e) Activo.

f) Existencias.

g) No corriente.

h) Disponible.

i) Pasivo.

3. Los muebles de una empresa son (indica lo que proceda):

a) Pasivo.

b) Inmovilizado.

c) Intangible.

d) Activo.

e) Material.

f) No corriente.

g) Corriente.

h) Existencias.

4. Señala si las siguientes afirmaciones son verdaderas o falsas:

a) Activo = Pasivo – Patrimonio Neto

b) Patrimonio Neto = Pasivo – Activo

c) El Pasivo es la estructura económica de la empresa.

5. Indica cuál de las siguientes expresiones es correcta:

a) Los derechos de cobro forman parte del activo corriente.

b) El Activo representa las deudas de la empresa.

3 Metodología contable

vamos a conocer...

1. Metodología contable
2. La cuenta
3. Clasificación de las cuentas patrimoniales
4. Convenio de cargo y abono de las cuentas y método de la partida doble

PRÁCTICA **PROFESIONAL**

Registro de la apertura de la empresa (I). Creación de subcuentas

y al finalizar esta unidad...

- Analizarás qué es una cuenta y su estructura.
- Distinguirás los diferentes tipos de cuentas existentes de Activo, de Pasivo y de Patrimonio Neto.
- Aplicarás el convenio de cargo y abono de las cuentas.
- Interpretarás los principios en que se basa el método de la partida doble.

situación de partida

Esta semana, el comerciante Manuel, padre de Alberto, ha iniciado la apertura de un establecimiento de venta de frutas y verduras. Consulta con su hijo, que ha iniciado el estudio de la Contabilidad, los principios básicos necesarios para determinar de qué forma puede registrar todas las operaciones contables de dicha actividad.

Hasta ahora, Manuel había pensado en llevar un control de sus operaciones diarias de forma resumida, contemplando las entradas de dinero y las salidas. Pero esta argumentación sería muy sencilla si todas las operaciones se registraran al contado, en efectivo.

El sistema que acabamos de describir es un caso de partida simple, porque todas las operaciones se registran en un solo sentido.

Veamos un pequeño esquema de la idea de Manuel sobre la forma de anotar sus operaciones diarias.

Fecha	Concepto	Cobro (+) Entradas de dinero	Pagos (–) Salidas de dinero	SALDO

En aquellos supuestos en que existan operaciones que no son al contado, Manuel decide anotar en fichas individuales (similares a las cuentas de mayor) lo que le deben los clientes, lo que debe a los proveedores, etc.

Este sistema simple, al contar en una sola dirección, y de forma no interrelacionada, provoca numerosos errores artiméticos y, además, «no controla las dos partes». Ante esta situación, Alberto le comenta que estas anomalías se subsanan al aplicar el método de partida doble, donde toda operación es vista desde un doble enfoque.

Alberto conoce el método de partida doble, que tuvo su origen en el siglo XV, cuando el monje franciscano Lucca Paccioli lo describió en su obra *Todo acerca de la artimética, geometría, proporciones y proporcionalidades* de teneduría de libros, basado en que «toda causa tiene un efecto y que no hay efecto sin causa» y, siguiendo esta misma línea, en principios tales como que «quien recibe debe a quien entrega», «no existe deudor sin acreedor, ni acreedor sin deudor».

A partir de 1930, la técnica mejoró y modificó aspectos y principios, haciéndola más comprensiva, fiable y práctica, como es en la actualidad.

estudio del caso

Alberto le comenta a su padre, Manuel, que existe un principio fundamental, bastante sencillo, de la contabilidad por partida doble, mediante el cual cada transacción económica puede considerarse por duplicado (es decir, dos veces), una en la cuenta de origen y otra en la de destino. Por ejemplo, al vender fruta al contado en efectivo, debe registrar la operación como «venta de fruta» y como «entrada de efectivo» y, por tanto, el valor de la fruta vendida es igual al valor del dinero recibido por ella. Y al comprar fruta a crédito, debe registrar la operación como «compra de fruta» y como «deuda al proveedor», donde el valor de la fruta comprada es igual al valor de la deuda. Aplicando este sistema de representación, en el que el total del Debe tiene que ser igual al total del Haber, se garantiza el cuadre de las cuentas y, por tanto, la consistencia de este método respecto al de la partida simple. A través de las cuentas se podrá conocer el movimiento de las operaciones tanto en el lado izquierdo (Debe) como en el lado derecho (Haber), así como por diferencia de las sumas del Debe y del Haber, la obtención del saldo de las cuentas en cuestión.

Manuel se pregunta:

1. ¿De cuánto dinero dispongo?

2. ¿Cuánto me deben y quién me lo debe?

3. ¿Cuánto debo y a quién?

4. ¿Qué bienes utilizo en la empresa?

Manuel se plantea estas y otras preguntas, y para hallar las respuestas correctas, no puede aplicar una contabilidad simple, sino la metodología contable de la partida doble. A través del estudio de esta unidad, podrás resolver los interrogantes planteados.

1. Metodología contable

La Contabilidad se rige por unas normas y reglas comunes, de modo que toda operación queda reflejada en unos **libros** de acuerdo con un sistema determinado.

La existencia de unas normas y reglas comunes para la Contabilidad facilitan, tanto la búsqueda de información, como su comprensión y comparación.

Al conjunto de normas contables que regulan la forma de anotación de las operaciones comerciales o profesionales en los libros de la Contabilidad, le denominamos **metodología contable.**

Entre los métodos contables utilizados, destaca por su sencillez y operatividad, el denominado de **partida doble,** que registra los hechos contables mediante las cuentas.

Las cuentas, a su vez, tienen movimientos que quedan reglados mediante el **convenio de cargo y abono.**

La Contabilidad no puede llevarse de una forma arbitraria: ha de establecerse un modelo general que permita a las empresas llevar sus registros contables siguiendo unos criterios comunes. Dicho modelo establecerá una:

ORGANIZACIÓN O NORMALIZACIÓN CONTABLE
• Unos documentos contables homogéneos que habrán de ser los libros de Contabilidad: libro Diario y libro de Inventarios y Cuentas anuales.
• Una serie de denominaciones comunes para los elementos patrimoniales: las cuentas.
• Clasificaciones semejantes a los diferentes hechos que dan lugar a contabilización.
• Los mismos criterios de valoración de los distintos elementos patrimoniales.

Este modelo facilita el conocimiento de la situación económica y financiera, tanto a la empresa que elabora su Contabilidad, como a personas ajenas a ella y que son **usuarios** de la misma.

USUARIOS DE LA CONTABILIDAD
• Los deudores y acreedores.
• Los trabajadores de la empresa.
• Los socios.
• La Administración.

Los modelos normalizados que se utilizan para la Contabilidad en España son el **Plan General de Contabilidad (PGC)** y el **Plan General de Contabilidad para Pequeñas y Medianas Empresas (PGC-Pymes)** que permiten una homogeneización de los conceptos, las cuentas codificadas mediante un sistema de ordenación y clasificación, unos modelos de Cuentas anuales y unos criterios de valoración para los elementos patrimoniales.

El Plan General de Contabilidad para Pymes, además, establece unos criterios contables específicos para las **microempresas.**

vocabulario

Normalización contable: significa llevar a cabo un plan o modelo de organización para que sea utilizado por todas las empresas.

saber más

PGC-Pymes

Es un plan contable específico más reducido que el PGC y que aplica criterios de simplificación para las pequeñas y medianas empresas.

2. La cuenta

2.1. Definición de cuenta

La **cuenta** se puede definir como el instrumento de representación y medida de un elemento patrimonial. La cuenta es el instrumento que refleja la situación inicial y las variaciones que experimenta cualquier elemento patrimonial.

recuerda

Elementos patrimoniales

Son los distintos bienes, derechos y obligaciones que constituyen el patrimonio.

2.2. Estructura de la cuenta

Una cuenta consta de dos partes: una registra los aumentos de valor y otra las disminuciones.

Esquemáticamente se representa por una disposición en forma de T mayúscula, denominada **cruceta.** La parte de la izquierda es el Debe y la derecha es el Haber.

2.3. Elementos de la cuenta

Los elementos de la cuenta son:

- Título de la cuenta.
- Debe.
- Haber.
- Saldo.

Título de la cuenta

Cada cuenta tiene un **título** que designa el elemento patrimonial que representa. Por ejemplo, son títulos de cuentas: Caja, €, Bancos c/c, Clientes, Proveedores, Mobiliario, Mercaderías, Capital, etc.

caso práctico inicial

A través de los elementos de las cuentas podemos responder a varias de las cuestiones planteadas por el comerciante.

Debe

El **Debe** figura en la parte izquierda y, cuando se anotan en él las cifras correspondientes a operaciones realizadas, se emplean los términos **cargar, adeudar** o **debitar.**

Haber

Abonar o acreditar es hacer la anotación en el **Haber,** que figura siempre a la derecha de la cruceta.

Título de la cuenta

Debe (D)	Haber (H)
cargar →	← abonar

Saldo

El **saldo** de una cuenta es la diferencia entre el Debe y el Haber. Puede ser:

a) **Deudor,** si el Debe es mayor que el Haber.

b) **Acreedor,** si el Debe es menor que el Haber.

c) **Nulo o cero,** si el Debe es igual que el Haber.

Si D > H...... → Sd (Saldo deudor)

Si D < H...... → Sa (Saldo acreedor)

Si D = H...... → So (Saldo cero o nulo)

2.4. Terminología para operar con cuentas

La terminología que se emplea para operar con las cuentas es la siguiente:

- **Abrir** una cuenta significa crear una nueva. Por ejemplo: la cuenta de Caja, €, la abriremos la primera vez que haya una entrada de dinero en ella.
- **Liquidar** una cuenta es obtener su saldo.
- **Saldar** una cuenta es colocar el saldo en la parte que suma menos para equilibrarla.
- **Cerrar** una cuenta es sumar ambos lados después de haberla saldado.
- **Reapertura** de una cuenta es cuando volvemos a abrirla nuevamente con el saldo que sirvió para cerrarla. El saldo se colocará en el lado contrario al que se puso para saldarla.

EJEMPLO

Una cuenta de Caja, en € presenta las siguientes anotaciones:

DEBE	HABER
460,10	20,75
120,30	10,50
80,50	30,60
110,00	

Abrimos la cuenta:

D	Caja, €	H
	460,10	20,75
	120,30	10,50
	80,50	30,60
	110,00	

Cargamos (Debe) y abonamos (Haber)

Liquidamos la cuenta:

D	Caja, €	H
	460,10	20,75
	120,30	10,50
	80,50	30,60
	110,00	
	770,90	61,85

Obtenemos el saldo

Sd = 770,90 – 61,85 = 709,05

EJEMPLO

(Continuación)

Saldamos la cuenta:

D	Caja, €	H
460,10		20,75
120,30		10,50
80,50		30,60
110,00		709,05 = Sd

Colocamos el saldo en la parte que suma menos

Cerramos la cuenta:

D	Caja, €	H
460,10		20,75
120,30		10,50
80,50		30,60
110,00		709,05 = Sd
770,90		770,90

Sumamos ambos lados después de saldar

Y realizamos la reapertura de la cuenta:

D	Caja, €	H
709,05		

La abrimos de nuevo con el saldo deudor anterior

ACTIVIDADES

1. Una cuenta de Bancos presenta las siguientes anotaciones:

DEBE	HABER
60,10	6,01
120,20	9,02
240,40	51,09

a) Calcula el saldo de la cuenta y señala si es deudor o acreedor.

b) Una vez realizada la operación anterior, salda la cuenta y ciérrala.

2. Abre las cuentas que creas necesarias por las siguientes operaciones:

a) Carga 180,30 € en la cuenta de Caja.

b) Abona 12,02 € en la cuenta de Proveedores.

c) Adeuda 60,10 € en la cuenta de Bancos.

d) Acredita 10,20 € en la cuenta de Caja.

3. Clasificación de las cuentas patrimoniales

Las cuentas patrimoniales, como hemos visto en la unidad anterior, pueden ser:

- De **Activo.**
- De **Pasivo.**
- De **Patrimonio Neto.**

3.1. Cuentas de Activo

Son cuentas de Activo o de estructura económica aquellas que registran bienes o derechos a favor de la empresa.

Algunas de las cuentas de Activo más importantes, son:

Activo corriente

a) De Activo corriente disponible:

- **Caja, €:** dinero efectivo depositado en Caja, en moneda nacional.
- **Bancos c/c:** dinero que la empresa tiene depositado en las diferentes cuentas corrientes que tiene abiertas en entidades financieras.

b) De Activo corriente realizable:

- **Clientes:** facturas pendientes de cobro por la venta de bienes o servicios y que constituyen el objeto de venta habitual de la empresa.
- **Clientes, efectos comerciales a cobrar:** representa los mismos derechos de cobro que la cuenta anterior, pero formalizados con letras de cambio.

c) De Activo corriente existencias:

- **Mercaderías:** existencias que hay en almacén y que son objeto de compraventa como actividad habitual de la empresa.

Activo no corriente

a) De Activo no corriente material:

- **Terrenos y bienes naturales:** solares de naturaleza urbana, fincas rústicas, minas y canteras.
- **Construcciones:** edificios, cualquiera que sea su destino.
- **Maquinaria:** máquinas, elementos e instrumentos utilizados para la fabricación. También elementos de transporte interno.
- **Utillaje:** conjunto de utensilios o herramientas.
- **Mobiliario:** muebles, material y equipo de oficina.
- **Equipos para procesos de información:** ordenadores y demás conjuntos electrónicos.
- **Elementos de transporte:** vehículos utilizados en el transporte exterior.

b) De Activo no corriente intangible:

- **Aplicaciones informáticas:** programas informáticos.
- **Propiedad industrial:** patentes, marcas y procedimientos de fabricación.

3.2. Cuentas de Pasivo

Son cuentas de Pasivo las que registran elementos patrimoniales que significan obligaciones o deudas de la empresa.

Entre ellas, se pueden considerar como más significativas las siguientes:

- **Proveedores:** deudas por compras de existencias, con factura.
- **Proveedores, efectos comerciales a pagar:** representa las mismas deudas que la compra anterior, pero formalizadas con letras de cambio.
- **Proveedores de inmovilizado a corto plazo:** representa deudas con suministradores de maquinaria, mobiliario, ordenadores, etc., a un plazo inferior a un año.
- **Proveedores de inmovilizado a largo plazo:** representa deudas con suministradores de maquinaria, mobiliario, ordenadores, etc., a un plazo superior a un año.
- **Deudas a corto plazo con entidades de crédito:** préstamos recibidos con vencimiento no superior a un año.
- **Deudas a largo plazo con entidades de crédito:** préstamos recibidos con vencimiento superior a un año.

saber más

Estudio anticipado de los hechos contables y de las cuentas

Para que la Contabilidad de una empresa esté bien llevada y permita obtener toda la información que se precisa de una forma clara, no deben improvisarse los apuntes contables, sino que debe realizarse un estudio anticipado de los hechos contables y de las cuentas convenientemente agrupadas, definidas y relacionadas.

3.3. Cuentas de Patrimonio Neto

Las cuentas de Patrimonio Neto registran los recursos propios de la empresa y los beneficios no distribuidos.

Entre las cuentas más características, destacan:

- **Capital:** patrimonio aportado por el empresario individual.
- **Capital social:** patrimonio aportado por varios socios.
- **Reservas:** beneficios no distribuidos por la empresa y que permanecen para autofinanciación. Pueden ser obligatorias (reservas legales), voluntarias (reservas voluntarias), estatutarias (reservas estatutarias), etc.

ACTIVIDADES

3. Clasifica las siguientes cuentas:

CUENTAS PATRIMONIALES	ACTIVO		PASIVO		PATRIMONIO NETO
	NO CORRIENTE	CORRIENTE	CORRIENTE	NO CORRIENTE	
Clientes					
Proveedores, efectos comerciales a pagar					
Aplicaciones informáticas					
Proveedores					
Caja, €					
Clientes, efectos comerciales a cobrar					
Deudas a largo plazo con entidades de crédito					
Proveedores de inmovilizado a corto plazo					
Mobiliario					
Capital social					
Elementos de transporte					
Reserva legal					
Deudas a corto plazo con entidades de crédito					
Terrenos y bienes naturales					
Proveedores de inmovilizado a largo plazo					
Reservas voluntarias					
Maquinaria					
Mercaderías					
Construcciones					
Propiedad industrial					
Equipos para procesos de información					
Bancos c/c					

4. Convenio de cargo y abono de las cuentas y método de la partida doble

Los movimientos de las cuentas quedarán reglados mediante el convenio de cargo y abono y se aplicará el método contable de la partida doble, de tal manera que cualquier anotación tiene que hacerse de forma que permanezca inalterable la ecuación de igualdad básica del patrimonio:

Activo = Pasivo + Patrimonio Neto

4.1. Convenio de cargo y abono de las cuentas

Se establece el siguiente convenio para el funcionamiento y anotación de las cuentas.

> **caso práctico inicial**
>
> El comerciante deberá aplicar esta técnica contable que se basa en los aumentos y disminuciones de las cuentas, considerando la clase de cuenta según su naturaleza.

- Las cuentas de Activo registran o anotan sus entradas o aumentos en el Debe (cargar o adeudar), y sus salidas o disminuciones en el Haber (abonar o acreditar).
- Por el contrario, las cuentas de Pasivo y de Patrimonio Neto registran sus entradas o aumentos por el Haber (abonar o acreditar), y sus salidas o disminuciones por el Debe (cargar o adeudar).

Las cuentas de Activo pueden relacionarse entre sí y con las de Pasivo y Patrimonio Neto. De igual manera, las cuentas de Pasivo y Patrimonio Neto se relacionan entre sí o con las de Activo.

D — Cuentas de Activo	H	D — Cuentas de Pasivo	H	D — Patrimonio Neto	H
Valor inicial Aumentos o entradas ↑	Disminuciones o salidas ↓	Disminuciones o salidas ↓	Valor inicial Aumentos o entradas ↑	Disminuciones o salidas ↓	Valor inicial Aumentos o entradas ↑

4.2. Método de la partida doble

Por el sistema de partida doble se establece que cualquier hecho u operación de carácter económico contable da lugar como mínimo a dos anotaciones: una de carácter deudor (en el Debe) y otra de carácter acreedor (en el Haber).

Los principios fundamentales en que se basa el sistema o método de la partida doble son:

- Toda cuenta consta de dos partes con términos opuestos.
- Existen dos series de cuentas de tipo antitético.
- Cualquier anotación contable se hace, como mínimo, en dos cuentas: en una se adeuda (anota en el Debe) y en otra se abona (anota en el Haber).
- El valor monetario de la anotación en los dos lados (Debe y Haber) ha de ser el mismo.

4.3. Pasos para registrar una operación contable

Siempre que queramos registrar un hecho u operación contable debemos realizar un análisis, mediante los siguientes pasos:

1. ¿Qué cuentas intervienen en la operación que queremos registrar?
2. ¿A qué masa patrimonial pertenece cada una de las cuentas que intervienen?
3. En aplicación del convenio de cargo y abono de las cuentas, para saber si hay que registrar cada cuenta en el Debe o en el Haber, ¿aumentan o disminuyen?
4. ¿En qué cuantía se modifica cada cuenta?

Al principio, estos pasos se realizan despacio, como vemos en los dos primeros ejemplos, pero luego se puede hacer de forma más rápida, como observamos en los ejemplos posteriores.

EJEMPLOS

- **Vendemos mercaderías que cobramos en efectivo por 2.350,75 €**

1. En esta operación intervienen dos cuentas: Mercaderías y Caja, €.
2. Mercaderías es una cuenta de Activo y Caja, € es una cuenta de Activo.
3. Mercaderías es una cuenta de Activo que disminuye, por lo que se registra en el Haber. Caja, € es una cuenta de Activo que aumenta, por lo que se anota en el Debe.
4. Caja, € aumenta por 2.350,75 € y Mercaderías disminuye por 2.350,75 €.

D	Caja, €	H
2.350,75		

D	Mercaderías	H
		2.350,75

- **Compramos mercaderías que dejamos a deber por 1.200,50 €**

1. En esta operación intervienen dos cuentas: Mercaderías y Proveedores.
2. Mercaderías es una cuenta de Activo y Proveedores es una cuenta de Pasivo.
3. Mercaderías es una cuenta de Activo que aumenta, por lo que se registra en el Debe.

   Proveedores es una cuenta de Pasivo que aumenta (aumenta la deuda), por lo que se anota en el Haber.
4. Mercaderías aumenta por 1.200,50 € y Proveedores aumenta por 1.200,50 €.

D	Mercaderías	H
1.200,50		

D	Proveedores	H
		1.200,50

- **Compramos géneros por valor de 300,51 €, que pagamos en efectivo.**

↑ Mercaderías (activo)

D	Mercaderías	H
300,51		

↓ Caja, € (activo)

D	Caja, €	H
		300,51

EJEMPLOS

(Continuación)

- Vendemos a clientes géneros por valor de 180,30 €, a plazo.

↑ Clientes (activo)

D	Clientes	H
180,30		

↓ Mercaderías (activo)

D	Mercaderías	H
		180,30

- Vendemos géneros por valor de 1.803,04 €, cobrando en efectivo 300,51 €, por Banco 601,01 €, y formalizando con una letra de cambio el resto.

↑ Caja, € (activo)

D	Caja €	H
300,51		

↑ Bancos c/c (activo)

D	Bancos c/c	H
601,01		

↑ Clientes, efectos comerciales a cobrar (activo)

D	Clientes efectos comerciales a cobrar	H
901,52		

↓ Mercaderías (activo)

D	Mercaderías	H
		1.803,04

- Compramos maquinaria por valor de 3.005,06 € y mobiliario por valor de 1.202,02 €, pagando en efectivo 300,51 €, y por banco el resto de la deuda.

↑ Maquinaria (activo)

D	Maquinaria	H
3.005,06		

↑ Mobiliario (activo)

D	Mobiliario	H
1.202,02		

↓ Caja, € (activo)

D	Caja, €	H
		300,51

↓ Bancos c/c (activo)

D	Bancos c/c	H
		3.906,57

ACTIVIDADES

4. Registra en cuentas las siguientes operaciones:

a) Compra de géneros por valor de 450,76 €, que se dejan a deber.

b) Compra de géneros por valor de 751,27 €, formalizando la operación con una letra de cambio.

c) Pago de la letra de cambio anterior.

d) Constitución de una empresa con 18.030,36 €, que son depositados en el banco.

e) Un empresario abre un negocio con 30.050,61 € que invierte en:

Mobiliario	3.005,06
Mercaderías	6.010,12
Maquinaria	15.025,30

Deposita la cantidad restante en una cuenta corriente bancaria.

ACTIVIDADES FINALES

■ 1. Una cuenta de Caja tiene las siguientes anotaciones. Liquídala, sáldala y ciérrala:

DEBE	HABER
90,15	60,10
222,37	72,12
318,54	54,09

■ 2. Clasifica las siguientes cuentas:

CUENTAS PATRIMONIALES	ACTIVO		PASIVO		PATRIMONIO NETO
	NO CORRIENTE	CORRIENTE	CORRIENTE	NO CORRIENTE	
Proveedores					
Clientes, efectos comerciales a cobrar					
Clientes					
Bancos c/c					
Proveedores de inmovilizado a largo plazo					
Deudas a corto plazo con entidades de crédito					
Proveedores de inmovilizado a corto plazo					
Equipos para procesos de información					
Capital					
Propiedad industrial					
Reserva legal					
Deudas a largo plazo con entidades de crédito					
Terrenos y bienes naturales					
Construcciones					
Reservas voluntarias					

■ 3. Abre las cuentas que creas necesarias, con sus apuntes correspondientes, por las siguientes operaciones:

a) Retiramos 300,51 € de caja y los llevamos al banco.

b) Un cliente que nos adeudaba 1.202,02 €, nos los abona.

c) Nos abonan una letra de cambio de 360,61 €.

d) Pagamos 480,81 € a un proveedor que nos dio tres meses de plazo.

e) Llegado el vencimiento de una letra de cambio por 1.803,04 €, a nuestro cargo, la abonamos.

f) Un proveedor nos gira una letra por los 450,76 € que le adeudamos.

■ 4. Registra estos hechos contables:

a) Vendemos géneros a clientes por valor de 721,21 €, cobrando 120,20 € en efectivo y quedando el resto en cuenta.
b) Los clientes nos devuelven géneros valorados en 60,10 €, por no estar de acuerdo con las condiciones del pedido.
c) Se compran géneros por valor de 3.275,52 €, pagando en efectivo 871,47 €, y dejando a deber el resto.

■ 5. Registra el siguiente hecho contable:

Compramos mobiliario por valor de 3.606,07 €, pagando por Banco 901,52 € y dejando a deber el resto a 8 meses.

■ 6. Registra los siguientes hechos contables:

a) Compra de géneros por valor de 5.108,60 €, formalizando la operación con letra de cambio.
b) Pagamos la letra anterior.

■ 7. Contabiliza:

a) D.ª Ana Ruiz constituye una empresa con 60.101,21 €, que deposita en una cuenta corriente bancaria.
b) Retira 300,51 € del banco y los ingresa en la caja de la empresa.

■ 8. Registra:

D. Juan Martínez crea una empresa con 30.050,61 €, que distribuye de la forma siguiente:
Caja................................. 1.502,53 €
Bancos............................ 18.030,36 €
Mercaderías ....10.517,72 €

■ 9. Anota en las cuentas correspondientes:

Compramos a M. Martínez un piso valorado en 78.131,57 € y muebles por valor de 7.212,15 €. Hemos pagado como sigue: en efectivo, 1.202,02 €; por transferencia bancaria, 30.050,61 €; quedando el resto en cuenta a pagar en 3 años.

■ 10. Registra y explica la aplicación del convenio de cargo y abono en las siguientes operaciones:

a) Recibimos un préstamo del banco por 30.050,61 €, a pagar en 5 años.
b) Llegado el vencimiento de una letra de cambio a nuestro cargo por 6.010,12 €, la pagamos.
c) Compramos géneros por valor de 480,81 €, que pagamos de la forma siguiente: 30,05 € en efectivo y el resto en cheque.

entra en internet

■ 11. Busca más información sobre el funcionamiento de las cuentas consultando la siguiente página web:

<www.areadepymes.com>

En ella encontrarás una guía o manual que facilita la comprensión y adaptación al mundo de la Contabilidad empresarial para iniciarse en este campo por primera vez.

En el punto 4. Funcionamiento de las cuentas se explican y desarrollan los principales conceptos que hemos tratado en esta unidad.

PRÁCTICA PROFESIONAL

Simulación de un proceso contable informatizado

REGISTRO DE LA APERTURA DE LA EMPRESA (I). CREACIÓN DE SUBCUENTAS

Una vez creada la empresa INFORMADRID, con la aplicación informática **ContaPlus,** vamos a continuar la simulación de su proceso contable creando las **subcuentas** que necesitaremos para registrar más adelante la apertura de su actividad.

Para ello, has de recordar los siguientes pasos:

1. Introduce el CD, que acompaña al libro, en el lector del ordenador.

2. Lanza la aplicación:

- Accede por el icono **SP Contaplus Élite.**
- Selecciona el usuario **Supervisor** y pulsa **Aceptar.**

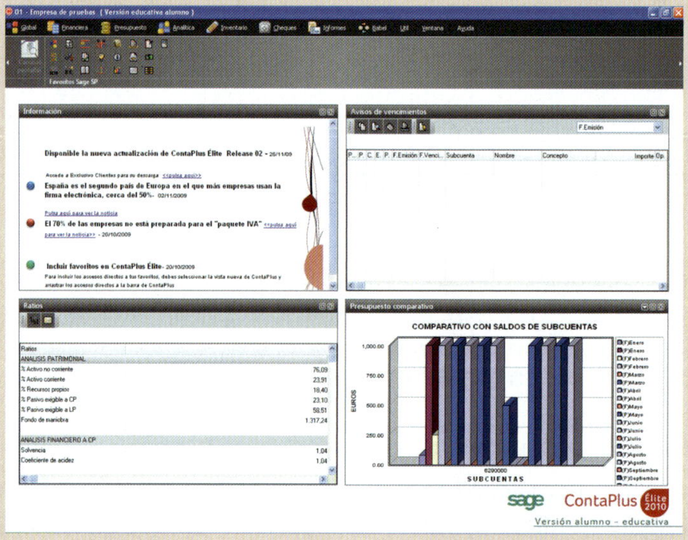

3. En la barra de menús selecciona **Global:**

- **Selección de empresa:** seleccionamos INFORMADRID, que ya creamos con el código 05.

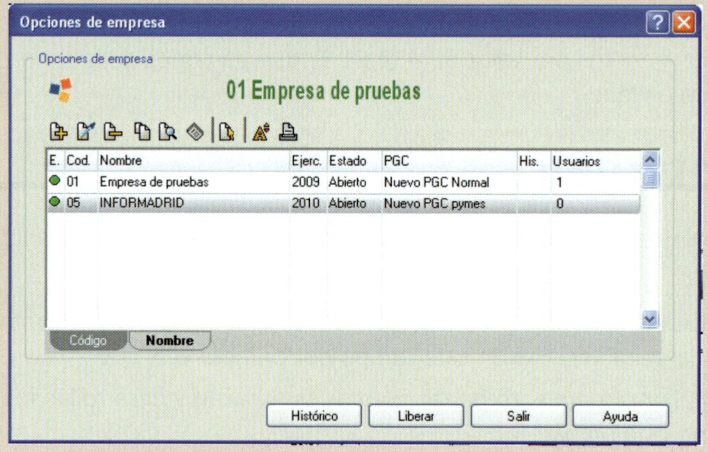

Una vez entremos en INFORMADRID, vamos a comprobar si algunas subcuentas que necesitaremos para realizar el asiento inicial o de apertura de la empresa están inscritas de forma correcta, en el listado que encontraremos, dando estos pasos:

4. En la barra de menús selecciona **Financiera:**

- Selecciona 1. **Plan General Contable.**
- Dentro selecciona 2. **Subcuentas.**

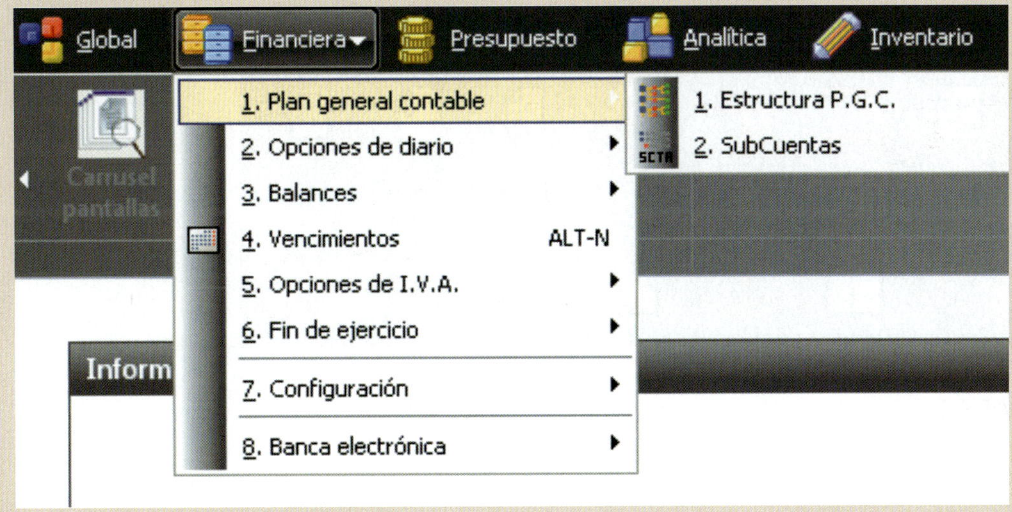

Aparecerán en pantalla un listado de subcuentas que se traspasaron al crear la empresa, pero nos interesará ampliar o modificar algunas, lo que podemos hacer utilizando los botones:

- **Añadir.**
- **Modificar.**
- **Eliminar.**

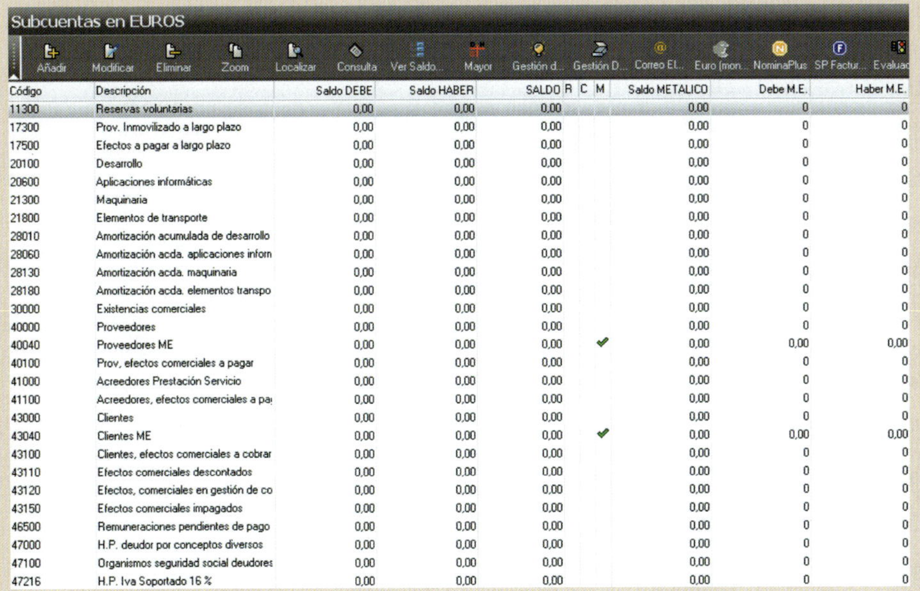

Subcuentas en EUROS

Añadir | Modificar | Eliminar | Zoom | Localizar | Consulta | Ver Saldo... | Mayor | Gestión d... | Gestión D... | Correo El... | Euro (mon... | NominaPlus | SP Factur... | Evaluac

Código	Descripción	Saldo DEBE	Saldo HABER	SALDO	R	C	M	Saldo METALICO	Debe M.E.	Haber M.E.
11300	Reservas voluntarias	0,00	0,00	0,00				0,00	0	0
17300	Prov. Inmovilizado a largo plazo	0,00	0,00	0,00				0,00	0	0
17500	Efectos a pagar a largo plazo	0,00	0,00	0,00				0,00	0	0
20100	Desarrollo	0,00	0,00	0,00				0,00	0	0
20600	Aplicaciones informáticas	0,00	0,00	0,00				0,00	0	0
21300	Maquinaria	0,00	0,00	0,00				0,00	0	0
21800	Elementos de transporte	0,00	0,00	0,00				0,00	0	0
28010	Amortización acumulada de desarrollo	0,00	0,00	0,00				0,00	0	0
28060	Amortización acda. aplicaciones inforn	0,00	0,00	0,00				0,00	0	0
28130	Amortización acda. maquinaria	0,00	0,00	0,00				0,00	0	0
28180	Amortización acda. elementos transpo	0,00	0,00	0,00				0,00	0	0
30000	Existencias comerciales	0,00	0,00	0,00				0,00	0	0
40000	Proveedores	0,00	0,00	0,00				0,00	0	0
40040	Proveedores ME	0,00	0,00	0,00			✔	0,00	0,00	0,00
40100	Prov, efectos comerciales a pagar	0,00	0,00	0,00				0,00	0	0
41000	Acreedores Prestación Servicio	0,00	0,00	0,00				0,00	0	0
41100	Acreedores, efectos comerciales a pa	0,00	0,00	0,00				0,00	0	0
43000	Clientes	0,00	0,00	0,00				0,00	0	0
43040	Clientes ME	0,00	0,00	0,00			✔	0,00	0,00	0,00
43100	Clientes, efectos comerciales a cobrar	0,00	0,00	0,00				0,00	0	0
43110	Efectos comerciales descontados	0,00	0,00	0,00				0,00	0	0
43120	Efectos, comerciales en gestión de co	0,00	0,00	0,00				0,00	0	0
43150	Efectos comerciales impagados	0,00	0,00	0,00				0,00	0	0
46500	Remuneraciones pendientes de pago	0,00	0,00	0,00				0,00	0	0
47000	H.P. deudor por conceptos diversos	0,00	0,00	0,00				0,00	0	0
47100	Organismos seguridad social deudores	0,00	0,00	0,00				0,00	0	0
47216	H.P. Iva Soportado 16 %	0,00	0,00	0,00				0,00	0	0

PRÁCTICA PROFESIONAL

En resumen, este es el entorno de trabajo con el que vamos a operar:

- **Barra de empresa activa.** Es importante saber dentro de qué empresa estamos trabajando. En nuestro caso tenemos que seleccionar siempre y por tanto estar activada la empresa INFORMADRID.
- **Barra de menús.** Seleccionaremos: **Financiera** <u>1.</u> **Plan General contable** <u>2.</u> **Subcuentas.**

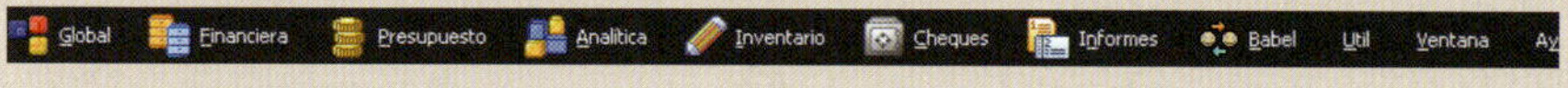

- **Barra de iconos. También se puede acceder a través de los iconos correspondientes.**

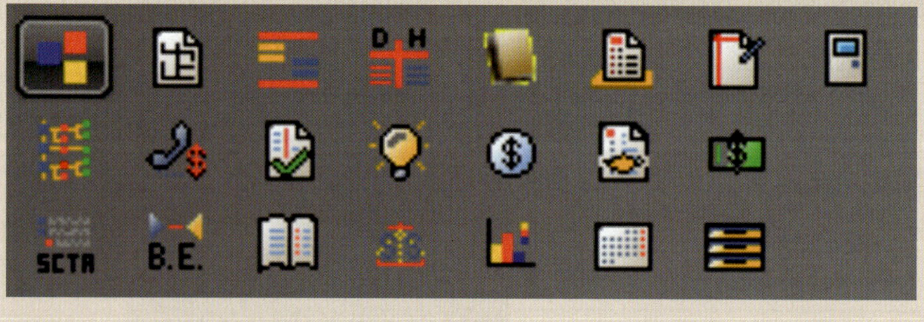

ACTIVIDADES

Creación de subcuentas:

La nueva empresa INFORMADRID se creará con un patrimonio inicial de una furgoneta, una cuenta corriente bancaria, un ordenador y una impresora, por lo que tendremos que crear las siguientes subcuentas:

- Elementos de transporte: una furgoneta.
- Bancos c/c: cuenta corriente bancaria.
- Equipos para procesos de información: un ordenador y una impresora.
- Capital: aportaciones del propietario.

Todavía no hemos utilizado los códigos de tres dígitos (XXX) que se asignan a las cuentas, según el Plan General de Contabilidad que estudiaremos más adelante, pero para poder introducir anotaciones contables en un programa informático será imprescindible su uso:

- (218) Elementos de transporte
- (572) Bancos c/c
- (217) Equipos para procesos de información
- (102) Capital

En el programa ContaPlus se emplean subcuentas con un número mínimo de cinco dígitos (XXXXX) y por tanto se resuelve añadiendo «00» al final de los códigos que establece el Plan General de Contabilidad y que en nuestro caso serían los siguientes:

- (21800) Elementos de transporte
- (57200) Bancos c/c
- (21700) Equipos para procesos de información
- (10200) Capital

EN RESUMEN

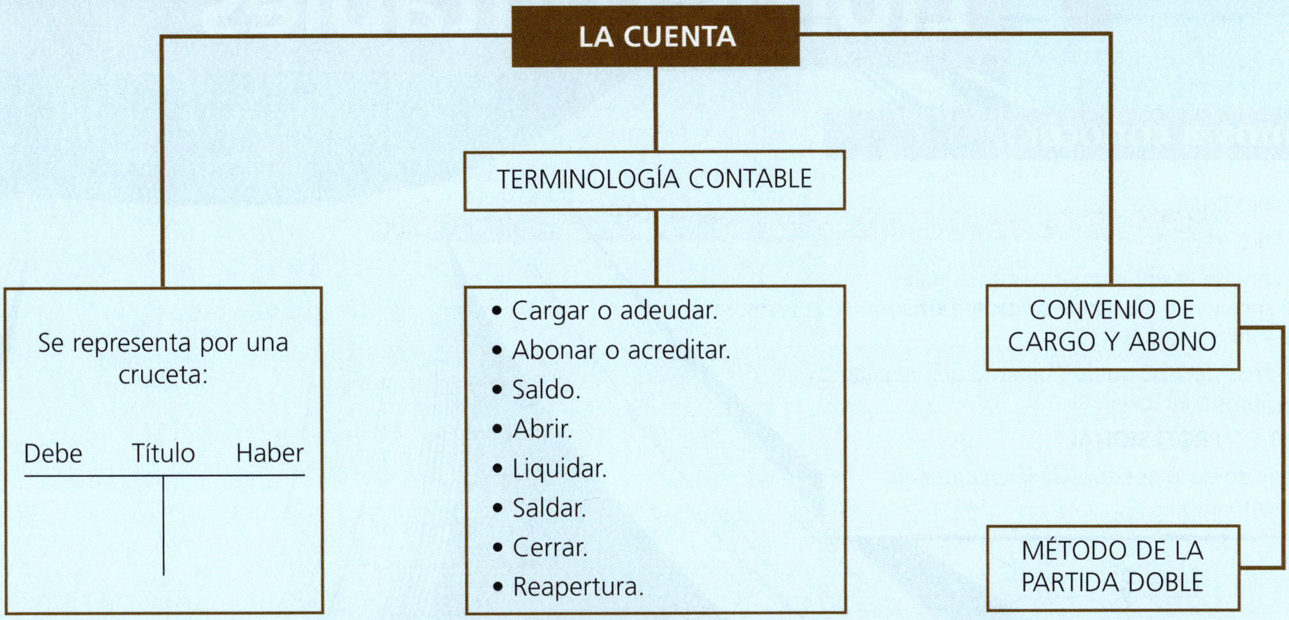

EVALÚA TUS CONOCIMIENTOS

1. Si el Debe es igual que el Haber, el saldo es:

a) Saldo acreedor.
b) Saldo cero.
c) Saldo deudor.
d) No hay saldo.

2. Obtener el saldo de una cuenta se denomina:

a) Saldar.
b) Liquidar.
c) Abrir.
d) Cerrar.

3. Se llama cargar o adeudar a hacer una anotación en el ______________ y abonar o acreditar es hacer una anotación en el ____________________ .

4. Las cuentas de Activo nacen y aumentan por el ______________ y disminuyen por el _____________ .

5. Las cuentas de Pasivo y de Patrimonio Neto nacen y aumentan por el ___________________ y disminuyen por el ______________________ .

6. El método de partida doble establece que cualquier hecho u operación de carácter económico contable da lugar, como mínimo, a dos anotaciones: ________
____
____
____ .

7. De las siguientes cuentas, marca las que son de Activo:

a) Proveedores.
b) Capital.
c) Clientes.
d) Mobiliario.
e) Caja, €.
f) Construcciones.
g) Propiedad industrial.
h) Reservas.
i) Elementos de transporte.

8. De las siguientes cuentas, marca las que son de Pasivo:

a) Maquinaria.
b) Clientes, efectos comerciales a cobrar.
c) Deudas a corto plazo con entidades de crédito.
d) Proveedores, efectos comerciales a pagar.
e) Mercaderías.
f) Proveedores de inmovilizado a corto plazo.

4 Libros contables

vamos a conocer...

1. El libro Diario
2. El libro Mayor
3. El libro de Inventarios y Cuentas anuales. Balance inicial y Balance de comprobación de sumas y saldos
4. Normas del Código de Comercio que regulan los libros contables

PRÁCTICA **PROFESIONAL**

Registro de la apertura de la empresa (II). Asiento inicial

y al finalizar esta unidad...

- Reconocerás los libros de la Contabilidad: Diario, Mayor y libro de Inventarios y Cuentas anuales.
- Identificarás y diferenciarás la disposición gráfica o rayado de los libros contables estudiados.
- Registrarás o anotarás operaciones contables sencillas en el libro Diario y en el libro Mayor, reconociendo la concordancia operativa entre ellos.
- Elaborarás Inventarios o Balances iniciales, y transcribirás sumas y saldos de las cuentas al Balance de comprobación.
- Conocerás normas del Código de Comercio que afectan a la Contabilidad.

CASO **PRÁCTICO** INICIAL

situación de partida

Cada viernes por la tarde se reúnen tres amigos para comentar temas relacionados con los respectivos negocios que han iniciado recientemente.

Andrés y Marcos son dueños de una pyme que se dedica principalmente a la importación y exportación de diversos productos, mientras que Pedro es un profesional que se dedica a la reparación de automóviles.

Esta semana se plantean cómo reflejar la realidad de la empresa y deciden que deben conocer los diferentes libros oficiales y voluntarios que pueden emplear.

A escala informal, Andrés ha empezado a registrar las anotaciones diarias (asientos contables) por orden de fechas en un libro llamado Diario, pero Marcos le comenta que es más práctico registrar los totales del conjunto de las operaciones del mes, ya que las operaciones detalladas las registran en otros libros auxiliares.

Pedro les comenta que ha empezado a anotar todas las operaciones de facturación de sus servicios en un solo libro, llamado libro de ingresos, y los gastos en otro libro, llamado libro de gastos, y así por diferencia entre el total de los ingresos por servicios menos todos los gastos, obtiene el beneficio o pérdida mes a mes y también el beneficio o pérdida acumulado del año, sin necesidad de hacer asientos contables.

Como podemos observar cada uno tiene una visión distinta de cómo enfocar la Contabilidad y, además, tampoco se ponen de acuerdo en cuanto a los libros contables que deben llevar, tanto oficial como voluntariamente.

Finalmente Andrés comenta que ha comprobado que existen diferentes rayados del libro Diario, pero que todos contienen los mismos elementos y, por tanto, no pueden tener en este sentido ninguna discusión al respecto. Él ha elegido el procedimiento americano.

estudio del caso

A raíz de los diferentes criterios tanto de aplicación de la Contabilidad, como de confección de libros obligatorios y voluntarios, y de otros detalles, estos tres amigos se plantean la contratación de un experto contable, para que les resuelva una serie de dudas que han redactado, siendo las principales las siguientes:

1. ¿Cuáles son los libros obligatorios contables en nuestro país, según el Código de Comercio y la normativa fiscal (impuesto sobre sociedades, impuesto sobre el valor añadido, impuesto sobre la renta de personas físicas)?
2. ¿Son obligatorios los mismos libros para las pymes y para los profesionales autónomos?
3. ¿Qué libros voluntarios pueden ser básicos en la contabilidad empresarial?
4. En un mundo cada vez más globalizado, ¿es necesaria la armonización internacional contable?
5. ¿Se pueden realizar anotaciones a mano en los libros contables oficiales, o siempre debe ser de forma informatizada?
6. ¿Se deben legalizar los libros obligatorios? En caso afirmativo, ¿cómo y dónde?
7. La legalización de los libros obligatorios, ¿puede realizarse a priori o a posteriori?
8. ¿Durante cuánto tiempo se deben guardar los libros obligatorios?
9. ¿Qué tipos y modelos de Cuentas anuales deben formular las empresas según sus dimensiones y presentar en el Registro Mercantil?
10. ¿Se realizan las anotaciones en intervalos de tiempo diferentes, en función del libro obligatorio, por ejemplo, Diario, Mayor, Inventarios y Cuentas anuales?

1. El libro Diario

1.1. ¿Qué es el libro Diario?

caso práctico inicial

Este apartado da respuesta a algunas de las preguntas planteadas al comienzo de la unidad pues, como podemos comprobar, el libro Diario es un libro obligatorio, y las transacciones se suelen anotar diariamente.

El libro Diario es un **libro principal y obligatorio** de la Contabilidad que registra, día a día, todo tipo de operaciones relativas a la actividad económica-empresarial. Por tanto, el libro Diario **registra los hechos contables por orden de fechas,** es decir, según se van produciendo en el tiempo. A cada una de las anotaciones del libro Diario se le da el nombre de **asiento.**

En cualquier caso, existen dos posibilidades para cumplimentar el libro Diario:

- Registrar todas las operaciones de la empresa día a día.
- Registrar los totales del conjunto de las operaciones de la empresa por períodos no superiores al mes. En este caso, habrán de anotarse las operaciones, con detalle, en otros libros auxiliares del Diario.

1.2. Disposición gráfica

Existen diferentes tipos de rayados del libro Diario, aunque todos contienen los mismos elementos. Una de las disposiciones prácticas, más difundidas actualmente, es la del procedimiento americano.

DIARIO AMERICANO

DEBE				HABER
(1)	(2)	(3)	(4)	(5)

(1) Cantidades del Debe.
(2) Número de la cuenta deudora en el libro Mayor.
(3) Número del asiento o anotación en el libro Diario, fecha, cuentas y posibles explicaciones.
(4) Número de la cuenta acreedora en el libro Mayor.
(5) Cantidades del Haber.

Como se puede observar, cada **asiento o anotación contable** tiene que consignar los siguientes datos:

- Número y fecha del asiento.
- Nombres de las cuentas, expresando su relación.
- Cantidades cargadas y abonadas a cada cuenta.
- Números de las cuentas cargadas y abonadas en el libro Mayor, que por el momento no se consignarán.

saber más

Número de cuenta acreedora

Aunque en el cuadro adjunto y en los ejemplos de esta unidad la columna para la cuenta acreedora aparece a continuación de la explicación del asiento, en posteriores unidades se colocará este número inmediatamente antes del nombre de la cuenta del Haber. También se considera un procedimiento frecuentemente utilizado y que facilita la comprensión.

EJEMPLO

Registra en el libro Diario las siguientes operaciones:

- **1 de mayo:** Venta de mercaderías al contado por 1.141,92 €.

1 ——— 1 de mayo ———					
1.141,92		Caja, €			
			a Mercaderías		1.141,92

- **1 de mayo:** Venta de mercaderías por 1.502,53 €, cobrando al contado 300,51 €, y el resto a crédito.

2 ——— 1 de mayo ———					
300,51		Caja, €			
1.202,02		Clientes			
			a Mercaderías		1.502,53

- **1 de mayo:** Compra de mercaderías por 901,52 €, pagando al contado 180,30 €, y el resto a crédito.

3 ——— 1 de mayo ———					
901,52		Mercaderías			
			a Caja, €		180,30
			a Proveedores		721,22

- **2 de mayo:** Compra de un ordenador por 1.202,02 €, y muebles por 1.382,33 €, abonando en efectivo 300,51 €, y dejando a deber el resto a tres meses.

4 ——— 2 de mayo ———					
1.202,02		Equipos para procesos de información			
1.382,33		Mobiliario			
			a Caja, €		300,51
			a Proveedores de inmovilizado a corto plazo		2.283,84

2. El libro Mayor

2.1. ¿Qué es el libro Mayor?

caso práctico inicial

Este apartado da respuesta a algunas de las preguntas planteadas al comienzo de la unidad pues, como podemos comprobar, el libro Mayor es un libro voluntario, y las transacciones se suelen anotar diariamente.

El libro Mayor es un **libro principal que no es obligatorio.** No existen, por tanto, normas legales sobre la forma en que debe llevarse.

Su finalidad es agrupar las operaciones por cuentas y esto se realiza, según el método de la partida doble, anotando dentro de las cuentas abiertas en el libro Mayor los asientos del libro Diario que afecten a cada una.

Por tanto, el libro Mayor **anota, cuenta por cuenta,** todo tipo de operaciones relativas a la actividad económica-empresarial y que previamente han sido registradas en el libro Diario. Así pues, de lo anterior se deduce que cada una de las cuentas que figuran en el libro Diario habrá de tener su libro Mayor correspondiente.

El trabajo de llevar las anotaciones del libro Diario al libro Mayor es puramente mecánico, pero hay que tener mucho cuidado para no omitir ninguna cantidad y registrarla en el Debe (cargar la cuenta) o en el Haber (abonar la cuenta) de forma correcta.

2.2. Disposición gráfica

El rayado más habitual del libro Mayor es el siguiente:

DEBE				TÍTULO DE LA CUENTA				HABER	
(1)	(2)	(3)	(4)	(5)	(1)	(2)	(3)	(4)	(5)

(1) Fecha.
(2) Contrapartida y concepto.
(3) Número del asiento en el libro Diario.
(4) Cantidad de cada asiento.
(5) Sumas periódicas.

Como podemos observar en el rayado anterior, lo habitual es que cada cuenta ocupe un doble folio y que se destine la parte izquierda al Debe y la derecha al Haber. Las sumas periódicas suelen ser mensuales o trimestrales, haciéndolas coincidir con las épocas que se elijan para hacer los Balances de comprobación de sumas y saldos, que más adelante se explican.

En la práctica, la disposición gráfica del libro Mayor suele estar muy simplificada y se conoce con el nombre de cruceta, ya empleada en el estudio de las cuentas en la unidad anterior.

recuerda

Estructura de las cuentas

D	Título de la cuenta	H
cargar		abonar

LIBRO DIARIO → **LIBRO MAYOR**

LIBRO DIARIO
- Libro principal
- Libro obligatorio
- Lleva la contabilidad día a día

LIBRO MAYOR
- Libro principal
- Libro no obligatorio
- Lleva la contabilidad cuenta por cuenta

EJEMPLO

Traspasa al libro Mayor de Caja, €, todas las anotaciones del ejemplo anterior del libro Diario y que corresponden a los días 1 y 2 de mayo.

DEBE				CAJA, €			HABER
1 de mayo	a Mercaderías cobro por ventas	1	1.141,92	1 de mayo	de Mercaderías pago por compras	3	180,30
1 de mayo	a Mercaderías cobro por ventas	2	300,51	2 de mayo	de Equipos para procesos de información y de Mobiliario pago por compras	4	300,51
			1.442,43				480,81

Registra en los mayores simplificados o crucetas las siete cuentas diferentes del ejemplo del libro Diario y que corresponden a los días 1 y 2 de mayo.

D	Caja, € H
1.141,92	180,30
300,51	300,51
1.442,43	480,81

D	Mercaderías H
901,52	1.141,92
	1.502,53
	2.644,45

D	Clientes H
1.202,02	

D	Proveedores H
	721,21

D	Equipos para procesos de información H
1.202,02	

D	Mobiliario H
1.382,33	

D	Proveedores de inmovilizado a corto plazo H
	2.283,84

2.3. Concordancia entre el libro Diario y el libro Mayor

Hemos visto que **todas las operaciones que se anotan día a día en el libro Diario se pasan o transcriben al libro Mayor cuenta por cuenta.**

Aplicando el sistema de partida doble, las sumas totales del Debe han de ser iguales a las sumas totales del Haber, tanto en el libro Diario, como en el libro Mayor.

En consecuencia, **siempre tiene que haber concordancia y coincidencia numérica entre ambos libros.**

Cuando los dos libros concuerdan, significa que hemos ido transcribiendo correctamente las cantidades de un libro a otro. Se suele comprobar si todos los cargos y abonos concuerdan punteando las operaciones anotadas y verificando numéricamente los totales o sumas de ambos libros.

ACTIVIDADES

1. Contabiliza en el libro Diario y en el libro Mayor las siguientes operaciones y comprueba después la concordancia entre ambos:

a) Compra de mercaderías al contado por 300,51 €.

b) Compra de mercaderías a crédito por 420,71 €.

c) Venta de mercaderías por 691,16 € cobrando 90,15 € en efectivo, y quedando el resto pendiente de cobro.

d) El cliente anterior nos abona su deuda.

e) Compra de mobiliario por 210,35 € que abonamos al principio de la compra.

f) Compra de un ordenador valorado en 1.322,23 € abonando al contado 120,20 € y dejando el resto a deber a un plazo de dos años.

g) Compra de mobiliario por 901,52 € pagando 300,51 € en efectivo y dejando el resto a deber a seis meses.

h) Venta de mercaderías al contado por 1.202,02 €.

i) Venta de mobiliario por 480,81 € a crédito, a pagar en cinco meses.

j) Compra de herramientas por 120,20 €, a pagar en tres meses.

k) Abono de la deuda de la compra anterior.

Cuando no se indique nada, se entiende que la operación se efectúa a crédito.

3. El libro de Inventarios y Cuentas anuales. Balance inicial y Balance de comprobación de sumas y saldos

3.1. ¿Qué es el libro de Inventarios y Cuentas anuales?

El libro de Inventarios y Cuentas anuales es un **libro principal y obligatorio** de la Contabilidad que **relaciona todos los bienes, derechos y obligaciones que constituyen el patrimonio de la empresa en un momento determinado, así como desarrolla sus cuentas anuales.**

Se abrirá, al comienzo, con un Inventario o Balance inicial detallado de la empresa. Al menos trimestralmente se realizarán Balances de comprobación de sumas y saldos. Y al final, este libro recogerá el Balance de situación de fin de ejercicio.

Además, se formularán la Cuenta de pérdidas y ganancias, el Estado de cambios en el Patrimonio Neto, el Estado de flujos de efectivo y la Memoria.

El libro de Inventarios y Cuentas anuales constituye uno de los elementos principales para el estudio y conocimiento de la situación económica y financiera de una entidad empresarial. Debe redactarse con claridad y mostrar la imagen fiel del patrimonio y de los resultados de la empresa.

3.2. Inventario o Balance inicial

El Inventario o Balance inicial **es la relación ordenada, detallada y valorada de todos los bienes, derechos y obligaciones que constituyen el patrimonio de la empresa en el momento de su creación o cuando reorganiza su contabilidad cada ejercicio económico o año.**

Un Inventario o Balance inicial se compone de:

- **Activo** = relación de bienes y derechos.
- **Pasivo** = relación de deudas y obligaciones.
- **Patrimonio Neto** = Activo – Pasivo.

El rayado más frecuente del Inventario inicial es el siguiente:

INVENTARIO O BALANCE INICIAL				
(1)	(2)	(3)	(4)	(5)

(1) Número de unidades.
(2) Cuentas y descripciones.
(3) Precios por unidad.
(4) Valor de cada partida.
(5) Total de las partidas que forman una sola cuenta.

EJEMPLO

Supongamos que D. Antonio López va a abrir un negocio, contando con 601,01 € en efectivo y 9.015,18 € depositadas en el Banco Popular. Asimismo, posee una furgoneta valorada en 30.050,61 €, un sofá valorado en 360,61 €, dos mesas y cinco sillas con un valor de 240,40 €.

Inventario número 1, de situación económica, al comienzo de sus operaciones, 1 de mayo de 20XX.

ACTIVO			
	Caja €		
	Existencia en efectivo	601,01	601,01
	Banco Popular		
	Saldo a nuestro favor en cuenta corriente	9.015,18	9.015,18
	Elementos de transporte		
1	Furgoneta	30.050,61	30.050,61
	Mobiliario		
1	Sofá	360,61	
2 y 5	2 mesas y 5 sillas	240,40	601,01
			40.267,81
PATRIMONIO NETO Y PASIVO			
	Capital		
	Importe	40.267,81	**40.267,81**

Certifico que mi capital en el día de hoy es de cuarenta mil doscientos sesenta y siete euros y ochenta y un céntimos.

Málaga, 1 de mayo de 20XX

El mismo Balance inicial, de forma más simplificada, se podría elaborar así:

BALANCE INICIAL			
ACTIVO			
	Caja €	601,01	
	Bancos c/c (Banco Popular)	9.015,18	
	Elementos de transporte	30.050,62	
	Mobiliario	601,01	
	Total		**40.261,81**
PATRIMONIO NETO Y PASIVO			
	Capital	40.267,81	
	Total		**40.261,81**

ACTIVIDADES

2. Redactar en papel adecuadamente rayado los siguientes inventarios:

- Inventario número 1, de situación económica, de D. Juan González, al comienzo de sus operaciones, el 6 de marzo de 20XX. En esta fecha, decide iniciar un negocio, contando con 16.828,34 € depositados en el Banco.
- Inventario número ____ de situación patrimonial del Activo y el Pasivo de D. Javier Sánchez en la fecha de 1 de enero de 20XX. En esta fecha D. Javier Sánchez decide realizar el Inventario o Balance inicial que refleje su situación patrimonial detallada a comienzos de año: Caja, 4.808,10 €; Banco Español de Crédito 7.813,16 €; 20 piezas de tela clase A de 50 m a 2,40 €/m; 10 piezas de tela clase B de 60 m a 3,01 €/m; 5 piezas de tela clase C de 50 m a 4,81 €/m; 150 m de retales a 1,20 €/m; debe a D. Luis Gómez 480,81 €; debe a MANUFACTURAS DE LANA 420,71 €.

3.3. Balance de comprobación de sumas y saldos

Para tener un **resumen de la situación patrimonial,** se realiza cada cierto tiempo (al menos una vez al trimestre) un Balance de comprobación de sumas y saldos, que **consiste en efectuar las sumas de Debe y Haber (por un lado) y de saldos deudores y saldos acreedores (por otro) para comprobar su igualdad, en un momento determinado.**

Cuando se abren las cuentas en el libro Mayor, al comienzo del ejercicio económico, sus saldos provienen de un Inventario o Balance inicial que cuadra sus totales, por lo que la suma de los saldos deudores (cuentas de Activo) es igual a la suma de los saldos acreedores (cuentas de Pasivo).

Durante el ejercicio se van haciendo cargos y abonos por las mismas cantidades en cada asiento, por lo que las columnas Debe y Haber del libro Diario suman cantidades idénticas. Por lo tanto, si se obtienen los saldos de todas las cuentas, la suma de los saldos deudores ha de ser igual a la suma de los saldos acreedores.

El rayado de este tipo de Balance es como sigue:

BALANCE DE COMPROBACIÓN DE SUMAS Y SALDOS

Número de cuenta	Título de cuenta	SUMAS		SALDOS	
		Debe	Haber	Saldos deudores	Saldos acreedores
	Caja, €	600		600	
	Bancos c/c	51.085	2.944	48.141	
	Construcciones	216.364		216.364	
	Mobiliario	2.404		2.404	
	Maquinaria	3.005		3.005	
	Mercaderías	4.808	3.005	1.803	
	Capital		274.059		274.059
	Proveedores	1.202	1.202		
	Proveedores, ef. com. a pagar	1.202	1.202		
	Clientes, ef. com. a cobrar	3.005	3.005		
	Equipos procesos de información	1.202		1.202	
	Aplicaciones informáticas	540		540	
	TOTALES	**285.417**	**285.417**	**274.059**	**274.059**

Las cuentas y las cantidades expresadas son supuestas, a modo de ejemplo, de tal manera que se ha anotado el nombre de las cuentas y las sumas de Debe y Haber correspondientes a sus crucetas, comprobándose que sus totales coinciden.

Un Balance de comprobación de sumas y saldos permite comprobar:

- La situación del patrimonio de la empresa en un momento determinado.
- La certeza de transcribir correctamente las anotaciones del libro Diario al libro Mayor.

caso práctico inicial

El objetivo final del Balance de sumas y saldos es comprobar que no existen asientos descuadrados en la Contabilidad, y suele realizarse mensualmente.

recuerda

Método de la partida doble

El método de la partida doble establece que cualquier operación contable da lugar, como mínimo, a dos anotaciones: una de carácter deudor (en el Debe) y otra de carácter acreedor (en el Haber).

Es importante tener presente que un Balance de comprobación de sumas y saldos contiene todas las cuentas de la empresa, tanto las cuentas patrimoniales como las de gestión —cuentas que estudiaremos en unidades posteriores—, pero en ningún momento indica el resultado obtenido por el negocio.

Por último, un Balance puede no cuadrar porque se haya cometido alguno de los siguientes errores:

- Omisión de alguna cuenta.
- Anotar mal alguna cantidad.
- Cambio de deudor por acreedor o viceversa.
- Error en cálculo de suma.
- Error en cálculo de saldo.

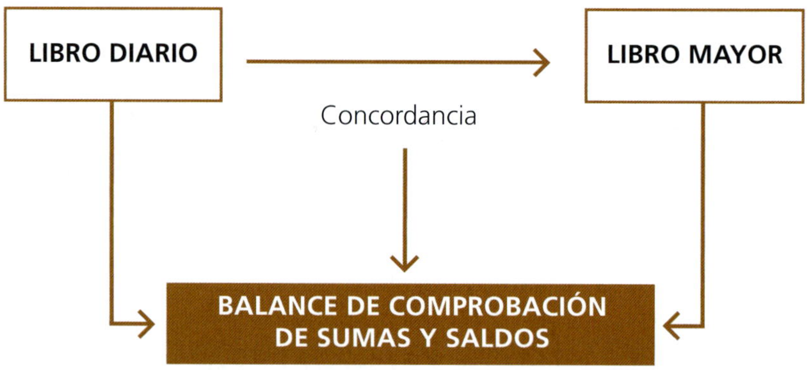

EJEMPLO

D. Antonio López, que comenzó su negocio el 1 de mayo de 20XX, realizó su Inventario inicial, en el ejemplo anterior.

Durante el mes de mayo llevó a cabo las siguientes operaciones:

2 de mayo: Compras de mercaderías al contado por 120,20 €

3 de mayo: Compra de un ordenador personal por 1.202,02 €, abonando mediante cheque bancario 300,51 € y dejando a deber el resto a 6 meses.

4 de mayo: Ventas de mercaderías al contado por 90,15 €

5 de mayo: Compras de mercaderías a crédito por 1.202,02 €

6 de mayo: Ventas de mercaderías al contado por 540,91 €

17 de mayo: Ventas de mercaderías a crédito por 721,21 €

20 de mayo: Compra de útiles de trabajo por 108,18 €, que se abonan en efectivo.

23 de mayo: Ventas de mercaderías por 360,61 €

27 de mayo: Compras de mercaderías por 781,32 €

31 de mayo: Compra de dos sillas por 48,08 €, que se pagan al contado.

Se pide:

a) Contabilizar todas las operaciones en el libro Diario.

b) Contabilizar todas las operaciones en el libro Mayor.

c) Realizar un Balance de comprobación de sumas y saldos a 31 de mayo.

EJEMPLO

(Continuación)

		1 de mayo		
601,01	Caja, €			
9.015,18	Bancos c/c			
30.050,61	Elementos de transporte			
601,01	Mobiliario	a	Capital	40.267,81
		2 de mayo		
120,20	Mercaderías	a	Caja, €	120,20
		3 de mayo		
1.202,02	Equipos para procesos de información	a	Bancos c/c	300,51
		a	Proveedores de inmovilizado a corto plazo	901,51
		4 de mayo		
90,15	Caja, €	a	Mercaderías	90,15
		5 de mayo		
1.202,02	Mercaderías	a	Proveedores	1.202,02
		6 de mayo		
540,91	Caja,€	a	Mercaderías	540,91
		17 de mayo		
721,21	Clientes	a	Mercaderías	721,21
		20 de mayo		
108,18	Utillaje	a	Caja, €	108,18
		23 de mayo		
360,61	Clientes	a	Mercaderías	360,61
		27 de mayo		
781,32	Mercaderías	a	Proveedores	781,32
		31 de mayo		
48,08	Mobiliario	a	Caja, €	48,08

EJEMPLO

(Continuación)

LIBRO MAYOR

Caja, €

D	H
601,01	120,20
90,15	108,18
540,91	48,08
1.232,07	276,46

Bancos c/c

D	H
9.015,18	300,51

Elementos de transporte

D	H
30.050,61	

Utillaje

D	H
108,18	

Capital

D	H
	40.267,81

Mercaderías

D	H
120,20	90,15
1.202,02	540,91
781,32	721,21
	360,61
2.103,54	1.712,88

Proovedores de inmovilizado a corto plazo

D	H
	901,51

Mobiliario

D	H
601,01	
48,08	
649,09	

Equipos para procesos de información

D	H
1.202,02	

Proveedores

D	H
	1.202,02
	781,32
	1.983,34

Clientes

D	H
721,21	
360,61	
1.081,82	

EJEMPLO

(Continuación)

BALANCE DE COMPROBACIÓN					
Número de cuenta	**Título de cuenta**	**SUMAS**		**SALDOS**	
		Debe	**Haber**	**S. deudor**	**S. acreedor**
	Caja, €	1.232,07	276,46	955,61	
	Bancos c/c	9.015,18	300,51	8.714,67	
	Elementos de transporte	30.050,61		30.050,61	
	Mobiliario	649,09		649,09	
	Capital		40.267,81		40.267,81
	Mercaderías	2.103,54	1.712,88	390,66	
	Equipos para procesos de información	1.202,02		1.202,02	
	Proveedores de inmovilizado a corto plazo		901,51		901,51
	Proveedores		1.983,34		1.983,34
	Clientes	1.081,82		1.081,82	
	Utillaje	108,18		108,18	
	TOTALES	**45.442,51**	**45.442,51**	**43.152,66**	**43.152,66**

ACTIVIDADES

3. Don Francisco Lorente inicia un negocio comercial de compraventa de pequeños aparatos electrodomésticos el 1 de octubre de 20XX, con las siguientes aportaciones:

- Dinero en caja 450,76 €
- Dinero en c/c bancaria 30.050,61 €
- Local de su propiedad 108.182,00 €

Durante el mes de octubre realiza las siguientes operaciones:

4 de octubre. Compra de mercaderías al contado por 300,51 €

6 de octubre. Compra de mercaderías a crédito por 1.682,83 €

9 de octubre. Compra de mobiliario por 2.404,05 € abonando mediante transferencia bancaria 901,52 € y dejando a deber el resto.

15 de octubre. Compra de mercaderías por 1.923,24 €

22 de octubre. Venta de mercaderías a crédito por 360,61 €

27 de octubre. Venta de mercaderías a crédito por 1.051,77 €

31 de octubre. Compra de un ordenador por 1.202,01 € y de una aplicación informática por 90,15 €. El primero se deja a deber a 9 meses y la segunda se abona en efectivo.

Se pide:

a) Realizar el Balance inicial.

b) Contabilizar todas las operaciones en el libro Diario.

c) Contabilizar todas las operaciones en el libro Mayor.

d) Realizar un Balance de comprobación de sumas y saldos a 31 de octubre.

4. Normas del Código de Comercio que regulan los libros contables

saber más

Libros de Contabilidad

Los **artículos 25 al 33 del Código de Comercio** incluyen las normas que afectan a los libros de Contabilidad de los empresarios.

El Código de Comercio regula el proceso de elaboración de la Contabilidad:

4.1. Cómo ha de llevarse a cabo la Contabilidad

Todo empresario deberá llevar una Contabilidad ordenada, adecuada a la actividad de su empresa, que permita un seguimiento cronológico de todas sus operaciones, así como la elaboración periódica de balances e inventarios.

Todos los libros y documentos contables deben ser llevados, cualquiera que sea el procedimiento utilizado, con claridad, por orden de fechas, sin espacios en blanco, ni tachaduras.

Las anotaciones contables deberán ser hechas expresando los valores en euros.

4.2. Libros obligatorios de la Contabilidad

caso práctico inicial

Los apartados siguientes explican cuáles son los libros obligatorios, dónde se deben legalizar, el tiempo de conservación de dichos libros, y la formulación de las Cuentas anuales que, una vez depositadas en el Registro Mercantil, son públicas y, por tanto, cualquier persona puede obtener una copia de ellas y conocer cómo es una determinada empresa.

Se consideran libros obligatorios de la Contabilidad el libro Diario y el libro de Inventarios y Cuentas anuales.

El **libro Diario** registrará día a día todas las operaciones relativas a la actividad de la empresa. Será válida, sin embargo, la anotación conjunta de los totales de las operaciones por períodos no superiores al mes, a condición de que su detalle aparezca en otros libros o registros que concuerden.

El **libro de Inventarios y Cuentas anuales** se abrirá con el Balance inicial detallado de la empresa.

Al menos trimestralmente se transcribirán con sumas y saldos los Balances de comprobación y se realizará el Inventario de cierre del ejercicio y las Cuentas anuales.

Las sociedades mercantiles están obligadas a llevar también un libro o libros de Actas, en las que constarán, al menos, todos los acuerdos tomados por las juntas generales y especiales y los demás órganos colegiados de la sociedad.

4.3. Legalización de los libros de Contabilidad

saber más

Presentación de libros de Contabilidad en soporte digital

Los libros obligatorios también se pueden presentar en soporte digital, ya que es posible realizar las anotaciones contables con programas informáticos.

Los empresarios presentarán los libros que, obligatoriamente, deben llevar (libro Diario y libro de Inventarios y Cuentas anuales) **en el Registro Mercantil del lugar donde tengan su domicilio**, para que antes de su utilización, se ponga en el primer folio de cada uno diligencia de los que tuviere el libro y, en todas las hojas de cada libro, el sello del Registro.

Será válida, sin embargo, la realización de asientos y anotaciones por cualquier procedimiento idóneo sobre hojas que después habrán de ser encuadernadas correlativamente para formar los libros obligatorios, los cuales serán legalizados antes de que transcurran los cuatro meses siguientes a la fecha de cierre del ejercicio.

4.4. Conservación de la información contable

Los empresarios están obligados a conservar los libros, correspondencia, documentación y justificantes concernientes a su negocio, debidamente ordenados **durante seis años,** a partir del último asiento realizado en los libros.

4.5. Valor probatorio y secreto de la información contable

El valor probatorio de los libros de los empresarios y demás documentos contables **corresponde a los Tribunales,** conforme a las reglas generales del Derecho.

La Contabilidad de los empresarios es secreta. La comunicación de los libros, correspondencia y demás documentos se hará de oficio o a instancia de parte en los casos de sucesión, suspensión de pagos, quiebras, liquidaciones, expedientes de regulación de empleo, y cuando los socios o los representantes legales de los trabajadores tengan derecho a ello.

4.6. Cómo han de formularse las Cuentas anuales

Al cierre del ejercicio todo empresario está obligado a formular las Cuentas anuales de su empresa: el Balance, la Cuenta de pérdidas y ganancias y el Estado de cambios en el Patrimonio Neto (ECPN), el Estado de flujos de efectivo (EFE) y la Memoria.

Las Cuentas anuales forman una unidad y han de redactarse con claridad y mostrar la imagen fiel del patrimonio, de la situación financiera y de los resultados de la empresa.

ACTIVIDADES FINALES

■ 1. Registra en el libro Diario y en el libro Mayor las siguientes operaciones y comprueba la concordancia entre ambos libros:

a) Compra de mercaderías al contado por 901,52 €

b) Venta de mercaderías en efectivo por 2.540,91 €

c) Compra de mercaderías a crédito por 420,71 €

d) Venta de mercaderías a crédito por 601,01 €

e) Compra de mercaderías por 721,21 € pagando al contado 120,20 € y adeudando el resto.

f) Compra de muebles por 480,80 € que se abonan en efectivo.

g) Compra de herramientas por 120,20 € que se abonan en efectivo.

h) Compra de un ordenador por 1.081,82 € pagando al contado 480,81 € y comprometiéndonos a pagar el resto en seis meses.

i) Venta de los muebles, comprados anteriormente, por su mismo valor de adquisición, pendientes de cobrar a tres meses.

j) Compra de una furgoneta por 10.818,22 € a pagar en tres años.

Ten en cuenta lo siguiente para resolver la actividad:

- **Mercaderías** es el título de la cuenta que representa el objeto-actividad fundamental de la empresa o, lo que es lo mismo, los elementos que compra o tiene la empresa, habitualmente, para su posterior venta. Por ejemplo:
  — En una papelería: bolígrafos, cuadernos, papel, libros, etc.
  — En una cristalería: cristales, espejos, marcos, etc.
- **«A crédito»** o **«dejar a deber»** son expresiones que se utilizan cuando aparecen derechos de cobro o deudas del siguiente tipo:

DERECHOS DE COBRO	DEUDAS
• **Clientes:** por la venta de mercaderías a crédito.	• **Proveedores:** por la compra de mercaderías a crédito.
• **Créditos a corto plazo por enajenación de inmovilizado:** por la venta de inmovilizado a crédito a corto plazo.	• **Proveedores de inmovilizado a corto plazo:** por la compra de inmovilizado a crédito a corto plazo.
• **Créditos a largo plazo por enajenación de inmovilizado:** por la venta de inmovilizado a crédito a largo plazo.	• **Proveedores de inmovilizado a largo plazo:** por la compra de inmovilizado a crédito a largo plazo.

- **Mobiliario:** todo tipo de muebles.
- **Equipos para procesos de información:** ordenadores y equipos electrónicos en general.
- **Utillaje:** herramientas.
- **Elementos de transporte:** vehículos de todas clases, para el transporte externo.

- 2. Redacta en papel adecuadamente rayado los siguientes Balances:
  - Balance inicial. El día 8 de marzo de 20XX, D. José Luis García Rodríguez decide iniciar un negocio, contando con 46.878,00 €, depositados en el banco BBVA, y un local valorado en 120.000,00 €.
  - Balance de comprobación. El día 30 de septiembre del mismo año, D. José Luis García Rodríguez, al hacer examen de los libros se encuentra también con los siguientes datos:
    - — Existen géneros en almacén por valor de 4.207,08 €
    - — Tres letras a cobrar por un valor total de 3.606,07 €
    - — Debe a proveedores 9.315,68 €
    - — Efectivo de 1.202,02 €
    - — Tiene dos letras de cambio aceptadas pendientes de pago que en total importan 2.404,04 €

- 3. Contabiliza las siguientes operaciones en el libro Diario y en el libro Mayor y efectúa el Balance de comprobación de sumas y saldos a 30 de junio de 20XX.

  D. Álvaro López pone en marcha un negocio dedicado a la venta de material deportivo el 10 de junio de 20XX, con un capital que se compone de los siguientes elementos: un local de su propiedad valorado en 92.555 €, de los cuales 40.000 € corresponden al terreno; depósitos en caja por 1.081 €; depósitos en c/c bancaria por 15.025 €; un sofá de 841 € y cuatro sillas de 96 €, cada una.

  Durante el mes de junio ha efectuado las siguientes operaciones:

  6 de junio. Compra de mercaderías con el siguiente detalle: 10 bolsas de deportes a 30 €/ud, 20 pares de zapatillas de deporte a 36 € el par y 50 camisetas de 9 €/ud.

  7 de junio. Venta de mercaderías al contado: dos bolsas de deportes a 42 €/ud, dos pares de zapatillas a 45 €/ud, seis camisetas a 12 €/ud.

  8 de junio. Compra de una mesa de oficina por 288 € que se abonan mediante cheque bancario.

  12 de junio. Compra de mercaderías a crédito por valor de 390 €

  14 de junio. Venta de mercaderías por 360 € cobrando 120 € en efectivo y quedando pendiente de cobro el resto.

  17 de junio. Compra de mercaderías por 661 € abonando en efectivo 120 € y dejando a deber el resto.

  23 de junio. Venta de mercaderías por 180 € a crédito.

  27 de junio. Compra de mercaderías por 600 € abonando en efectivo 60 € y entregando cheque bancario para pagar los 540 € restantes.

entra en internet

- 4. Consulta esta página web para ampliar tus conocimientos sobre cómo deben ser legalizados los libros de la Contabilidad:

  <www.gabilos.com/comosehace/Librosempresarios/textolibrosLegalizacion.htm>

PRÁCTICA PROFESIONAL

Simulación de un proceso contable informatizado

REGISTRO DE LA APERTURA DE LA EMPRESA (II). ASIENTO INICIAL

Una vez creada la empresa INFORMADRID y algunas subcuentas con la aplicación informática ContaPlus, vamos a continuar la simulación de su proceso contable registrando la primera operación que corresponde al asiento inicial o de apertura de su actividad.

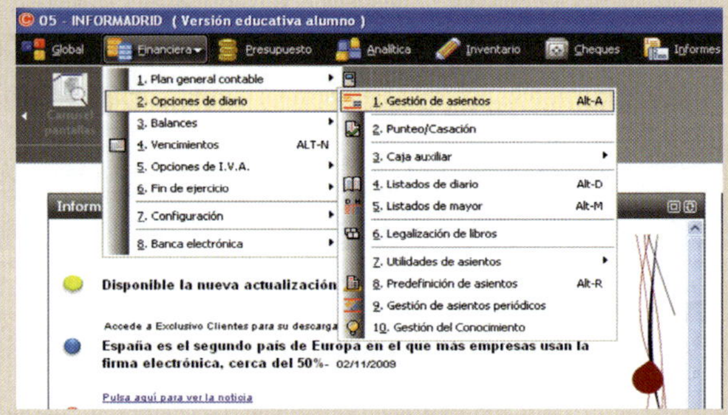

Recuerda los siguientes pasos:

1. Introduce el CD, que acompaña al libro, en el lector del ordenador.

2. Lanza la aplicación:

- Accede por el icono SP Contaplus Élite.
- Selecciona el usuario **Supervisor** y pulsa **Aceptar.**

3. En la barra de menús selecciona **Global:**

- Selección de empresa: seleccionamos INFORMADRID, que ya creamos con el código 05.

Una vez entremos en INFORMADRID y habiendo introducido en la práctica anterior las subcuentas que necesitábamos, vamos a registrar en el libro Diario el asiento inicial o de apertura de la empresa dando estos pasos:

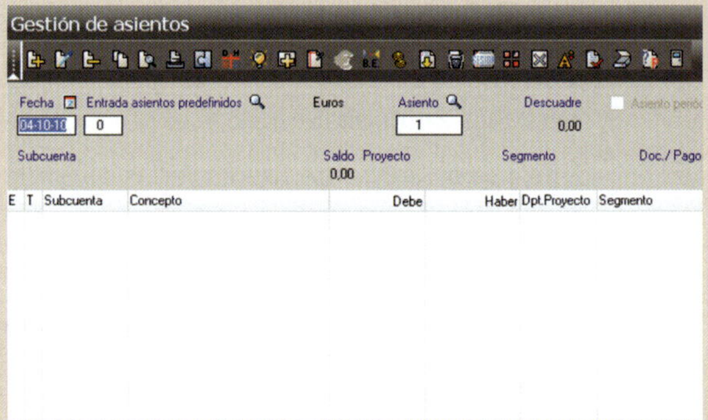

4. En la barra de menús selecciona **Financiera:**

- Selecciona 2. **Opciones de diario.**
- Dentro selecciona 1. **Gestión de asientos.**

En esta pantalla aparecerá una lista de botones que utilizaremos, con frecuencia, para realizar los asientos en el libro Diario.

Estos son los más importantes y habituales:

- **Añadir partida.** Sirve para registrar las cuentas o apuntes en cada uno de los asientos.
- **Modificar partida.** Permite cambiar datos que hayamos introducido erróneamente en algún apunte. Modificaremos aquello que hayamos seleccionado con el cursor.
- **Eliminar partida.** Se podrá eliminar la cuenta en la que estemos situados en ese momento.
- **Grabar asiento.** Al pulsar este botón se grabará el asiento que tengamos en pantalla, siempre y cuando esté cuadrado o, lo que es lo mismo, tenga el mismo importe en el Debe y en el Haber.

ACTIVIDADES

Datos de apertura de la nueva empresa INFORMADRID:

El 4 de octubre es la fecha de inicio de la actividad, con un patrimonio inicial consistente en:

- Una furgoneta 21.035,42 €
- C/c bancaria (Banco Europeo) 60.101,21 €
- Un ordenador 1.051,77 €
- Una impresora 300,51 €

EN RESUMEN

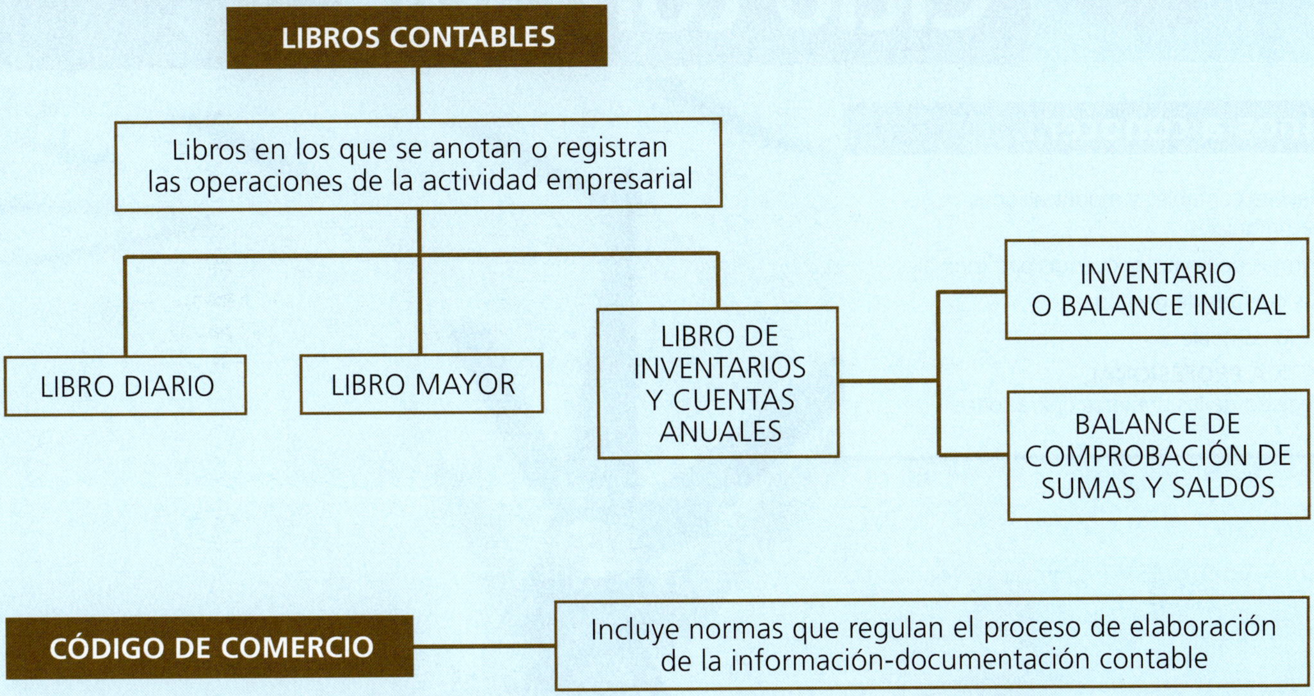

EVALÚA TUS CONOCIMIENTOS

1. Cuando el libro Diario y el libro Mayor concuerdan, ¿qué significa? ¿Cómo se suele comprobar si todos los cargos y abonos concuerdan?

2. Señala en qué momento del año o ejercicio económico se realizan las siguientes operaciones:

a) Un Balance de comprobación.
b) Un Balance de situación.
c) Un Balance inicial.

3. Coloca por orden sucesivo el registro de anotaciones:

a) Libro Mayor.
b) Balance de comprobación.
c) Libro Diario.
d) Balance de situación.
e) Balance inicial.

4. Señala cuál de los siguientes libros contables es principal y obligatorio:

a) Diario.
b) Actas.
c) Almacén.
d) Mayor.

5. Anota si es verdadera o falsa cada una de las siguientes afirmaciones:

El rayado del libro Mayor se suele presentar simplificado y se le conoce con el nombre de cruceta.

a) Verdadero.
b) Falso.

Un asiento en el libro Diario solo puede relacionar una cuenta deudora con otra acreedora.

a) Verdadero.
b) Falso.

6. Los empresarios están obligados a conservar los libros, correspondencia, documentación y justificantes concernientes a su negocio durante:

a) Seis años.
b) Cinco años.
c) Tres años.
d) Ocho años.

7. El valor probatorio de los libros de los empresarios y demás documentos contables corresponde a:

a) Hacienda.
b) El Registro Mercantil.
c) El Instituto de Contabilidad y Auditoría de Cuentas.
d) Los Tribunales.

5 Ciclo contable

vamos a conocer...

1. Hechos contables y modificaciones patrimoniales
2. Formas de llevar las cuentas patrimoniales
3. Las cuentas de gestión
4. Ciclo contable

PRÁCTICA **PROFESIONAL**
Registro de las primeras operaciones

y al finalizar esta unidad...

- Conocerás los hechos contables y diferenciarás entre los que modifican o transforman el patrimonio.
- Explicarás un grupo nuevo de cuentas: cuentas de gestión o de Gastos e Ingresos.
- Relacionarás la cuenta de Resultado del ejercicio con las cuentas de gestión y el proceso de regularización.
- Describirás el ciclo contable de un ejercicio económico y los registros que suponen en los diferentes libros de Contabilidad.

CASO **PRÁCTICO** INICIAL

situación de partida

Marta y Sandra son dos estudiantes que desean conocer la situación financiera y económica de la empresa del padre de Sandra y disponen de un resumen de dos de los documentos principales. El Balance y la Cuenta de pérdidas y ganancias.

El Balance de situación inicial a 1-01-20XX es el siguiente:

ACTIVO		PATRIMONIO NETO Y PASIVO	
Maquinaria	20.000	Capital social	10.000
Clientes	8.000	Proveedores	7.000
Caja, euros	2.000	Préstamos	13.000
Total Activo	30.000	Total Patrimonio Neto y Pasivo	30.000

Posteriormente, la empresa realiza el asiento de apertura en el libro Diario, donde estas cuentas del Activo irán al Debe y las del Patrimonio Neto y el Pasivo al Haber.

A continuación, la empresa ha realizado el registro de todas las operaciones del ejercicio, los asientos de regularización, y ha elaborado la Cuenta de pérdidas y ganancias (P y G) a 31-12-20XX, que es la siguiente:

Ventas	+ 100.000
Compras mercaderías (consumo)	– 30.000
Sueldos y salarios	– 40.000
Otros gastos	– 10.000
Tributos	– 5.000
Resultado final	+ 15.000

Y el Balance de situación final, que es el siguiente:

ACTIVO		PATRIMONIO NETO Y PASIVO	
Maquinaria	25.000	Capital social	10.000
Clientes	12.000	Proveedores	6.000
Caja, euros	3.000	Préstamos	9.000
		P y G	15.000
Total Activo	40.000	Total Patrimonio Neto y Pasivo	40.000

estudio del caso

La Contabilidad es una herramienta que ayuda a las dos estudiantes a conocer la situación financiera en un determinado momento a través del Balance y la situación económica a través de la Cuenta de pérdidas y ganancias.

Ambas estudiantes observan que la Cuenta de pérdidas y ganancias recoge el beneficio o pérdida que la empresa obtiene a lo largo de su ejercicio económico, y es similar a un contador que se pone a cero a principios de cada ejercicio y que se cierra al final del mismo.

El Balance de situación y la Cuenta de pérdidas y ganancias están interrelacionados, su nexo principal consiste en la última línea de la Cuenta de pérdidas y ganancias (aquella que recoge el beneficio o pérdida), que también se refleja en el Balance.

Al centrarse en los dos Balances de situación observan uno de los principios básicos de Contabilidad: el total del Activo siempre ha de ser igual al total del Patrimonio Neto y del Pasivo.

La empresa, en este ejercicio, ha obtenido un beneficio de 15.000 euros, puesto que las ventas son superiores a los gastos (Ventas 100.000 – Gastos 85.000 = Beneficio 15.000).

A lo largo del ejercicio, la mayoría de las cuentas han sufrido variaciones, por ejemplo, el Patrimonio Neto que inicialmente estaba formado por el Capital Social (10.000 €), ha aumentado al final del ejercicio en 15.000 € de la Cuenta de pérdidas y ganancias, pasando el Patrimonio Neto a 25.000 € (Capital social 10.000 + Resultado final 15.000).

1. Hechos contables y modificaciones patrimoniales

La puesta en marcha de una empresa supone emplear un patrimonio para lograr unos objetivos, siendo el fundamental la obtención de un beneficio.

Para que estos objetivos se consigan, el patrimonio de la empresa sufrirá múltiples transformaciones al cambiar unos elementos por otros de igual valor; o bien, al cambiar unos elementos por otros de distinto valor; produciéndose, por tanto, beneficios o pérdidas.

Las operaciones que modifican o transforman el patrimonio se denominan **hechos contables** y son objeto de anotación en los libros de Contabilidad.

La actividad económico-empresarial... → ...produce modificaciones o cambios en el patrimonio... → ...que originan hechos contables... → ...objeto de anotación en los LIBROS DE CONTABILIDAD

Las operaciones o hechos contables, que producen cambios en el patrimonio de la empresa, pueden ser de dos tipos: permutativos y modificativos.

1.1. Hechos permutativos

recuerda

Patrimonio Neto

Recursos propios de la empresa o deudas y obligaciones internas, como el capital aportado por los propietarios o los beneficios no distribuidos.

Son aquellos en los que se cambian unos elementos por otros de igual valor y, por tanto, modifican la composición del patrimonio, pero no afectan al Patrimonio Neto.

EJEMPLO

Un ejemplo de hecho permutativo sería la compra de una mesa por 300 € que se abonan en efectivo. Este hecho contable supone entregar dinero en efectivo, 300 € a cambio de una mesa cuyo valor es 300 €. Por tanto, podemos decir que estamos cambiando un elemento de Activo (que disminuye), dinero en Caja, por otro elemento de Activo (que aumenta), mesa, que tiene el mismo valor, 300 €.

1.2. Hechos modificativos

Son aquellos en los que se cambia un elemento por otro de distinto valor y producen modificaciones (aumentos o disminuciones) en el Patrimonio Neto.

EJEMPLO

Un ejemplo de hecho modificativo es vender mercaderías por 600 €, que se cobran en efectivo, habiéndolas comprado anteriormente por 475 €. Este hecho es modificativo puesto que cambiamos unas mercaderías que nos costaron 475 € por dinero en efectivo: 600 €. Por tanto, aumenta el Patrimonio Neto en 125 €.

2. Formas de llevar las cuentas patrimoniales

Existen dos sistemas o formas de llevar una cuenta:

Sistema administrativo

Se aplica cuando las entradas o aumentos y las salidas o disminuciones se contabilizan teniendo en cuenta el mismo criterio. Por ejemplo, la cuenta de Caja, € utiliza siempre como criterio de medida el valor de la moneda.

Sistema especulativo

Cuando se utilizan distintos criterios para registrar los aumentos y disminuciones. Por ejemplo, Mercaderías utiliza como criterio de entrada el precio de coste y como criterio de salida el precio de venta.

Vamos a analizar el funcionamiento de las cuentas de Activo y de Pasivo, que ya conocemos por unidades anteriores.

2.1. Cuentas de Activo

Las cuentas de Activo, es decir, los bienes y derechos de cobro del patrimonio de una empresa, admiten los dos sistemas de funcionamiento de las cuentas (según el caso de que se trate): el administrativo y el especulativo.

La norma general es que las cuentas que representan derechos de cobro funcionen por el procedimiento administrativo, que contabiliza las entradas y salidas por el mismo valor.

Sin embargo, las cuentas que representan bienes admiten los dos sistemas de anotación, siendo conveniente que se reserve el procedimiento especulativo, exclusivamente, para el caso de mercaderías.

CUENTAS DE ACTIVO POR EL SISTEMA ADMINISTRATIVO	
Carácter inicial	Comienzan por el Debe.
Carácter funcional	Su funcionamiento es bilateral, es decir, se pueden anotar tanto en el Debe como en el Haber. En todo momento D ≥ H.
Carácter final	Saldo deudor o cero. El Sd indica el valor del elemento representado.

CUENTAS DE ACTIVO POR EL SISTEMA ESPECULATIVO	
Carácter inicial	Comienzan por el Debe.
Carácter funcional	Su funcionamiento es bilateral, es decir, se pueden anotar tanto en el Debe como en el Haber.
Carácter final	Saldo deudor, acreedor o cero, pero no indica el valor de las existencias.

2.2. Cuentas de Pasivo

CUENTAS DE PASIVO → Sistema Administrativo

Las cuentas de Pasivo, es decir, las cuentas que reflejan las fuentes de financiación propias y ajenas de la empresa, admiten un único sistema de funcionamiento: el administrativo, que valora las entradas y salidas por el mismo valor.

CUENTAS DE PASIVO POR EL SISTEMA ADMINISTRATIVO	
Carácter inicial	Comienzan por el Haber.
Carácter funcional	Su funcionamiento es bilateral, pudiéndose anotar tanto en el Debe como en el Haber; pero en todo momento habrá de ser el $H \geq D$.
Carácter final	Saldo acreedor o cero. El saldo acreedor indicará el valor de la deuda pendiente de liberar.

EJEMPLO

¿Cuál es el carácter inicial, funcional y final, así como el sistema o procedimiento habitual de las siguientes cuentas?

Cuenta	Tipo	Carácter inicial	Carácter funcional	Carácter final	Sistema
Caja, €	Activo	Comienza por el Debe	Funcionamiento bilateral, pero siempre habrá de ser $D \geq H$	El saldo será deudor o cero	Administrativo
Mercaderías	Activo	Comienza por el Debe	Funcionamiento bilateral. Podrá ser $D > H$, $D < H$ ó $D = H$	El saldo será deudor, acreedor o cero	Especulativo
Proveedores	Pasivo	Comienza por el Haber	Funcionamiento bilateral, pero siempre $H \geq D$	El saldo será acreedor o cero	Administrativo

ACTIVIDADES

1. ¿Cuál es el carácter inicial, funcional y final, así como el sistema o procedimiento habitual de las siguientes cuentas?

- Bancos c/c.
- Mobiliario.
- Equipos para procesos de información.
- Proveedores, efectos comerciales a pagar.

3. Las cuentas de gestión

3.1. Variaciones en el Patrimonio Neto: las cuentas de gestión

El Patrimonio Neto de la empresa sufre variaciones a lo largo del tiempo, como resultado de la actividad empresarial, que habrán de ser representadas y medidas por cuentas.

Las cuentas que se utilizan para representar los aumentos y disminuciones del Patrimonio Neto se producen como consecuencia de la gestión empresarial y se denominan **cuentas de gestión o de Gastos e Ingresos.**

Las cuentas de gestión permiten conocer cómo, por qué o dónde se ha producido beneficio o pérdida de la empresa en un determinado período de tiempo.

3.2. Características de las cuentas de gestión

Las características de las cuentas de gestión son las siguientes:

- **Solo duran un ejercicio o año,** ya que al final del período cuyo resultado se quiere medir, todas las cuentas de gestión se anulan y engloban en una cuenta única que ofrece el beneficio o pérdida conseguidos por la empresa.
- Las cuentas de gestión **anotan los aumentos o disminuciones del Patrimonio Neto,** de tal manera que:
  - — Cualquier cambio que suponga una disminución en el Patrimonio Neto, se registra en el Debe: **Cuenta de Gastos.**

caso práctico inicial

Estas son las características empleadas para conocer el beneficio empresarial.

EJEMPLO

Reparar un elemento patrimonial que se haya estropeado se representará en la cuenta: Reparaciones y conservación (Gasto).

- — Cualquier cambio que suponga un aumento del Patrimonio Neto se anota en el Haber: **Cuenta de Ingresos.**

EJEMPLO

Cobrar intereses de las cuentas corrientes abiertas en los bancos se representará en la cuenta: Otros ingresos financieros (Ingreso).

FUNCIONAMIENTO DE LAS CUENTAS DE GESTIÓN	
Carácter inicial	• Si es gasto, nace por el Debe. • Si es ingreso, nace por el Haber.
Carácter funcional	En el momento en que se produce el hecho contable: • Los gastos se anotan siempre en el Debe. • Los ingresos se anotan siempre en el Haber.
Carácter final	• Si es gasto, saldo deudor. • Si es ingreso, saldo acreedor.

EJEMPLO

- **Determinemos, con los datos que se relacionan a continuación, el patrimonio de un comerciante individual, haciendo el correspondiente balance de comprobación:**

Dinero .... 240,40 €
Saldo a su favor en cuenta corriente .... 300,51 €
Género en almacén .... 420,71 €
Los clientes le adeudan .... 180,30 €

Balance de comprobación

Títulos de las cuentas	Saldos deudores	Saldos acreedores
Caja, €	240,40	
Bancos c/c	300,51	—
Mercaderías	420,71	—
Clientes	180,30	—
Capital	—	1.141,92
Totales	**1.141,92**	**1.141,92**

El Capital lo hemos hallado mediante la suma de todo el Activo, ya que no existe Pasivo para restar.

En este momento tenemos tres cuentas de Activo: Caja, €, Bancos c/c y Clientes, que funcionan por el procedimiento administrativo; se podrán anotar tanto en el Debe como en el Haber y, al finalizar las operaciones, tendrán que presentar Sd si D > H, o S0 si D = H.

Tenemos otra cuenta de Activo: Mercaderías, que funciona por el procedimiento especulativo; se podrá anotar tanto en el Debe como en el Haber, y al final de las operaciones podrá presentar, según el caso, tres tipos de saldo:

Saldo deudor si D > H
Saldo acreedor Si H > D
Saldo cero si D = H

Y, por último, aparece una cuenta de Patrimonio Neto: Capital, que funciona por el procedimiento administrativo. Al comenzar por el Haber, puede presentar al acabar las operaciones Saldo acreedor (Sa) si H > D o Saldo cero (S0) si D = H (en el caso concreto del Capital, esta segunda posibilidad no tendría sentido, puesto que supondría la inexistencia de Capital).

- **Vamos a determinar las nuevas situaciones patrimoniales, anotando en el libro Diario y el libro Mayor las siguientes operaciones:**

a) Compra de géneros al contado por 120,20 €.
b) Venta de géneros por 180,30 €.
c) Venta de la mitad de los géneros que se poseen, al contado, por 300,51 €.
d) El banco ingresa en la cuenta corriente 18,03 € en concepto de intereses de la misma.

Libro Diario

		a)	
120,20	Mercaderías	a Caja, €	120,20
		b)	
180,30	Clientes	a Mercaderías	180,30
		c)	
300,51	Caja, €	a Mercaderías	300,51
		d)	
18,03	Bancos c/c	a Otros ingresos financieros	18,03

EJEMPLO

(Continuación)

- Analizaremos el funcionamiento de las cuentas en las nuevas operaciones:

a) Compramos Mercaderías: cuenta de Activo que aumenta y, por tanto, se anota en el Debe.

Pagamos al contado: Caja, €, es una cuenta de Activo que disminuye, y habrá de apuntarse en el Haber.

b) Vendemos Mercaderías: cuenta de Activo que disminuye, luego se anotará en el Haber.

No especifica que se cobre; por tanto, entenderemos que la operación es a crédito y aparece un derecho de cobro.

c) Vendemos Mercaderías: cuenta de Activo que disminuye, por lo que se abonará (anotándose en el Haber). La cantidad que nos interesa es la de venta, ya que es una cuenta que funciona por el procedimiento especulativo, y permite entradas y salidas por valores distintos.

Cobramos al contado: Caja, €, cuenta de Activo que aumenta, por lo que se cargará (es decir, se anotará en el Debe).

d) El Banco nos ingresa dinero en nuestra c/c: Bancos c/c es una cuenta de Activo que aumenta, luego se carga (se anota en el Debe).

El dinero que recibimos es en concepto de intereses bancarios: Otros ingresos financieros es una cuenta de gestión (Ingreso) y, por tanto, se abonará (anotará en el Haber).

Libro Mayor

D — Caja, €	H
240,40	120,20
300,51	
540,91	120,20
Sd = 420,71	

D — Bancos c/c	H
300,51	
18,03	
318,54	
Sd = 318,54	

D — Clientes	H
180,30	
180,30	
360,60	
Sd = 360,60	

D — Mercaderías	H
420,71	180,30
120,20	300,51
540,91	480,81
Sd = 60,10	

D — Capital	H
	1.141,92
Sd = 1.141,92	

D — Otros ingresos financieros	H
	18,03
Sd = 18,03	

3.3. Regularización: resultado del ejercicio

El Patrimonio Neto, representado fundamentalmente por el capital de la empresa, sufre aumentos y disminuciones que se reflejan en las cuentas de gestión (Gastos e Ingresos) y estas cuentas solo duran un ejercicio económico.

Ejemplos de **Gastos** de una empresa serían: Suministros (recibo de la luz), Otros servicios (recibo de teléfono), Reparaciones y conservación (reparar un vehículo), Publicidad, propaganda y relaciones públicas (gastos por publicidad), Sueldos y salarios (sueldo de los trabajadores), etc.

Ejemplos de **Ingresos** podrían ser: Ingresos por comisiones (comisiones por hacer de intermediarios), Ingresos por arrendamientos (alquiler de un local que es propiedad de la empresa), Otros ingresos financieros (intereses de las cuentas bancarias), etc.

Pero, ¿dónde van a parar, al finalizar un ejercicio económico, las cuentas de gestión?

Después de contabilizar, día a día, los gastos e ingresos se englobarán, mediante una operación conocida con el nombre de regularización, en la cuenta denominada **Resultado del ejercicio,** que habrá de reflejar el resultado positivo o negativo de la gestión empresarial.

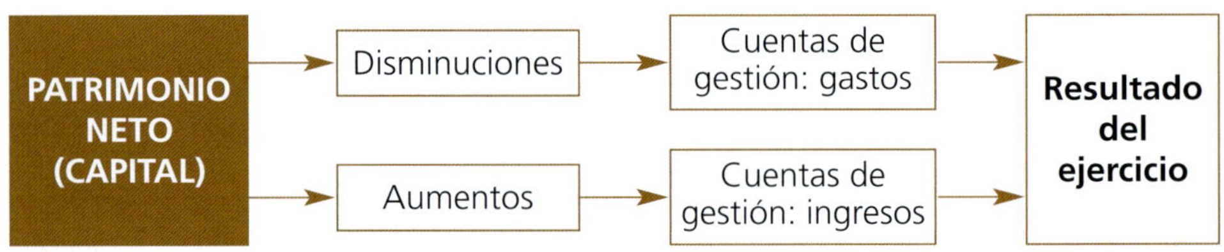

recuerda

Creación de una empresa

La puesta en marcha de una empresa supone emplear un patrimonio para lograr unos objetivos, siendo el fundamental la obtención de beneficio.

La **regularización** supone realizar las operaciones necesarias para determinar el beneficio o pérdida de la empresa, mediante unos asientos elaborados al final del ejercicio económico, consistentes en trasladar los saldos de los gastos e ingresos a la cuenta Resultado del ejercicio.

El libro Mayor de esta cuenta podrá reflejar, mediante su saldo un:

- Resultado positivo (saldo acreedor), cuando los ingresos sean mayores que los gastos.
- Resultado negativo (saldo deudor), cuando los gastos sean mayores que los ingresos.

Este proceso será objeto de estudio más adelante, cuando hayamos conocido un número considerable de cuentas y de hechos contables que nos permitirán un mejor y más completo desarrollo del mismo.

4. Ciclo contable

4.1. Los hechos contables y sus documentos justificantes

Todos los **hechos contables** (operaciones que modifican o transforman el patrimonio de la empresa) han de ser registrados en los libros de Contabilidad. Para efectuar estas anotaciones es preciso tener los documentos-justificantes que los representan, tanto por la utilidad que suponen, como por la obligatoriedad de su conservación.

Los **documentos-justificantes,** para el registro de las operaciones de la actividad empresarial, constituyen la fuente de la información contable y pueden ser: resguardos, facturas, órdenes firmadas por el empresario, extractos bancarios, documentos de cobro, documentos de pago, etc.

Con los datos que aportan estos documentos las empresas registran sus operaciones en el libro Diario, en el libro Mayor y en el libro de Inventarios y Cuentas anuales.

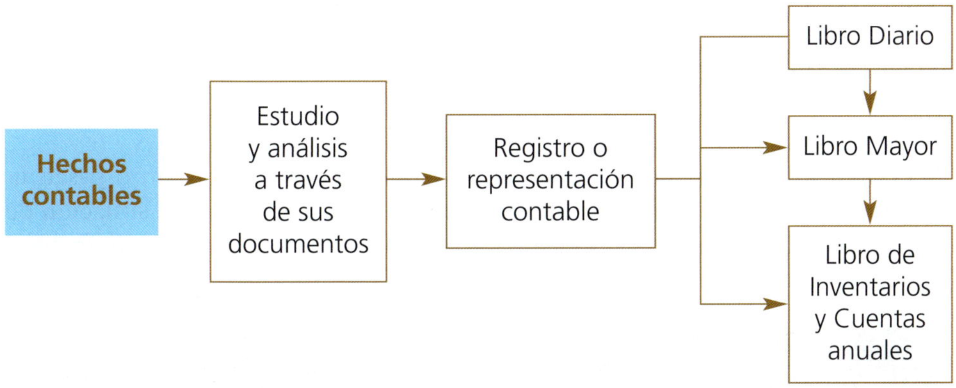

4.2. Ciclo contable y ejercicio económico

Se denomina **ciclo contable** al conjunto de operaciones y fases que se desarrollan a lo largo de un ejercicio económico en la Contabilidad de las empresas.

Las empresas registran y analizan su Contabilidad por períodos de igual duración. Estos períodos de tiempo se denominan **ejercicios económicos,** siendo su duración de un año y coincidiendo con el año natural, es decir, desde el 1 de enero al 31 de diciembre.

Podríamos distinguir tres tipos de operaciones:

- Operaciones de apertura, a 1 de enero.
- Sucesivas operaciones, de 1 de enero a 31 de diciembre.
- Operaciones de cierre, a 31 de diciembre.

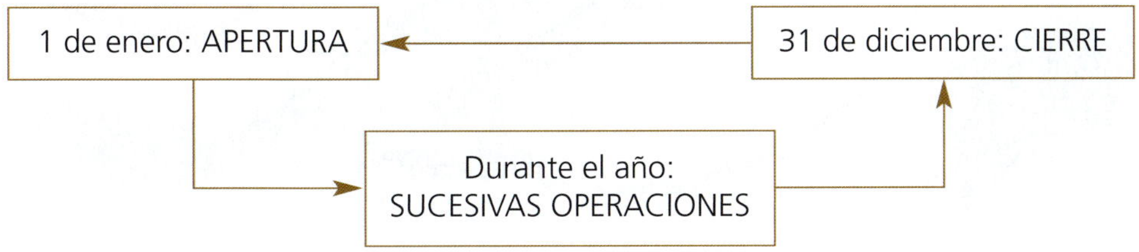

4.3. Operaciones de apertura

Una empresa comienza su actividad económica y contable al crearse o constituirse; o bien, cada 1 de enero reabre su Contabilidad, para lo cual realiza:

- **Asiento de apertura** en el libro Diario, abriendo las distintas cuentas patrimoniales de Activo, Pasivo y Patrimonio Neto.
- **Balance inicial** en el libro de Inventarios y Cuentas anuales, que corresponderá al Balance de situación a 31 de diciembre del año anterior.

Libro Diario		Libro de Inventarios y Cuentas anuales
Asiento de apertura	→	Inventario o Balance inicial

4.4. Sucesivas operaciones

A lo largo del ejercicio económico o año:

- Se van **registrando o anotando todas las operaciones** que se efectúan en el libro Diario y en el libro Mayor, siendo necesario que haya concordancia entre ambos.
- Periódicamente, **al menos una vez al trimestre,** se transcriben o pasan las sumas y los saldos al **Balance de comprobación,** para conocer la situación del patrimonio y tener la certeza de haber pasado correctamente las anotaciones de unos libros a otros.

Libro Diario		Libro de Inventarios y Cuentas anuales
Asientos diarios (con sus correspondientes libros Mayores)	→	Balance de comprobación de sumas y saldos

4.5. Operaciones de cierre y elaboración de Cuentas anuales

Al final del ejercicio económico, con fecha 31 de diciembre:

- Se determina el resultado de la empresa —beneficio o pérdida— mediante una **regularización** en el libro Diario, trasladando los gastos e ingresos a la cuenta de Resultado del ejercicio.
- Se elabora la **Cuenta de pérdidas y ganancias,** con los gastos e ingresos, en el libro de Inventarios y Cuentas anuales.

Además:

- Se realiza el **asiento de cierre** del ejercicio en el libro Diario, que consistirá en cerrar todas las cuentas que permanecen abiertas después de la regularización, llevando al Debe las que tengan saldo acreedor y al Haber las que tengan saldo deudor.

  Al invertir el asiento de cierre a 31 de diciembre tenemos el asiento de apertura del año siguiente a 1 de enero.
- Se presenta una relación ordenada de la composición del patrimonio empresarial, por medio de la elaboración de un **Balance de situación** en el libro de Inventarios y Cuentas anuales.

  El Balance de situación a 31 de diciembre es el Balance de apertura del año siguiente a 1 de enero.

Por último, en el libro de Inventarios y Cuentas anuales se elaboran, según los casos, tres documentos más: el Estado de cambios en el Patrimonio Neto (ECPN), el Estado de flujos de efectivo (EFE) y la Memoria.

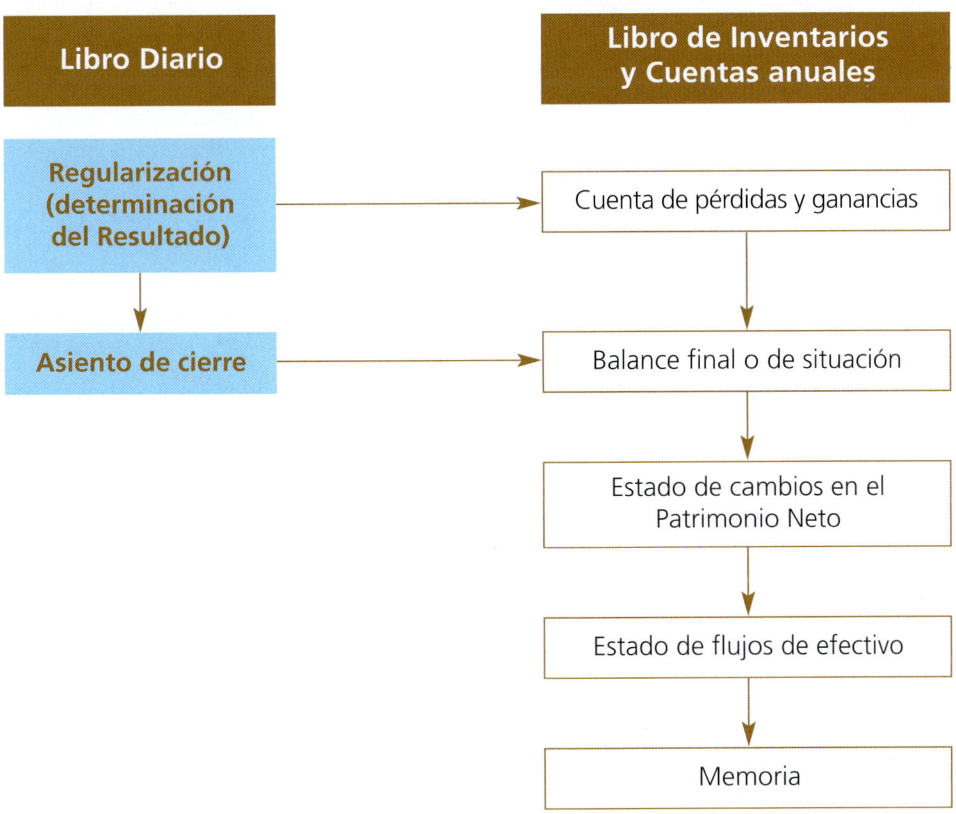

caso práctico inicial

Por diferencias entre las partidas del Balance inicial y del Balance final, podemos ver las variaciones patrimoniales.

ACTIVIDADES FINALES

1. Identifica a qué tipo de hechos contables corresponden las siguientes operaciones:

   a) Se abona por banco el recibo de la luz por 75 €.
   b) Compra de mobiliario que se abona en efectivo por 400 €.

2. Se crea una pequeña empresa individual con la siguiente situación patrimonial:

   Dinero en caja .... 1.000,00 €
   Dinero en c/c bancaria .... 12.000,00 €
   Un terreno... 125.000,00 €
   Un local.. 150.000,00 €
   Mercaderías... 800,50 €
   Se debe a proveedores............................. 751,27 €
   Los clientes deben .... 420,71 €

   a) Se pagan en efectivo a Marta Gómez 751,27 € que se le debían por una compra de mercaderías.
   b) Compra de mercaderías por 1.202,02 € que se hacen efectivas.
   c) Compra de muebles por 120,20 € que se abonan en efectivo.
   d) Se cobran 420,71 € a Maite Perea, que debía esa cantidad por una venta de mercaderías.
   e) Venta de mercaderías al contado por 1.051,77 €.
   f) Compra de un ordenador valorado en 1.322,23 € de los cuales se abonan 721,21 € y el resto queda pendiente de pago a dieciocho meses.
   g) Venta de mercaderías por 1.803,04 € cobrando en efectivo 803,04 € mientras que el resto queda pendiente de cobro.

   Se pide:

   - Asientos en el libro Diario.
   - Anotaciones en el libro Mayor.

3. Determina, con los datos que se relacionan a continuación, el patrimonio de un comerciante individual, realizando el correspondiente Balance inicial y el asiento de apertura:

   Caja €... 901,52 €
   Bancos c/c .... 6.010,12 €
   Mercaderías.. 4.207,08 €
   Saldo a favor de proveedores................... 601,01 €

   Determina las nuevas situaciones patrimoniales del comerciante anterior, mediante anotación en el libro Diario y el libro Mayor de las siguientes operaciones:

   a) Paga a los proveedores la totalidad del débito que figura en el Balance, a través del banco.
   b) Vende géneros al contado en 601,01 € que le habían costado 480,81 €.
   c) Compra mobiliario por 240,40 € que abona al contado.
   d) Realiza una reparación abonando 48,08 €.
   e) Compra mercaderías por 901,52 € abonando 300,51 € al contado y dejando a deber el resto.
   f) El banco ingresa en la cuenta corriente 12,60 € en concepto de intereses de la misma.

■ 4. Una pequeña sociedad que se dedica a un negocio de tipo comercial inicia su actividad con los siguientes elementos patrimoniales:

Dinero depositado en caja	150,25 €
Dinero depositado en c/c bancaria	21.035,42 €
Local de su propiedad	126.212,54 €
Diverso tipo de mobiliario	1.803,04 €
Una furgoneta	9.616,19 €
Un ordenador personal	1.141,92 €
Una aplicación informática	120,20 €
Un préstamo bancario	18.030,36 €
Mercaderías	3.005,06 €
Facturas pendientes de pago por la compra de mercaderías	1.202,02 €
Facturas pendientes de pago por la compra de inmovilizado	901,52 €

Durante el primer mes realiza las siguientes operaciones:

a) Abona con cheque bancario la factura que tiene pendiente por la compra de mercaderías.

b) Venta de mercaderías por 2.324,00 € cobrando 324 € en efectivo.

c) Se cobra por transferencia bancaria la cantidad que debía el cliente anterior.

d) Se pagan por banco 180,34 € por la reparación de la furgoneta.

e) Se abona por domiciliación bancaria el recibo de la luz que asciende a 110,56 €.

f) Lleva a reparar un mueble, abonando 120,75 €.

g) Compra mercaderías por 1.200 €, que deja a deber.

h) El banco ingresa en la cuenta corriente 28,50 € en concepto de intereses.

Se pide:

- Asientos en el libro Diario.
- Anotaciones en el libro Mayor.
- Balance inicial y Balance de comprobación de fin de mes, en el libro de Inventarios y Cuentas anuales.

■ 5. Representa mediante un esquema los registros en los diferentes libros contables del ciclo que corresponde a un ejercicio económico.

entra en internet

■ 6. Observa e identifica todas las fases de un ciclo contable que has estudiado en esta unidad en un supuesto que encontrarás en esta página web: <www.contabilidad.tk/ciclo-contable-i-9.htm>. El ejemplo se va resolviendo conforme se explica cada eslabón del proceso.

PRÁCTICA PROFESIONAL

Simulación de un proceso contable informatizado

REGISTRO DE LAS PRIMERAS OPERACIONES

Seguiremos trabajando en nuestra nueva empresa, INFORMADRID, añadiendo o modificando alguna subcuenta y registrando en el libro Diario las primeras operaciones que simularemos en un proceso contable informatizado.

Hemos registrado, anteriormente, en el libro Diario, los apuntes correspondientes al asiento inicial o de apertura y ahora continuaremos con nuestras anotaciones contables, por lo que recordaremos lo siguiente:

1. En la barra de menús selecciona **Global:**

- **Selección de empresa:** seleccionamos INFORMADRID, que ya creamos con el código 05.

2. En la barra de menús selecciona Financiera:

- Selecciona 1. **Plan general contable.**
- Dentro selecciona 2. **Subcuentas.**

Aparecerán en pantalla un listado de subcuentas que se traspasaron al crear la empresa, y algunos que hemos revisado en una práctica anterior para registrar el Asiento inicial. Ahora tenemos que añadir o modificar alguna subcuenta más, lo que podremos hacer pulsando los siguientes botones: **Añadir, Modificar y Eliminar.**

3. En la barra de menús selecciona **Financiera:**

- Selecciona 2. **Opciones de diario.**
- Dentro selecciona 1. **Gestión de asientos.**

En esta pantalla aparecerá una lista de botones que utilizaremos, con frecuencia, para realizar los asientos en el libro Diario: **Añadir partida, Modificar partida y Grabar asiento.**

Importante. Para que los asientos queden grabados en lo que se conoce como fichero maestro, habrá que salir o cerrar esta pantalla: entonces será cuando hayan quedado definitivamente grabados.

ACTIVIDADES

Primeras operaciones del ejercicio:

- 5 de octubre: ingresa en la caja de la empresa 601,01 € procedentes de la c/c bancaria, que le permiten afrontar pagos en efectivo.
- 7 de octubre: paga por banco material de oficina por importe de 901,52 € (IVA no incluido: 18%).
- 8 de octubre: ingresa en la caja de la empresa 450,76 € previa retirada del banco.

EN RESUMEN

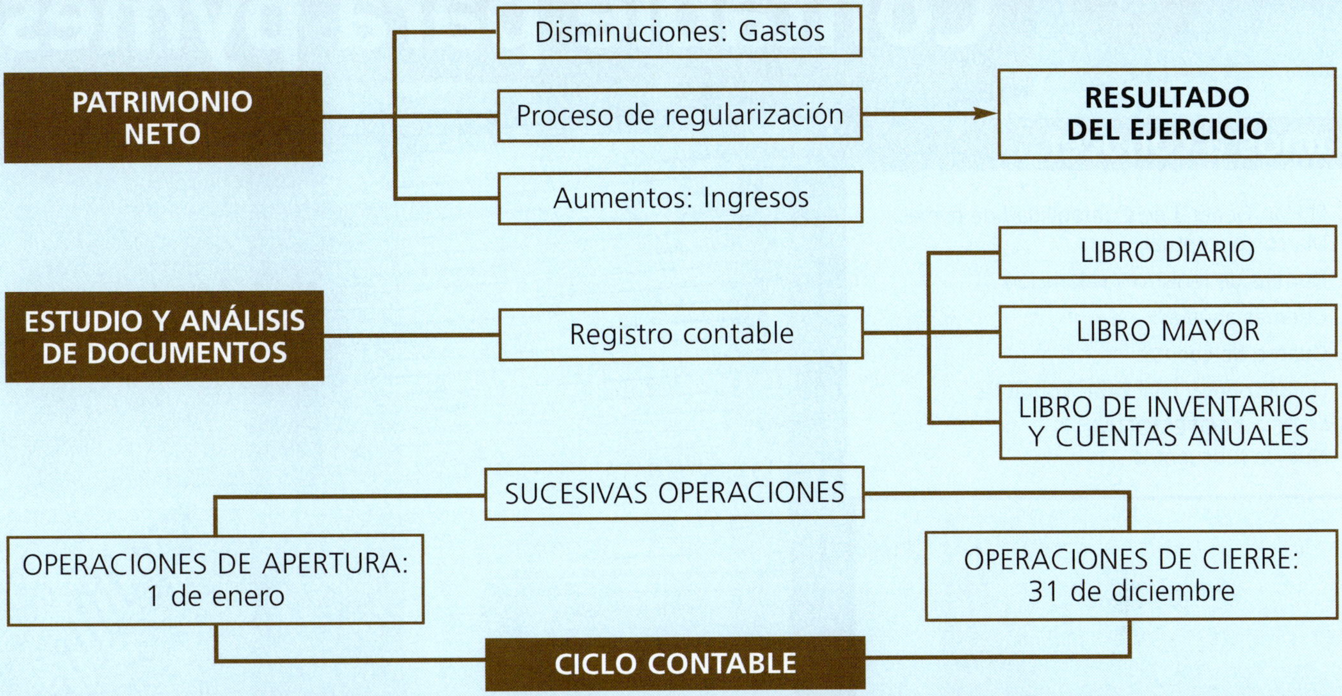

EVALÚA TUS CONOCIMIENTOS

1. **Los hechos contables que producen cambios en el patrimonio de la empresa pueden ser ______________ ______________ y ______________.**

2. **Cuando una cuenta es de Activo y emplea el sistema administrativo:**
   a) Solo podrá tener saldo deudor.
   b) Podrá tener saldo deudor o cero.
   c) Podrá tener saldo deudor, acreedor o cero.

3. **Una cuenta de Activo que funciona por el sistema especulativo, admite funcionamiento ______________ ______________, y su saldo puede ser ______________ ______________.**

4. **Aplicar el sistema especulativo supone valorar:**
   a) Entradas y salidas a precio de coste.
   b) Entradas y salidas a precio de venta.
   c) Entradas a precio de coste y salidas a precio de venta.
   d) Entradas a precio de venta y salidas a precio de coste.

5. **El Patrimonio Neto sufre aumentos y disminuciones que se reflejan en las cuentas de:**
   a) Activo.
   b) Gestión.
   c) Pasivo.

6. **Los gastos e ingresos se engloban, al final del ejercicio económico, mediante una operación conocida con el nombre de regularización, en la cuenta:**
   a) Capital.
   b) Reservas.
   c) Beneficios.
   d) Resultado del ejercicio.

7. **Anota si es verdadera o falsa cada una de las siguientes afirmaciones:**
   Si una cuenta es de Pasivo y aplica el procedimiento administrativo, podrá tener saldo acreedor o saldo cero.
   a) Verdadero.
   b) Falso.
   Cuando una cuenta es de gestión y se trata de un gasto, el saldo que puede presentar en el ejercicio económico admite la posibilidad de ser deudor o acreedor.
   a) Verdadero.
   b) Falso.

8. **Las empresas registran su Contabilidad por períodos de igual duración coincidiendo con el ______________, desde el ______________ hasta el ______________.**

6 El Plan General Contable para pymes

vamos a conocer...

1. El Plan General de Contabilidad de pymes. Marco conceptual
2. Normas de registro y valoración
3. Cuentas anuales
4. Cuadro de cuentas
5. Definiciones y relaciones contables

PRÁCTICA **PROFESIONAL**
Nuevas subcuentas

y al finalizar esta unidad...

- Explicarás la función de los Planes Generales de Contabilidad como forma de normalización contable.
- Enumerarás las partes que integran el Plan General de Contabilidad de pymes.
- Interpretarás las normas de valoración como desarrollo de los principios contables.
- Identificarás las normas de elaboración de las Cuentas anuales.
- Clasificarás las cuentas principales por su pertenencia a grupos y subgrupos.

CASO **PRÁCTICO** INICIAL

situación de partida

Marta y Sandra, las dos estudiantes de la unidad anterior, disponían de un resumen de dos de los documentos principales: el Balance y la Cuenta de pérdidas y ganancias.

Esta semana, un comerciante alemán desea comprar la empresa del padre de Sandra y su padre le presenta el Balance y la Cuenta de pérdidas y ganancias.

Dicho comerciante desea conocer qué criterios de registro y valoración han utilizado para contabilizar y confeccionar los asientos del Diario, que es la fuente de obtención de los datos necesarios para elaborar las Cuentas anuales siguiendo la metodología contable, y así poder comparar el valor de dicha empresa con otra de características similares situada en Alemania.

El comerciante alemán también desea conocer qué Plan General de Contabilidad (PGC) específico aplica, si el de pequeñas y medianas empresas o el Plan General Contable.

También desea conocer si la aplicación del PGC es obligatoria para todas las empresas españolas, independientemente de su forma jurídica, es decir, tanto para sociedades mercantiles como para empresas individuales.

Posteriormente, formula otras cuestiones relacionadas con las cinco partes de que consta el PGC para pymes, destacando:

1. Si todas las partes son de carácter obligatorio o voluntario.
2. Dentro de la primera parte, que es el marco conceptual, qué principios se desarrollan, si son obligatorios y en caso de conflicto entre los mismos, cuál es el que debe prevalecer.
3. Cuál es el objetivo de las Cuentas anuales (en su opinión es la imagen fiel).
4. Cuáles son los requisitos necesarios para que la información contable sea relevante y fiable para poder comparar a la empresa española y a la alemana.

estudio del caso

El PGC pretende, a través de la normalización y armonización contable de la Comunidad Económica Europea (CEE), conseguir un cuadro de normas que permita la información contable de forma objetiva y que sirva tanto a la propia empresa como a terceras personas interesadas.

Las Cuentas anuales deben cumplir con los requisitos de relevancia y fiabilidad.

La información se considera relevante cuando es útil para la toma de decisiones económicas (por ejemplo, una ampliación de capital sería relevante, pero no lo sería la renovación de un contrato de limpieza en las mismas condiciones anteriores). Por otro lado, la información fiable se consigue cuando se transmite la imagen fiel del patrimonio, la situación financiera y los resultados del ejercicio.

Para que la información sea fiable debe cumplir la característica de ser íntegra, es decir, debe contener todos los datos y no presentar ninguna omisión significativa, para conseguir el objetivo que se pretende.

Además de estos dos requisitos se deben cumplir dos cualidades: la comparabilidad y la claridad. La comparabilidad de la información implica que las Cuentas anuales de la empresa sean comparables en el tiempo y con otras empresas; y que los hechos económicos ocurridos en circunstancias similares sean tratados de forma similar. La comparabilidad permitirá contrastar, tanto en el tiempo como entre empresas, las diferentes rentabilidades, es decir, permitirá realizar un análisis y evaluación del pasado, presente y futuro de la empresa, que no sería posible de ninguna otra forma. La claridad implica que para unos conocimientos básicos, los usuarios no tengan la necesidad de ser especialistas en la materia contable.

Entra en el portal del Instituto de Contabilidad y Auditoría de Cuentas, en su página principal <www.icac.meh.es>. Ve al apartado de Normativa, a continuación a la sección Contabilidad y accede al Plan General de Contabilidad para pymes. Al final del archivo encontrarás dos enlaces: el primero es el anexo al PGC Pymes, que te permitirá consultar cualquier información relacionada con el contenido de esta unidad (Marco conceptual. Normas de registro y valoración. Cuentas anuales. Cuadro de cuentas. Definiciones y relaciones contables).

1. El Plan General de Contabilidad de pymes. Marco conceptual

saber más

PGC y PGC (Pymes)

El Plan General de Contabilidad y el Plan General de Contabilidad para pequeñas y medianas empresas fueron aprobados por Reales Decretos el 16 de noviembre de 2007.

El Plan General de Contabilidad es de aplicación obligatoria para todas las empresas, cualquiera que sea su forma jurídica, individual o societaria.

El Plan General de Contabilidad para pymes lo podrán aplicar aquellas empresas que cumplan una serie de requisitos.

La **normalización contable** significa llevar a cabo un plan o modelo de organización que sea utilizado por todas las empresas.

El **Plan General de Contabilidad (PGC)** es la normativa contable que se establece como marco de referencia para las empresas.

También hay un Plan General de Contabilidad para pequeñas y medianas empresas (PGC Pymes) aplicable a aquellas que se puedan considerar como tales, según unos requisitos existentes sobre su activo, cifra de negocios y plantilla.

La razón fundamental de un plan contable específico para las pequeñas y medianas empresas consiste en simplificar la elaboración de su Contabilidad. En este curso se elaborarán contabilidades que permitan aplicar el PGC de pymes.

Se trata, en suma, de que todas las empresas presenten una cierta uniformidad en la presentación y valoración de su Contabilidad con el fin de facilitar esta información a todos los interesados: deudores, acreedores, trabajadores, socios, Administración, etc.

El PGC (Pymes) consta de cinco partes:

1. Marco conceptual.
2. Normas de registro y valoración.
3. Cuentas anuales.
4. Cuadro de cuentas.
5. Definiciones y relaciones contables.

Las partes 1, 2 y 3 son de aplicación obligatoria. Las partes 4 y 5 permiten un mayor grado de flexibilidad, si bien es muy aconsejable su utilización, como se hace en la práctica, para alcanzar una mayor normalización contable.

El **PGC (Pymes),** en su **primera parte,** establece que la Contabilidad de las empresas se desarrollará aplicando obligatoriamente los siguientes **principios contables:**

PRINCIPIO DE EMPRESA EN FUNCIONAMIENTO
La aplicación de los principios contables no irá encaminada a determinar el valor de la liquidación del patrimonio, sino que se considerará que la empresa va a seguir funcionando por tiempo ilimitado.
PRINCIPIO DEL DEVENGO
La imputación de ingresos y gastos se hará en función del momento en que se produzca el flujo de bienes y/o servicios, y no en función del momento de su cobro o pago.
PRINCIPIO DE UNIFORMIDAD
Cuando se adopte un criterio de valoración, habrá de mantenerse, salvo que haya causas que justifiquen su cambio.
PRINCIPIO DE PRUDENCIA
Solo se contabilizarán los beneficios ya realizados. Se contabilizarán los riesgos y las posibles pérdidas, aunque no se hayan realizado.

PRINCIPIO DE NO COMPENSACIÓN
No se podrán compensar cuentas de Activo con cuentas de Pasivo, ni ingresos con gastos.
PRINCIPIO DE IMPORTANCIA RELATIVA
Podrá admitirse la no aplicación de alguno de los principios contables cuando su importancia sea escasamente significativa.

En caso de conflicto entre principios contables, deberá prevalecer el que mejor conduzca a que las Cuentas anuales expresen la imagen fiel del patrimonio, de la situación financiera y de los resultados de la empresa.

Además de los principios contables, dentro del marco conceptual de la Contabilidad, se incluye la definición de los elementos de las Cuentas anuales (Activo, Pasivo, Patrimonio Neto, Gastos e Ingresos) y también se establecen criterios para valorar los elementos patrimoniales.

caso **práctico** inicial

En este punto podemos conocer y responder las tres primeras preguntas formuladas en la situación de partida.

2. Normas de registro y valoración

El **PGC (Pymes)** en su **segunda parte,** denominada **Normas de registro y valoración,** desarrolla los principios contables y otras normas de la primera parte, conteniendo los criterios y reglas de aplicación a operaciones de hechos económicos, así como a diversos elementos patrimoniales.

Se considerarán principios y normas de Contabilidad generalmente aceptados los establecidos en:

- El Código de Comercio y el resto de la legislación mercantil.
- El Plan General de Contabilidad, el Plan General de Contabilidad de pymes y sus adaptaciones sectoriales.
- Las normas de desarrollo que, en materia contable, establezca, en su caso, el Instituto de Contabilidad y Auditoría de Cuentas.
- La demás legislación que sea específicamente aplicable.

3. Cuentas anuales

caso práctico inicial

La aplicación de la formulación de las Cuentas anuales permitirá responder a la cuarta pregunta de la situación de partida.

El **PGC (Pymes)** desarrolla en su **tercera parte** las denominadas **Cuentas anuales** que comprenden:

CUENTAS ANUALES
- **Balance**
- **Cuenta de pérdidas y ganancias**
- **Estado de cambios en el Patrimonio Neto**
- **Memoria**

Respecto a su **formulación** se ha de aplicar lo siguiente:

- Las Cuentas anuales se elaboran con una periodicidad de doce meses, salvo en los casos de constitución, cierre o disolución de la empresa.
- Las Cuentas anuales deberán ser formuladas por el empresario o los administradores en el plazo máximo de tres meses, a contar desde el cierre del ejercicio.

  A estos efectos, las Cuentas anuales expresarán la fecha en que se hubieran formulado y deberán ser firmadas por el empresario, los socios o los administradores.
- Las Cuentas anuales, como documentos, deberán estar identificadas, indicándose de manera clara y en cada una su denominación, la empresa a la que corresponden y el ejercicio al que se refieren.
- Las Cuentas anuales se elaborarán expresando sus valores en euros y mostrarán la imagen fiel del patrimonio, de la situación financiera y de los resultados de la empresa.

Existen **dos modelos** de Cuentas anuales: **normal y abreviado** o de pymes.

Las empresas pueden utilizar los modelos abreviados o de pymes cuando, durante dos ejercicios consecutivos, reúnan a la fecha de cierre de ejercicio al menos dos de las circunstancias que se expresan en el cuadro siguiente:

	BALANCE ABREVIADO O DE PYMES	CUENTA DE PÉRDIDAS Y GANANCIAS ABREVIADA O DE PYMES
Total activo	≤ 2.850.000 €	≤ 11.400.000 €
Cifra de negocios	≤ 5.700.000 €	≤ 22.800.000 €
Número medio de trabajadores	≤ 50	≤ 250

Existe una Cuenta anual, el Estado de flujos de efectivo (EFE), que se elabora en el PGC, pero no en el PGC-Pymes.

EJEMPLO

Sirvan a modo de ejemplo el siguiente Balance y la siguiente Cuenta de pérdidas y ganancias ya elaboradas:

BALANCE DE SITUACIÓN DE PYMES A 31-12-20XX					
ACTIVO			PATRIMONIO NETO Y PASIVO		
Número de cuenta	Título de la cuenta	Importe	Número de cuenta	Título de la cuenta	Importe
A) ACTIVO NO CORRIENTE		**180.303,62**	**A) PATRIMONIO NETO**		**314.733,70**
	II. Inmovilizado material	**180.303,62**		**A1) FONDOS PROPIOS**	**314.733,70**
220	Terrenos y bienes naturales	72.203,62		**I. Capital**	**206.551.54**
221	Construcciones	108.100,00	102	Capital	206.551,54
B) ACTIVO CORRIENTE		**254.632,50**		**VII. Resultado del ejercicio**	**108.182,61**
	II. Deudores comerciales y otras cuentas a cobrar	**194.531,29**	129	Resultado del ejercicio	108.182,16
430	Clientes	192.328,87	**C) PASIVO CORRIENTE**		**120.202,42**
472	Hacienda Pública, IVA soportado	2.202,42		**IV. Acreedores comerciales y otras cuentas a pagar**	**120.202,42**
	VI. Efectivo y otros activos líquidos equivalentes	**60.101,21**	400	Proveedores	110.200.20
570	Caja, €	6.010,12	477	Hacienda Pública, IVA soportado	10.002,22
572	Bancos c/c	54.091,09			
	TOTAL	**434.936,12**		**TOTAL**	**434.936,12**

CUENTA DE PÉRDIDAS Y GANANCIAS DE PYMES		
Número de cuenta	Título de la cuenta	Importe (Debe) Importe (Haber)
	1. Importe neto de la cifra de negocios	**162.273,26**
700	Ventas de mercaderías	162.273,26
	4. Aprovisionamientos	**–24.040,48**
(600)	Compras de mercaderías	–24.040,48
	6. Gastos de personal	**–30.050,62**
(640)	Sueldos y salarios	–24.040,50
(642)	Seguridad Social a cargo de la empresa	–6.010,12
A) RESULTADO DE EXPLOTACIÓN		**108.182,16**
C) RESULTADO ANTES DE IMPUESTOS		**108.182,16**
D) RESULTADO DEL EJERCICIO		**108.182,16**

Importante: las Cuentas anuales serán objeto de estudio exhaustivo en el próximo curso.

4. Cuadro de cuentas

saber más

El PGC. Cuentas

En el Plan General de Contabilidad se prevé un mayor número de grupos de cuentas, respecto al Plan General de Contabilidad para pymes. Se añaden el grupo 8 y el grupo 9 con cuentas de gastos e ingresos, respectivamente, imputados al Patrimonio Neto. Este Plan General de Contabilidad se emplea para elaborar la Contabilidad de grandes empresas.

Las cuentas agrupadas y ordenadas con sus códigos correspondientes se encuentran en la **cuarta parte** del **PGC (Pymes),** conocida con el nombre de **Cuadro de cuentas.**

Con objeto de identificar las cuentas, conociendo sus agrupaciones, divisiones y subdivisiones, se utiliza el **sistema de clasificación decimal,** que utiliza las cifras del 0 al 9.

El **PGC (Pymes),** que será objeto de estudio en este curso, ordena todas las cuentas en 7 grupos, del 1 al 7. Los grupos (a los que se asigna una cifra), se dividen en **subgrupos** (con dos cifras), y estos en **cuentas** principales (con tres cifras). Las cuentas principales pueden también subdividirse en **subcuentas** (de cuatro o más cifras).

EJEMPLO

Sirva a modo de ejemplo la siguiente selección de cuentas —una por grupo—:

(102) Capital	Grupo 1:	Financiación básica
	Subgrupo 10:	Capital
	Cuenta 102:	Capital
(211) Construcciones	Grupo 2:	Activo no corriente
	Subgrupo 21:	Inmovilizaciones materiales
	Cuenta 211:	Construcciones
(300) Mercaderías	Grupo 3:	Existencias
	Subgrupo 30:	Comerciales
	Cuenta 300:	Mercaderías
(401) Proveedores, efectos comerciales a pagar	Grupo 4:	Acreedores y deudores por operaciones comerciales
	Subgrupo 40:	Proveedores
	Cuenta 401:	Proveedores, efectos comerciales a pagar
(570) Caja, €	Grupo 5:	Cuentas financieras
	Subgrupo 57:	Tesorería
	Cuenta 570:	Caja, €
(628) Suministros	Grupo 6:	Compras y gastos
	Subgrupo 62:	Servicios exteriores
	Cuenta 628:	Suministros
(754) Ingresos por comisiones	Grupo 7:	Ventas e ingresos
	Subgrupo 70:	Otros ingresos de gestión
	Cuenta 754:	Ingresos por comisiones

Los nombres o títulos de las cuentas del PGC (Pymes) no son obligatorios en cuanto a la numeración y denominación, pero se considera muy aconsejable su utilización, como en la práctica se hace, para alcanzar una mayor normalización contable.

PLAN GENERAL DE CONTABILIDAD (PYMES) • CUADRO DE CUENTAS						
Grupo 1	Grupo 2	Grupo 3	Grupo 4	Grupo 5	Grupo 6	Grupo 7
Financiación Básica	Activo no corriente	Existencias	Acreedores y deudores por operaciones comerciales	Cuentas financieras	Compras y gastos	Ventas e ingresos

En los cinco primeros grupos están las cuentas patrimoniales: Activo, Pasivo y Patrimonio Neto.

GRUPO 1: Financiación básica

Comprende el Patrimonio Neto y la financiación ajena a largo plazo de la empresa, destinados, en general, a financiar el Activo no corriente y a cubrir un margen razonable del corriente; incluye también situaciones transitorias de financiación.

- (100) Capital social
- (102) Capital
- (112) Reserva legal
- (113) Reservas voluntarias
- (114) Reservas especiales
- (170) Deudas a largo plazo con entidades de crédito
- (173) Proveedores de inmovilizado a largo plazo

GRUPO 2: Activo no corriente

Comprende los activos destinados a servir de forma duradera en la actividad de la empresa. También incluye las inversiones financieras cuyo vencimiento sea superior a un año.

- (203) Propiedad industrial
- (206) Aplicaciones informáticas
- (210) Terrenos y bienes naturales
- (211) Construcciones
- (213) Maquinaria
- (214) Utillaje
- (216) Mobiliario
- (217) Equipos para procesos de información
- (218) Elementos de transporte

GRUPO 3: Existencias

Son activos poseídos para ser vendidos o consumidos en el curso normal de la explotación. Mercaderías, materias primas, otros aprovisionamientos, productos en curso, productos semiterminados y subproductos terminados, residuos y materiales recuperados.

- (300) Mercaderías
- (310) Materias primas
- (350) Productos terminados

GRUPO 4: Acreedores y deudores por operaciones comerciales

Instrumentos financieros y cuentas que tengan su origen en el tráfico de la empresa, así como las cuentas con las Administraciones públicas, incluso las que correspondan a saldos con vencimiento superior a un año.

- (400) Proveedores
- (401) Proveedores, efectos comerciales a pagar
- (407) Anticipos a proveedores
- (430) Clientes
- (431) Clientes, efectos comerciales a cobrar
- (438) Anticipos de clientes

GRUPO 5: Cuentas financieras

Instrumentos financieros por operaciones no comerciales, es decir, por operaciones ajenas al tráfico con vencimiento no superior a un año y medios líquidos disponibles.

- (520) Deudas a corto plazo con entidades de crédito
- (523) Proveedores de inmovilizado a corto plazo
- (543) Créditos a corto plazo por enajenación de inmovilizado
- (570) Caja, €
- (572) Bancos c/c
- (574) Bancos, cuentas de ahorro

Los grupos 6 y 7 recogen las cuentas de gestión (Gastos e Ingresos) que habrán de determinar el resultado de la empresa, por medio del proceso de Regularización y se emplean para elaborar la Cuenta de pérdidas y ganancias.

GRUPO 6: Compras y gastos

Aprovisionamientos de mercaderías y demás bienes adquiridos por la empresa para revenderlos, bien sea sin alterar su forma y sustancia, o previo sometimiento a procesos industriales de adaptación, transformación o construcción.

Comprende también todos los gastos del ejercicio, incluidas las adquisiciones de servicios y de materiales consumibles, la variación de existencias adquiridas y otros gastos y pérdidas del ejercicio.

En general, todas las cuentas del grupo 6 se abonarán, al cierre del ejercicio con cargo a la cuenta 129; por ello, al exponer los movimientos de las sucesivas cuentas del grupo, solo se hará referencia al cargo.

En las excepciones, se citarán los movimientos de abono y las cuentas de contrapartida.

- (622) Reparaciones y conservación
- (627) Publicidad, propaganda y relaciones públicas
- (628) Suministros
- (629) Otros servicios
- (640) Sueldos y salarios

GRUPO 7: Ventas e ingresos

Enajenación de bienes y prestaciones de servicios que son objeto del tráfico de la empresa; comprende también otros ingresos, variación de existencias y beneficios del ejercicio.

En general, todas las cuentas del grupo 7 se cargan al cierre del ejercicio, con abono a la cuenta 129; por ello, al exponer el juego de las sucesivas cuentas del grupo, solo se hará referencia al abono.

En las excepciones, se citarán los motivos de cargo y las cuentas de contrapartida.

- (752) Ingresos por arrendamientos
- (754) Ingresos por comisiones
- (769) Otros ingresos financieros

5. Definiciones y relaciones contables

En la **quinta parte** del **PGC (Pymes),** denominada **Definiciones y relaciones contables,** se define y explica el contenido y los movimientos (cargo y abono) de cada una de las cuentas.

EJEMPLO

Sirva a modo de ejemplo, para ver cómo expresa el PGC (Pymes) las definiciones y relaciones contables, la selección de cuentas siguientes —una por grupo—:

(102) Capital

Corresponde a las empresas individuales.

Su movimiento es el siguiente:

a) Se **abonará:**

- Por el capital inicial.
- Por los resultados positivos capitalizados, con cargo a la cuenta 129.

b) Se **cargará:**

- Por la cesión de los negocios o el cese de los mismos.
- Por los resultados negativos que no se carguen para su amortización en la cuenta 121, con abono a la cuenta 129.

c) Se **abonará** o **cargará,** al final del ejercicio, por el saldo de la cuenta 550, con cargo o abono a dicha cuenta.

EJEMPLO

(Continuación)

(211) Construcciones

Edificaciones en general cualquiera que sea su destino dentro de la actividad productiva de la empresa.

Su movimiento es el siguiente:

a) Se **cargará** por el precio de adquisición o coste de producción, con abono, generalmente, a cuentas de los subgrupos 22 ó 57, a la cuenta 731 o, en su caso, a cuentas del subgrupo 23.

b) Se **abonará** por las enajenaciones y, en general, por la baja del activo con cargo, generalmente, a cuentas de los subgrupos 22 ó 57 y, en caso de pérdidas, a la cuenta 671.

(300) Mercaderías

Bienes adquiridos por la empresa y destinados a la venta sin transformación.

Figurará en el Activo corriente del Balance; solamente funcionarán con motivo del cierre del ejercicio.

Su movimiento es el siguiente:

a) Se **abonará** al cierre del ejercicio, por el importe del inventario de existencias iniciales, con cargo a la cuenta 610.

b) Se **cargará**, por el importe del inventario de existencias de final del ejercicio que se cierra, con abono a la cuenta 610.

(401) Proveedores, efectos comerciales a pagar

Deudas con proveedores, formalizadas en efectos de giro aceptados.

Figurará en el Pasivo corriente del Balance.

Su movimiento es el siguiente:

a) Se **abonará** cuando la empresa acepte los efectos con cargo, generalmente, a la cuenta 400.

b) Se **cargará** por el pago de los efectos al llegar su vencimiento, con abono a las cuentas que correspondan del subgrupo 57.

(570) Caja, €

Disponibilidades de medios líquidos en caja.

Figurarán en el Activo corriente del Balance.

Su movimiento es el siguiente:

Se **cargará** a la entrada de los medios líquidos y se **abonará** a su salida, con abono o cargo a las cuentas que han de servir de contrapartida, según la naturaleza de la operación que provoca el cobro o el pago.

(628) Suministros

Electricidad y cualquier otro abastecimiento que no tuviere la cualidad de almacenable.

Los **cargos** se harán normalmente con abono a la cuenta 410, o a las subcuentas del subgrupo 57.

(754) Ingresos por comisiones

Cantidades fijas o variables percibidas como contraprestación a servicios de mediación realizados de manera accidental.

Si la mediación fuera el objeto principal de la actividad de la empresa, los ingresos por este concepto se registrarán en la cuenta 705.

Se **abonará** por el importe de los ingresos, con cargo a cuentas de los subgrupos 44 ó 57.

ACTIVIDADES FINALES

■ 1. La cuenta de Mercaderías, pertenece al grupo de:
   a) Existencias.
   b) Compras y gastos.

■ 2. La cuenta de Clientes, pertenece al grupo de:
   a) Financiación básica.
   b) Acreedores y deudores por operaciones comerciales.
   c) Cuentas financieras.
   d) Ventas e ingresos.

■ 3. Clasifica las siguientes cuentas por grupos del PGC (Pymes):

CUENTAS	Grupo 1	Grupo 2	Grupo 3	Grupo 4	Grupo 5	Grupo 6	Grupo 7
Proveedores							
Suministros							
Aplicaciones informáticas							
Proveedores, efectos comerciales a pagar							
Clientes, efectos comerciales a cobrar							
Deudas a largo plazo con entidades de crédito							
Proveedores de inmovilizado a corto plazo							
Ingresos por comisiones							
Reparaciones y conservación							
Capital							
Sueldos y salarios							
Terrenos y bienes naturales							
Equipos para procesos de información							
Bancos c/c							
Publicidad, propaganda y relaciones públicas							
Ingresos por arrendamientos							
Otros ingresos financieros							
Proveedores de inmovilizado a largo plazo							

■ 4. Las Cuentas anuales deberán ser formuladas por el empresario o los administradores:
   a) Inmediatamente, al finalizar el ejercicio económico.
   b) En el plazo máximo de seis meses después de finalizar el ejercicio.
   c) En el plazo máximo de tres meses después de finalizar el ejercicio.

■ 5. Las normas de registro y valoración, segunda parte del PGC (Pymes) desarrollan:
   a) Los principios contables y otras normas.
   b) El cuadro de cuentas.
   c) Las definiciones y relaciones contables.
   d) Las Cuentas anuales.

■ 6. ¿Qué modelos de Cuentas anuales podrán formular las siguientes empresas en sus ejercicios?

a) Una empresa individual, que al cierre de su ejercicio, presenta los siguientes datos:

- Un Activo por un total de 240.404,84 €.
- Cifra anual de negocios de 348.587,02 €.
- Cinco trabajadores empleados.

b) Una sociedad limitada que, al cierre del ejercicio, presenta los siguientes datos:

- Total de Activo 1.202.024,21 €.
- Cifra anual de negocios 2.163.643,58 €.
- Número de trabajadores: 200 empleados.

■ 7. Clasifica las siguientes cuentas por grupos del PGC (Pymes):

CUENTAS	Grupo 1	Grupo 2	Grupo 3	Grupo 4	Grupo 5	Grupo 6	Grupo 7
Reservas voluntarias							
Mercaderías							
Caja, €							
Otros servicios							
Capital							
Mobiliario							
Capital social							
Elementos de transporte							
Reserva legal							
Proveedores, efectos comerciales a pagar							
Ingresos por comisiones							
Propiedad industrial							
Reparación y conservación							
Suministros							
Clientes							
Aplicaciones informáticas							
Clientes, efectos comerciales a cobrar							
Bancos c/c							
Sueldos y salarios							
Publicidad, propaganda y relaciones públicas							

entra en internet

■ 8. En la página web <www.plancontable2007.es> busca en Guía Rápida, ¿Qué Plan Contable he de escoger? En el enlace Pymes 2007, consulta las partes que tiene el PGC (Pymes).

■ 9. Consulta la página web <www.bloomington.es>. En Reforma Contable, en el «cuadro de clasificación de empresas según normativa contable de aplicación» podrás saber qué empresas deben aplicar un Plan Contable determinado.

PRÁCTICA PROFESIONAL

Simulación de un proceso contable informatizado

NUEVAS SUBCUENTAS

Seguiremos trabajando en nuestra nueva empresa, INFORMADRID, añadiendo o modificando aquellas subcuentas que se van a necesitar para registrar en el libro Diario las operaciones que simularemos en un proceso contable informatizado.

Recuerda que en la barra de menús hemos de seleccionar **Financiera:** 1. **Plan general contable** y dentro 2. **Subcuentas,** y aparecerán en pantalla un listado de subcuentas que se traspasaron al crear la empresa, y algunas que hemos revisado en las prácticas anteriores. Ahora tenemos que ampliar o modificar la relación, lo que podremos hacer pulsando los siguientes botones: **Añadir, Modificar y Eliminar.**

ACTIVIDADES

Subcuentas

En la pantalla correspondiente aparecerá un listado de subcuentas, ordenadas por sus códigos de cinco dígitos y la descripción o nombres de las mismas. Queremos dejar preparadas un buen número de ellas para poder registrar en el Diario las siguientes prácticas y los asientos de las operaciones que se produzcan.

Vamos a comprobar si son o no son correctas, por si hubiera que añadir o modificar las siguientes subcuentas:

- (10200) Capital.
- (12900) Resultado del ejercicio.
- (17000) Deudas a largo plazo con entidades de crédito.
- (20600) Aplicaciones informáticas.
- (21600) Mobiliario.
- (21700) Equipos para procesos de información.
- (21800) Elementos de transporte.
- (26000) Fianzas constituidas a largo plazo.
- (30000) Mercaderías.
- (40000) Proveedores.
- (40100) Proveedores, efectos comerciales a pagar.
- (41000) Acreedores por prestaciones servicios.
- (43000) Clientes.
- (43100) Clientes, efectos comerciales a cobrar.
- (43101) Efectos comerciales en cartera.
- (43120) Efectos comerciales gestión de cobro.
- (46000) Anticipos remuneraciones.
- (47000) Hacienda Pública deudora por IVA.
- (47218) HP IVA soportado 18%.
- (47500) HP acreedora por IVA.
- (47510) HP acreedora retenciones practicadas.
- (47718) HP IVA repercutido 18%.
- (57000) Caja, euros.
- (57200) Bancos, c/c.
- (60000) Compras de mercaderías.
- (60200) Compras de otros aprovisionamientos.
- (60600) Descuentos s/c pronto pago.
- (61000) Variación existencias de mercaderías.
- (62100) Arrendamientos y cánones.
- (62200) Reparaciones y conservación.
- (62600) Servicios bancarios y similares.
- (62800) Suministros.
- (62900) Otros servicios.
- (64000) Sueldos y salarios.
- (64200) Seguridad Social a cargo de la empresa.
- (70000) Ventas de mercaderías.

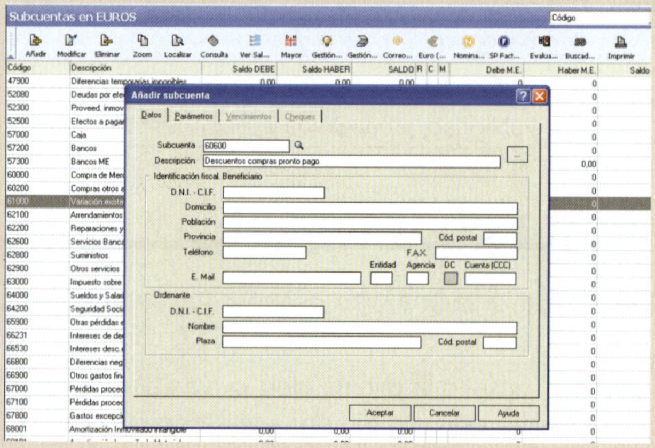

EN RESUMEN

PLAN GENERAL DE CONTABILIDAD PARA PEQUEÑAS Y MEDIANAS EMPRESAS (PYMES) — Normativa contable que se establece como marco de referencia para las pequeñas y medianas empresas.

1. MARCO CONCEPTUAL	Conjunto de principios de aplicación obligatoria.
2. NORMAS DE REGISTRO Y VALORACIÓN	Desarrollan los principios contables y contienen los criterios y reglas que se han de aplicar.
3. CUENTAS ANUALES	Comprenden el Balance, la Cuenta de pérdidas y ganancias, el ECPN y la Memoria.
4. CUADRO DE CUENTAS DEL PGC (PYMES)	Grupos: 1. Financiación básica; 2. Activo no corriente; 3. Existencias; 4. Acreedores y deudores por operaciones comerciales; 5. Cuentas financieras; 6. Compras y gastos; 7. Ventas e ingresos.
5. DEFINICIONES Y RELACIONES CONTABLES	Definiciones, contenido y movimiento de las cuentas.

EVALÚA TUS CONOCIMIENTOS

1. El PGC (Pymes) consta de cinco partes:

1. ______________________
2. ______________________
3. ______________________
4. ______________________
5. ______________________

2. Todas las empresas deben presentar una cierta uniformidad en la presentación y valoración de su contabilidad con el fin de facilitar esta información a:

____

____

3. Las partes del PGC (Pymes) que son obligatorias y tienen un carácter vinculante son:

a) La 1, 2 y 3.
b) La 1, 4 y 5.
c) La 2 y 3.
d) Todas.
e) Ninguna.

4. Los principios contables del PGC (Pymes) son:

– Principio de empresa en funcionamiento.
– Principio del devengo.
– ______________________
– ______________________
– ______________________
– Principio de importancia relativa.

5. En caso de conflicto entre principios contables, deberá prevalecer el que mejor conduzca a que las Cuentas anuales expresen ______________________

____

6. Acreedores y deudores por operaciones comerciales, dentro del PGC (Pymes), pertenece al:

a) Grupo 1.
b) Grupo 2.
c) Grupo 3.
d) Grupo 4.
e) Grupo 6.
f) Grupo 7.

7. El subgrupo se representa por un número de:

a) Una cifra.
b) Dos cifras.
c) Tres cifras.
d) Cuatro cifras.

7 Mercaderías y existencias. El IVA

vamos a conocer...

y al finalizar esta unidad...

- Identificarás las mercaderías con la actividad de una empresa o negocio de tipo comercial.
- Explicarás el desglose de mercaderías y sus principales cuentas.
- Identificarás las cuentas más representativas del grupo 3 del PGC (Pymes): Existencias.
- Aplicarás a la práctica contable el registro de las operaciones con IVA.

CASO **PRÁCTICO** INICIAL

situación de partida

Los padres de Cristina quieren iniciar un negocio comercial en su ciudad natal con la apertura de una tienda de artículos informáticos y le piden a su hija que les explique cómo han de valorar las existencias que necesitarán tener en el almacén por el método del precio medio ponderado (PMP).

También les surge la duda de si la aplicación del tipo impositivo del IVA actúa como mayor valor de la compra. Y si todas las operaciones de compraventa que realizarán en el futuro estarán sujetas a dicho impuesto indirecto.

Además, le preguntan si se pueden deducir el IVA y cuál sería el precio de adquisición de los artículos comprados y recepcionados en su almacén.

Cristina ha tomado nota de todo lo expuesto por sus padres, y se decide a leer esta unidad y complementarla con la normativa contable vigente en cuanto a las normas de registro y valoración de las existencias, según los métodos a aplicar así como la incidencia o repercusión del IVA, y de esta forma intentar responder a las reflexiones que le han planteado sus padres.

Para poder responder satisfactoriamente a sus padres, Cristina ha necesitado leer (en la parte 2.ª del PGC) y comprender las normas de registro y valoración 12.ª Existencias, valoración inicial al precio de adquisición, y la normativa 14.ª referente al IVA.

A continuación Cristina les presenta un esquema modelo de factura en el que el proveedor aplica un tipo de IVA del 18%.

Artículo «Zeta» 2 unidades a 50 €/unidad = 100 €	
Base imponible	100 €
Tipo de IVA 18 %	18 €
TOTAL A PAGAR	118 €

Posteriormente, sus padres realizan otra operación de compra donde aplican el tipo de IVA normal del 18% al comprar 4 artículos «Zeta» a un precio de 65 €/unidad.

Finalmente, desean saber cuánto han ganado en la venta de 3 unidades del artículo «Zeta», si los han vendido a 118 €/unidad (IVA incluido), tipo aplicado del 18%.

estudio del caso

Cristina les presenta a sus padres el siguiente análisis:

1.º Partiendo del esquema modelo de la factura, el coste de cada unidad será de 50 €/ud, ya que el IVA es deducible y se registra aparte.

2.º Realiza la valoración del almacén aplicando el método del PMP €/unidad. Con la nueva compra de cuatro artículos:

$$PMP = \frac{(2 \times 50) + (4 \times 65)}{2 + 4} = 60\ €$$

3.º Posteriormente calcula el importe de las ventas netas (118 / 1,18 = 100 €/ud) y como ha vendido 3 unidades, el importe neto de la operación es de 300 €.

Sabiendo que el coste de cada unidad es de 60 €, el coste de las 3 unidades vendidas será de 3 x 60 = 180 €, por lo que obtiene un beneficio de 300 – 180 = 120 €.

4.º La valoración de existencias finales será de 3 unidades (2 uds + 4 uds – 3 uds) x 60 €/ud = 180 €, en la aplicación del método del PMP.

PGC Pymes

(Real Decreto 1515/2007, de 16 de noviembre, publicado en el B.O.E. número 279).
Entrar en el portal http://www.boe.es, y en la opción buscar, escribir 279/2007, y bajar el suplemento. Ir a la página 24, norma 12.ª Existencias, y a la página 26, norma 14.ª Impuesto sobre el Valor Añadido (IVA), Impuesto General Indirecto Canario (IGIC) y otros Impuestos indirectos, para conocer las normas de criterio y valoración específicos sobre existencias y sobre el IVA.

1. La cuenta de Mercaderías: desglose y registro

Hemos visto en bastantes ocasiones la cuenta de **Mercaderías,** lo que demuestra la importancia que tiene en la Contabilidad, sobre todo si recordamos su significado: elementos o bienes que son el objeto o actividad de tráfico habitual de una empresa de tipo comercial.

El funcionamiento de la cuenta de Mercaderías sería el siguiente:

FUNCIONAMIENTO DE LA CUENTA DE MERCADERÍAS	
Entradas (Compras) ⟶	Precio de coste.
Salidas (Ventas) ⟶	Precio de venta.
Diferencia entre Compras y Ventas ⟶	Se calcula al final del ejercicio de forma global.

El **PGC (Pymes) le asigna** cuentas en los siguientes grupos:

GRUPO 3 EXISTENCIAS
(300) Mercaderías

GRUPO 6 COMPRAS Y GASTOS
(600) Compras de mercaderías
(606) Descuentos sobre compras por pronto pago
(608) Devoluciones de compras y operaciones similares
(609) Rappels por compras
(610) Variación de existencias de mercaderías

GRUPO 7 VENTAS E INGRESOS
(700) Ventas de mercaderías
(706) Descuentos sobre ventas por pronto pago
(708) Devoluciones de ventas y operaciones similares
(709) Rappels sobre ventas

1.1. Desglose de la cuenta de Mercaderías

La gran variedad de operaciones que se pueden realizar con las Mercaderías obliga a desglosar la cuenta en otras.

El **desglose de la cuenta de Mercaderías** que emplearemos a partir de este momento en la Contabilidad supone la consideración:

- De unas cuentas como **gastos o menores ingresos.**
- Y de otras como **ingresos o menores gastos.**

DESGLOSE DE MERCADERÍAS	
Gastos	**Ingresos**
(600) Compras de mercaderías	(700) Ventas de mercaderías
(706) Descuentos sobre ventas por pronto pago	(606) Descuentos sobre compras por pronto pago
(708) Devoluciones de ventas y operaciones similares	(608) Devoluciones de compras y operaciones similares
(709) Rappels sobre ventas	(609) Rappels por compras

Estas nuevas cuentas son consideradas como **cuentas de gestión** o de Gastos e Ingresos. Al finalizar el ejercicio, mediante el proceso de regularización, trasladarán sus saldos a la cuenta de Resultado del ejercicio.

1.2. Registros contables del desglose de Mercaderías

Vamos a analizar por separado, mediante ejemplos, cada una de las cuentas:

(600) Compras de mercaderías

- Gasto.
- Registra el importe de las compras más gastos de compras (incluido transporte) menos rebajas en factura.

EJEMPLO

Compras de mercaderías por 601,01 €, con unos gastos de compras por 18,03 €, y una rebaja por volumen en factura de 12,02 €

607,02	(600) Compras de mercaderías		
		a (400) Proveedores	607,02

(606) Descuentos sobre compras por pronto pago

- Ingreso o menor gasto.
- Registra los descuentos por pronto pago (fuera de factura).

EJEMPLO

Un proveedor concede un descuento por pronto pago de 36,06 €

36,06	(400) Proveedores		
		a (606) Descuentos sobre compras por pronto pago	36,06

(608) Devoluciones de compras y operaciones similares

- Significa un menor gasto. Funciona como un ingreso.
- Registra las compras anuladas por la empresa y devueltas.

EJEMPLO

Se devuelven mercaderías compradas con anterioridad por 120,20 €

——————————— X ———————————

120,20 (400) Proveedores

a (608) Devoluciones de compras y operaciones similares 120,20

(609) Rappels por compras

- Significa un menor gasto. Funciona como un ingreso.
- Registra descuentos y rebajas por volumen o cantidad de pedido (fuera de factura).

EJEMPLO

Un proveedor nos concede una rebaja por volumen de 24,04 €

——————————— X ———————————

24,04 (400) Proveedores

a (609) Rappels por compras 24,04

(700) Ventas de mercaderías

- Ingreso.
- Registra el importe de las ventas menos los descuentos y rebajas que consten en factura. Los gastos de las ventas (incluidos transportes a cargo de la empresa) se contabilizarán en otras cuentas diferentes.

EJEMPLO

Ventas de mercaderías por 1.262,13 € con una rebaja por volumen en factura de 30,06 €

——————————— X ———————————

1.232,07 (430) Clientes

a (700) Ventas de mercaderías 1.232,07

(624) Transportes

- Gasto. No es desglose de Mercaderías.
- Registra gastos de transporte de ventas a cargo de la empresa.

EJEMPLO

Se abonan por caja transportes de compras por 60,10 € y transportes de ventas por 90,15 €

——————————— X ———————————

60,10 (600) Compras de mercaderías

90,15 (624) Transportes

a (570) Caja, € 150,25

(706) Descuentos sobre ventas por pronto pago

- Gasto.
- Registra los descuentos concedidos por la empresa por pronto pago (fuera de factura).

EJEMPLO

La empresa concede a los clientes un descuento por pronto pago de 54,09 €

54,09	(706) Descuentos sobre ventas por pronto pago			
		a (430) Clientes		54,09

(708) Devoluciones de ventas y operaciones similares

- Significa un menor ingreso. Funciona como un gasto.
- Registra las ventas anuladas por los clientes y devueltas.

EJEMPLO

Los clientes devuelven mercaderías por 300,51 €

300,51	(708) Devoluciones de ventas y operaciones similares		
		a (430) Clientes	300,51

(709) Rappels sobre ventas

- Representa un menor ingreso. Funciona como cuenta de gasto.
- Registra los descuentos concedidos por la empresa por haber alcanzado los clientes un determinado volumen de pedidos.

EJEMPLO

La empresa concede a los clientes un descuento por volumen de pedidos de 42,07 €

42,07	(709) Rappels sobre ventas		
		a (430) Clientes	42,07

EJEMPLO

Contabiliza en el libro Diario las siguientes operaciones:

- Se crea una empresa individual con las siguientes aportaciones por parte del propietario: dinero en caja, 901,52 €; dinero en bancos, 12.020,24 €; un local de su propiedad, 108.182,17 €; mercaderías iniciales, 1.202,02 €.

901,52	(570) Caja, €		
12.020,24	(572) Bancos c/c		
108.182,17	(211) Construcciones		
1.202,02	(300) Mercaderías		
		a (102) Capital	122.305,95

EJEMPLO

(Continuación)

- **Compras de mercaderías por 601,01 €. Gastos de compras, 60,10 €. Descuento en factura por volumen, 42,07 €. Se abonan por transportes de las citadas mercaderías 90,15 €.**

Debe	Cuenta	Cuenta	Haber
709,19	(600) Compras de mercaderías		
		a (400) Proveedores	619,04
		a (570) Caja, €	90,15

- **Devolvemos parte de las mercaderías anteriores por valor de 240,40 €.**

Debe	Cuenta	Cuenta	Haber
240,40	(400) Proveedores		
		a (608) Devoluciones de compras y operaciones similares	240,40

- **Ventas de mercaderías por 1.202,02 €. La empresa abona por transportes de las citadas mercaderías 90,15 €.**

Debe	Cuenta	Cuenta	Haber
1.202,02	(430) Clientes		
90,15	(624) Transportes		
		a (700) Ventas de mercaderías	1.202,02
		a (570) Caja, €	90,15

- **Nos abonan mediante transferencia bancaria las mercaderías vendidas en la operación anterior. Se concede un descuento por pronto pago de 24,04 €.**

Debe	Cuenta	Cuenta	Haber
24,04	(706) Descuentos sobre ventas por pronto pago		
1.177,98	(572) Bancos c/c		
		a (430) Clientes	1.202,02

- **Ventas de mercaderías por 601,01 €, con un descuento por pronto pago, consignado en factura, de 18,03 €.**

Debe	Cuenta	Cuenta	Haber
582,98	(430) Clientes		
		a (700) Ventas de mercaderías	582,98

- **Devolución de ventas por 60,10 €.**

Debe	Cuenta	Cuenta	Haber
60,10	(708) Devoluciones de ventas y operaciones similares		
		a (430) Clientes	60,10

EJEMPLO

(Continuación)

- **Compras de mercaderías por 1.803,04 €.**

Debe		Cuenta	Haber
		X	
1.803,04	(600)	Compras de mercaderías	
		a (400) Proveedores	1.803,04

- **Nos conceden un descuento por volumen del pedido anterior de 30,05 €.**

Debe		Cuenta	Haber
		X	
30,05	(400)	Proveedores	
		a (609) Rappels por compras	30,05

- **Compras de mercaderías por 751,27 €, que al hacerse efectivas por bancos, nos supone un descuento por pronto pago de 30,05 €, incluido en factura.**

Debe		Cuenta	Haber
		X	
721,22	(600)	Compras de mercaderías	
		a (572) Bancos c/c	721,22

ACTIVIDADES

1. Registra en el libro Diario las siguientes operaciones:

a) Compras de mercaderías al contado por 1.000 €.

b) Compras de mercaderías a crédito por 1.500 €. La empresa abona en efectivo el transporte de las mercaderías por 25 €.

c) La empresa devuelve al proveedor anterior la mitad del pedido por encontrar defectos de calidad.

d) Compras de mercaderías por 2.000 € con una rebaja por volumen dentro de factura de 30 €, y que se abona mediante transferencia bancaria, consiguiendo un descuento por pronto pago de 27 €, también dentro de factura.

e) Compra de mercaderías por 2.500 €.

f) La empresa abona con un cheque bancario la deuda anterior, por lo que el proveedor le realiza un descuento por pronto pago de 32 €.

g) Ventas de mercaderías por 3.000 €.

h) Posteriormente, la empresa realiza una rebaja por volumen al cliente anterior por 40 €.

i) Ventas de mercaderías por 3.500 €. La empresa abona en efectivo el transporte de las mercaderías por 35 €.

j) Ventas de mercaderías por 4.000 € con una rebaja por volumen dentro de factura de 50 €, y que se cobra mediante transferencia bancaria, por lo que se realiza al cliente un descuento por pronto pago de 38 €, también dentro de factura.

k) Ventas de mercaderías por 5.000 €.

l) Se cobra por banco la venta anterior y la empresa efectúa al cliente un descuento por pronto pago de 55 €.

2. El grupo 3: Existencias

2.1. Existencias de mercaderías en almacén

Las existencias de mercaderías reflejan la cantidad de estos bienes que hay en el almacén de una empresa, así como su valor en un momento determinado.

Hemos visto que las mercaderías están en continuo movimiento: se compran, se venden, se devuelven, etc., y en Contabilidad interesa saber, al acabar el año, las existencias que hay en el almacén y su valor.

Lo normal es que se lleve un inventario permanente de las entradas y salidas de mercaderías en el almacén con la finalidad de conocer el valor de las existencias finales. **Las existencias iniciales de un ejercicio siempre serán las existencias finales del ejercicio anterior.**

2.2. Valoración de las existencias

caso práctico inicial

Analizando este apartado, Cristina puede responder a algunas de las reflexiones planteadas por sus padres.

La valoración de las existencias finales de mercaderías no es sencilla, ya que, aun siendo fácil el recuento de unidades existentes en el almacén, hay que tener en cuenta que:

- Entran en el almacén unidades del mismo artículo a precios diferentes.
- Con el transcurso del tiempo, varía su precio en el mercado.

Para resolver el problema de la valoración de las existencias hay varios métodos. Uno de los más importantes, el **método del precio medio ponderado** (PMP), consiste en cuantificar las existencias al precio medio que se ha pagado por ellas.

EJEMPLO

Con los siguientes datos elaboraremos la ficha de almacén (PMP):

1. Existencias iniciales: 100 unidades que costaron 120,20 €/ud.
2. Compra de 200 unidades que costaron 132,22 €/ud.
3. Venta de 150 unidades a 168,28 €/ud.
4. Compra de 200 unidades a 138,23 €/ud.
5. Venta de 250 unidades a 180,30 €/ud.

			FICHA DE ALMACÉN						VALORACIÓN (PMP)		
			ENTRADAS			SALIDAS			EXISTENCIAS		
N.º	Fecha	Concepto	Unidades	Precio	Total	Unidades	Precio	Total	Unidades	Precio	Total
1	—	Iniciales	100	120,20	12.020,00				100	120,20	12.020,00
2	—	Compra	200	132,22	26.444,00				300	128,21	38.463,00
3	—	Venta				150	128,21	19.232,00	150	128,21	19.231,50
4	—	Compra	200	138,23	27.646,00				350	133,94	46.878,00
5	—	Venta				250	133,94	33.484,29	100	133,94	13.394,00

EJEMPLO

(Continuación)

Para la segunda operación, el precio medio de las existencias sería:

$$\frac{(100 \times 120{,}20) + (200 \times 132{,}22)}{300} = 128{,}21\ €$$, y este será el precio medio hasta la siguiente compra.

Para la cuarta operación, el precio medio de las existencias sería:

$$\frac{(150 \times 128{,}21) + (200 \times 138{,}23)}{300} = 133{,}94\ €$$, siendo este el precio medio hasta la siguiente compra.

Con los datos de la anterior ficha de almacén, los asientos en el libro Diario, al final del año serían:

- **Por la anulación de las existencias iniciales:**

	X		
12.020,00	(610) Variación de existencias de mercaderías		
		a (300) Mercaderías	12.020,00

- **Por las existencias finales:**

	X		
13.394,00	(300) Mercaderías		
		a (610) Variación de existencias de mercaderías	13.394,00

ACTIVIDADES

2. Supongamos:

- Unas existencias en almacén al comienzo del ejercicio económico valoradas en 2.404,05 € que figuran en el Balance inicial.
- Al final del año hay en el almacén unas existencias que han sido valoradas en 1.803,04 €.

Registra los asientos en el libro Diario al final del año.

2.3. Otras existencias y sus operaciones

El **Grupo 3 del PGC (Pymes)** está constituido por las Existencias y hemos estudiado la cuenta (300) Mercaderías como objeto de tráfico habitual de una empresa de tipo comercial. Pero hay otras cuentas, dentro de este grupo, que conviene conocer:

(321) Combustibles

Materias energéticas que se pueden almacenar (para calefacciones...).

(328) Material de oficina, siempre que este material se almacene.

(326) Embalajes

Cubiertas para resguardar las mercaderías en su transporte.

(327) Envases

Recipientes que se venden junto con el producto que contienen.

(310) Materias primas

Materias que se compran para su transformación en productos terminados, en referencia, por tanto, a empresas de tipo industrial.

(350) Productos terminados

Los productos fabricados y que se destinan a la venta en empresas cuya actividad es de tipo industrial.

Estas existencias son objeto de compraventa como lo puedan ser las Mercaderías, funcionando y registrándose, por tanto, de forma muy parecida.

Para sus compras, se emplearían las siguientes cuentas:

(601) Compras de materias primas

(602) Compras de otros aprovisionamientos (para material de oficina, envases y embalajes).

Y para las ventas:

(701) Ventas de productos terminados

(704) Ventas de envases y embalajes

saber más

Mercaderías y materias primas

Cuando una empresa es comercial: se compran y se venden Mercaderías. Pero, si la empresa es industrial: se compran Materias primas y se venden Productos terminados.

Compra de materias primas y envases

——————————— X ———————————

(601) Compras de materias primas
(602) Compras de otros aprovisionamientos
a (400) Proveedores

Venta de productos terminados y de envases

——————————— X ———————————

(430) Clientes
a (701) Ventas de productos terminados
a (704) Ventas de envases y embalajes

Compra de material de oficina y de combustible

——————————— X ———————————

(602) Compras de otros aprovisionamientos
a (400) Proveedores

EJEMPLO

Registra en el libro Diario las siguientes operaciones:

- **Se crea una empresa individual con las siguiente aportaciones por parte del propietario: dinero en caja, 601,01 €; dinero en bancos, 18.030,36 €; un local en propiedad, 210.354,24 €; maquinaria, 12.020,24 €; materias primas, 3.005,05 €; embalajes, 150,25 €.**

601,01	(570) Caja, €		
18.030,36	(572) Bancos c/c		
210.354,24	(221) Construcciones		
12.020,24	(223) Maquinaria		
3.005,06	(310) Materias primas		
150,25	(326) Embalajes		
		a (102) Capital	244.161,16

- **Compra de materias primas por 3.005,06 €.**

3.005,06	(601) Compras de materias primas		
		a (400) Proveedores	3.005,06

- **Venta de productos terminados por 9.015,18 €, y venta de embalajes por 30,05 €.**

9.045,23	(430) Clientes		
		a (701) Ventas de productos terminados	9.015,18
		a (704) Ventas de envases y embalajes	30,05

- **Compra de material de oficina por 180,30 € y compra de embalajes por 60,10 €.**

240,40	(602) Compras de otros aprovisionamientos		
		a (400) Proveedores	240,40

ACTIVIDADES

3. Registra en el libro Diario las siguientes operaciones de una empresa industrial:

a) Compra de materias primas por 1.000 € y compras de envases por 100 €.

b) Ventas de productos terminados por 2.000 € y de envases por 200 €, con una rebaja por volumen dentro de factura de 25 €. El transporte es a cargo de la empresa y se abona en efectivo el importe de 70 €.

c) Compra de material de oficina por 100 €.

d) Se llena de combustible el depósito de la calefacción por 1.500 €, que se dejan a deber.

3. El impuesto sobre el valor añadido

vocabulario

Impuesto indirecto: es el que se paga al comprar un producto o utilizar un servicio y que se caracteriza porque quien lo soporta no lo paga directamente a la Hacienda Pública, sino que alguien actúa como instrumento de recaudación.

Base imponible: es la cantidad que resulta de medir o valorar el hecho imponible. En el caso del IVA, el hecho imponible es adquirir o consumir un determinado producto o servicio.

El **impuesto sobre el valor añadido (IVA)** es un impuesto indirecto que recae sobre el consumo y grava las siguientes operaciones:

HECHOS IMPONIBLES IVA
• Entregas de bienes y prestaciones de servicios efectuadas por empresarios o profesionales.
• Adquisiciones intracomunitarias de bienes.
• Importaciones de bienes.

En el IVA, las empresas y profesionales soportan (pagan) y repercuten (cobran) el impuesto como meros intermediarios (recaudadores), mientras que el consumidor final es quien, en realidad, soporta la carga fiscal.

La base imponible estará constituida por el importe total de la compra o prestación de servicios más el importe de otros conceptos incluidos en la factura.

3.1. Operaciones no sujetas al IVA

No se consideran sujetas al IVA las siguientes operaciones:

- La transmisión de la totalidad del patrimonio empresarial o profesional cuando los adquirentes continúen con el ejercicio de la misma actividad.
- Las entregas gratuitas de muestras de mercancías, con fines de promoción.
- Las prestaciones de servicios de demostración a título gratuito para la promoción.
- Los servicios prestados por personas físicas en régimen de relaciones laborales.
- Los servicios prestados a las cooperativas de trabajo asociado por los socios de las mismas.
- Las entregas y prestaciones de servicios realizados por el Estado y sus organismos autónomos.
- El autoconsumo de bienes o servicios.

3.2. Operaciones exentas de IVA

Las exenciones del IVA se dan en las siguientes operaciones:

- Las prestaciones de servicios públicos postales.
- Las prestaciones de servicios de hospitalización o de asistencia sanitaria.
- La enseñanza, los servicios deportivos y culturales.
- Los seguros.
- Las loterías, apuestas y juegos.
- Segundas y posteriores entregas de edificios.
- Arrendamientos de terrenos y edificios para viviendas y garajes.
- Operaciones financieras.

3.3. Tipos impositivos

Los tipos impositivos que han de aplicarse son los siguientes:

- General: el 18%.
- Reducido del 8%, que se aplica a operaciones específicas como el agua, la vivienda, el transporte de viajeros...
- Superreducido del 4% que se aplica a medicamentos, libros, periódicos y revistas, frutas y verduras...

3.4. Cálculo

El importe del IVA se calcula multiplicando la base imponible por el tipo impositivo que corresponda a la operación:

$$\text{Cuota IVA} = \text{Base imponible} \times \text{Tipo impositivo}$$

Si el IVA está incluido en el importe de la operación, se calculará en primer lugar la base imponible:

$$\text{Base imponible} = \frac{\text{Importe total}}{1 + \text{Tipo impositivo en tanto por uno}}$$

3.5. Requisitos y obligaciones formales

Las empresas, como sujetos pasivos, estarán obligadas a conservar las facturas y documentos recibidos de sus proveedores.

La repercusión del impuesto deberá efectuarse mediante factura o documento similar, donde figurará el impuesto por separado o se incluirá la expresión «IVA incluido».

Las empresas deberán llevar los siguientes registros:

- Libro registro de facturas emitidas.
- Libro registro de facturas recibidas.
- Libro registro de bienes de inversión.

3.6. Recargo de equivalencia

Se aplicará este régimen a los comerciantes minoristas individuales que comercialicen al por menor bienes o productos y no estarán obligados a efectuar la liquidación ni el pago del impuesto a Hacienda, ni tendrán derecho a deducirse el IVA.

Al realizar sus compras, los proveedores deberán repercutirles el tipo impositivo habitual más el recargo de equivalencia.

Los tipos de recargo de equivalencia son:

- 4% para los bienes sometidos al 18%.
- 1% para los bienes sometidos al 8%.
- 0,5 % para los bienes sometidos al 4%.

caso práctico inicial

Cristina puede observar cómo el recargo de equivalencia es un mayor coste de los artículos comprados.

4. El IVA en la Contabilidad

Las cuentas del PGC (Pymes) que se emplean para registrar operaciones de IVA son:

(472) Hacienda Pública, IVA soportado

IVA por la adquisición de bienes y servicios que tenga carácter deducible.

(477) Hacienda Pública, IVA repercutido

IVA por la venta o prestación de servicios.

4.1. Operaciones con IVA soportado

Compra de mercaderías

——————— X ———————

(600) Compras de mercaderías
(472) Hacienda Pública, IVA soportado

a (400) Proveedores

Devolución de la compra anterior

——————— X ———————

(400) Proveedores

a (608) Devoluciones de compras y operaciones similares
a (472) Hacienda Pública, IVA soportado

Rebaja por volumen en una compra

——————— X ———————

(400) Proveedores

a (609) Rappels por compras y operaciones similares
a (472) Hacienda Pública, IVA soportado

Abono de una compra antes de plazo y descuento por pronto pago

——————— X ———————

(400) Proveedores

a (606) Descuentos sobre compras por pronto pago
a (472) Hacienda Pública, IVA soportado
a (570) Caja, €

Compra de muebles (inmovilizado) a corto plazo

——————— X ———————

(226) Mobiliario
(472) Hacienda Pública, IVA soportado

a (523) Proveedores de inmovilizado a corto plazo

Abono por banco del recibo de la luz

——————— X ———————

(628) Suministros
(472) Hacienda Pública, IVA soportado

a (572) Bancos c/c

4.2. Operaciones con IVA repercutido

Venta de mercaderías

———————— X ————————

(430) Clientes

a (700) Ventas de mercaderías
a (477) Hacienda Pública, IVA repercutido

Devolución de la venta anterior

———————— X ————————

(708) Devoluciones de ventas y operaciones similares
(477) Hacienda Pública, IVA repercutido

a (430) Clientes

Rebaja por volumen en una venta

———————— X ————————

(709) Rappels sobre ventas
(477) Hacienda Pública, IVA repercutido

a (430) Clientes

Abono de los clientes antes de plazo y descuento por pronto pago

———————— X ————————

(706) Descuentos sobre ventas por pronto pago
(477) Hacienda Pública, IVA repercutido
(570) Caja, €

a (430) Clientes

Cobro por banco del recibo del alquiler de un local

———————— X ————————

(572) Bancos c/c

a (752) Ingresos por arrendamientos
a (477) Hacienda Pública, IVA repercutido

EJEMPLO

Vamos a registrar los siguientes hechos contables en el libro Diario:

- **Compra de mercaderías por 1.803,04 €. Transportes abonados en efectivo por 60,10 € (IVA: 18%).**

	X		
1.863,14	(600) Compras de mercaderías		
335,37	(472) Hacienda Pública, IVA soportado		
		a (400) Proveedores	2.127,69
		a (570) Caja, €	70,92

- **Ventas de mercaderías por 3.005,06 €. Transportes abonados por la empresa en efectivo, 90,15 € (IVA: 18%).**

	X		
3.545,97	(430) Clientes		
		a (700) Ventas de mercaderías	3.005,06
		a (477) Hacienda Pública, IVA repercutido	540,91
	X		
90,15	(624) Transportes		
16,23	(472) Hacienda Pública, IVA soportado		
		a (570) Caja, €	106,38

- **El cliente devuelve la mitad del pedido anterior, por defectos de calidad.**

	X		
1.502,53	(708) Devoluciones de ventas y operaciones similares		
270,46	(477) Hacienda Pública, IVA repercutido		
		a (430) Clientes	1.772,99

- **Compra de mercaderías por 3.606,07 € (IVA: 18%).**

	X		
3.606,07	(600) Compras de mercaderías		
649,09	(472) Hacienda Pública, IVA soportado		
		a (400) Proveedores	4.255,16

- **Se abona por banco la deuda anterior con un descuento por pronto pago de 90,15 €.**

	X		
4.255,16	(400) Proveedores		
		a (606) Descuentos sobre compras por pronto pago	90,15
		a (472) Hacienda Pública, IVA soportado	16,23
		a (572) Bancos c/c	4.148,78

- **Se abona por banco el recibo del teléfono por 150,25 € (IVA del 18% incluido).**

	X		
127,33	(628) Suministros		
22,92	(472) Hacienda Pública, IVA soportado		
		a (572) Bancos c/c	150,25

$$\left(\text{Base imponible} = \frac{150,25 \times 100}{118} = 127,33\right) \qquad \left(\text{IVA} = \frac{127,33 \times 18}{100} = 22,92\right)$$

RELACIÓN DE CUENTAS CODIFICADAS
GRUPO 1: FINANCIACIÓN BÁSICA
(102) Capital.
GRUPO 2: ACTIVO NO CORRIENTE
(211) Construcciones. (213) Maquinaria. (216) Mobiliario. (217) Equipos para procesos de información.
GRUPO 3: EXISTENCIAS
(300) Mercaderías. (310) Materias primas. (321) Combustibles. (326) Embalajes. (327) Envases. (328) Material de oficina. (350) Productos terminados.
GRUPO 4: ACREEDORES Y DEUDORES POR OPERACIONES COMERCIALES
(400) Proveedores. (401) Proveedores, efectos comerciales a pagar. (430) Clientes. (431) Clientes, efectos comerciales a cobrar. (470) Hacienda Pública, deudora por diversos conceptos. (472) Hacienda Pública, IVA soportado. (475) Hacienda Pública, acreedora por conceptos fiscales. (477) Hacienda Pública, IVA repercutido.
GRUPO 5: CUENTAS FINANCIERAS
(570) Caja, € (572) Bancos c/c.
GRUPO 6: COMPRAS Y GASTOS
(600) Compras de mercaderías. (601) Compras de materias primas. (602) Compras de otros aprovisionamientos. (606) Descuentos sobre compras por pronto pago. (608) Devoluciones de compras y operaciones similares. (609) *Rappels* por compras. (610) Variación de existencias de mercaderías. (611) Variación de existencias de materias primas. (612) Variación de existencias de otros aprovisionamientos. (624) Transportes.
GRUPO 7: VENTAS E INGRESOS
(700) Ventas de mercaderías. (701) Ventas de productos terminados. (704) Ventas de envases y embalajes. (706) Descuentos sobre ventas por pronto pago. (708) Devoluciones de ventas y operaciones similares. (709) *Rappels* sobre ventas. (712) Variación de existencias de productos terminados.

ACTIVIDADES FINALES

■ 1. Registra los siguientes asientos aplicando un IVA del 18%:

a) Compras de mercaderías por 1.202,50 € con un descuento en factura por volumen de 60 €. Gastos de compras por transportes a cargo de la empresa y abonados por 120 €.

b) Devolvemos mercaderías por 240,40 €.

c) Compras de mercaderías por 1.803 €.

d) Los proveedores nos hacen un descuento por volumen de pedido de 90,15 €.

e) Ventas de mercaderías por 2.554,30 €. El cliente abona su compra, por lo que se le concede un descuento por pronto pago consignado en factura de 210 €.

f) Ventas de mercaderías por 2.103,54 €.

g) El cliente anterior abona su deuda concediéndosele un descuento por pronto pago de 180,30 €.

h) Compra de un ordenador por 520 € que se paga mediante transferencia bancaria.

■ 2. Registra en el libro Diario, con un IVA del 18%, las siguientes operaciones:

a) Compra de mercaderías por 3.005,06 €, con un descuento por volumen incluido en factura de 180,30 € y unos gastos de seguros a cargo de la empresa de 120,20 € que se abonan en efectivo.

b) Venta de mercaderías por 5.409,11 €, con un descuento por pronto pago, incluido en factura, de 300,51 €. El cobro se realiza por banco.

c) Venta de mercaderías por 2.404,09 €. La empresa abona por el transporte 90,15 €.

d) Compra de material de oficina por 300,51 €.

e) Compra de maquinaria por valor de 1.622,73 € (IVA incluido). El pago se hace efectivo por banco.

f) Venta de mercaderías por 1.202,02 €.

g) Se gira letra de cambio al cliente anterior.

h) Compra de mercaderías por 3.606,07 €.

i) Devolvemos la tercera parte del pedido anterior al encontrar defectos en la mercancía.

■ 3. Realiza en el libro Diario, aplicando un IVA del 18%, las anotaciones correspondientes a las siguientes operaciones:

a) Se crea una empresa individual con un capital inicial de 60.101,21 €, habiendo concertado un préstamo a tres años de 30.050,61 €, con un banco. Tanto la totalidad del capital como el préstamo son ingresados en la cuenta corriente de la empresa.

b) Compras de mercaderías del ejercicio por valor de 6.010,12 €.

c) Devoluciones en compras por importe de 600 €.

d) Compra de un ordenador, cuyo precio es 1.021,72 € y de unas aplicaciones informáticas por valor de 180,30 €. El pago del ordenador se aplaza a diez meses y las aplicaciones se hacen efectivas por banco.

e) Ventas de mercaderías del ejercicio por 12.020,24 €.

f) Posteriormente, se realiza al cliente anterior una rebaja por volumen de pedido de 150,25 €.

g) Cobro a clientes por transferencia bancaria de lo adeudado, concediéndose un descuento por pronto pago de 120,20 €.

h) Se abona por banco el recibo de la luz, 210,35 € y del teléfono, 72,12 € (IVA incluido).

i) Ventas de mercaderías por 1.803,04 €. Se abonan por banco 84,14 € de transporte, estando el IVA incluido en esta cantidad.

j) Compra de muebles por 1.920 €, aplazándose el pago a tres meses.

k) Existencias finales de mercaderías: 601 €.

4. Registra las siguientes operaciones, aplicando un IVA del 18%:

   a) Se crea una empresa individual con las siguientes aportaciones por parte del propietario:
      - Mercaderías iniciales 3.606,07 €.
      - Dinero en caja 1.202,02 €.
      - Dinero en bancos 12.020,24 €.

   b) Ventas de mercaderías por 901,52 € a crédito.

   c) Compras de mercaderías por 601,01 €. Transportes abonados, 60,10 €.

   d) Ventas de mercaderías por 901,52 €. Transportes abonados, 90,15 €.

   e) Compras de mercaderías por 601,01 € con unos gastos cargados en factura de 60,10 €.

   f) Ventas de mercaderías por 991,67 €.

   g) Compras de mercaderías por 601,01 €. En la factura figura un descuento por cantidad de 60,10 €. Además se ha acordado con el proveedor el pago al contado, que efectuamos con un descuento por pronto pago, en factura, de 48,08 €.

   h) Ventas de mercaderías al contado por 901,52 €. En la factura consta un descuento por volumen de pedido de 72,12 €, y un descuento por pronto pago de 60,10 €.

   i) Los proveedores nos conceden un descuento por volumen de pedido de 180,30 €.

   j) Les concedemos un descuento a los clientes por cantidad de pedido de 120,20 €.

   k) Se producen devoluciones de compras por 300,51 €.

   l) Devoluciones de ventas por 180,30 €.

   m) Compras de mercancías por 601,01 €, con unos gastos de 60,10 € y un descuento en factura de 24,04 €.

   n) Se abona la deuda al proveedor anterior que nos concede un descuento por pronto pago de 18,03 €.

   o) Ventas de mercaderías por 1.292,18 € con un descuento incluido en factura de 36,06 €.

   b) El cliente anterior abona a la empresa mediante transferencia bancaria su deuda, concediéndosele un descuento por pronto pago de 42,07 €.

   c) Al cierre del ejercicio se valoran las existencias finales de mercaderías en almacén por 2.404,05 €.

5. Registra en el libro Diario, con un IVA del 18%, los siguientes hechos:

   a) Compra de materias primas por 601,01 €.

   b) Venta de productos terminados por 1.051,77 €.

   c) Compra de material de oficina por 120,20 €.

   d) Compra de embalajes por 180,30 €.

   e) Venta de embalajes por 210,35 €.

entra en internet

6. Consulta la página de inicio de la siguiente dirección web: <www.plangeneralcontable.com>. En el apartado <u>Práctica contable</u> podrás ver asientos sencillos para las cuentas que aparecen en esta unidad.

PRÁCTICA **PROFESIONAL**

Simulación de un proceso contable informatizado

REGISTRO EN EL LIBRO DIARIO

Seguiremos trabajando en nuestra empresa, INFORMADRID, registrando en el libro Diario las operaciones que simularemos en un proceso contable informatizado.

Hemos registrado anteriormente los apuntes correspondientes al asiento inicial y los asientos de las operaciones de los días 5, 7 y 8 de octubre. Ahora continuaremos con nuestras anotaciones contables, por lo que recordaremos lo siguiente:

1. En la barra de menús selecciona **Global:**
   - **Selección de empresa:** seleccionamos INFORMADRID, con el código 05.

2. En la barra de menús selecciona **Financiera:**
   - Selecciona 1. **Plan general contable.**
   - Dentro selecciona 2. **Subcuentas.**

3. En la barra de menús selecciona **Financiera:**
   - Selecciona 2. **Opciones de diario.**
   - Dentro selecciona 1. **Gestión de asientos.**

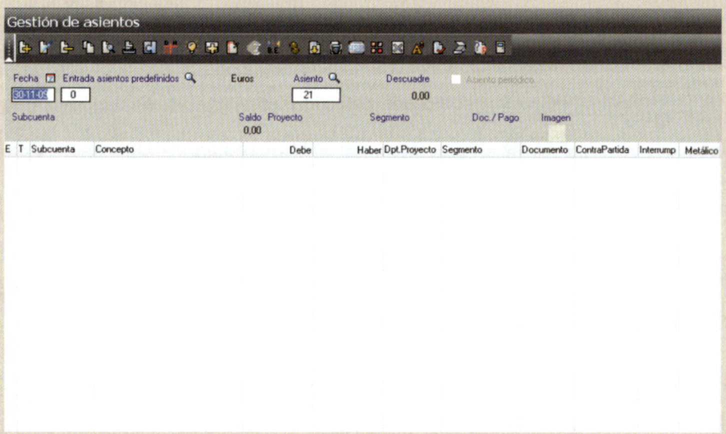

En esta pantalla aparecerá una lista de botones que utilizaremos, con frecuencia, para realizar los asientos en el libro Diario: **Añadir partida, Modificar partida y Grabar asiento.**

Importante. Para que los asientos queden grabados, en lo que se conoce como fichero maestro, habrá que salir o cerrar esta pantalla: entonces será cuando hayan quedado definitivamente grabados.

ACTIVIDADES

Operaciones del ejercicio:

9 de octubre: alquila un local, abonando por el banco la primera mensualidad y la fianza correspondiente al contrato de arrendamiento.

El contrato de arrendamiento fija la cantidad de 1.200 € (IVA no incluido: 18%).

La fianza coincide en importe, como es habitual, con una mensualidad completa.

10 de octubre: compra programas informáticos, para uso empresarial, por un total de 504,85 € (IVA no incluido: 18%), que corresponden a software de Contabilidad, Gestión comercial, y Tratamiento de textos.

Abona esta cantidad en efectivo.

11 de octubre: compra mobiliario por 1.905,18 € (IVA no incluido: 18%) que se abonan mediante cheque bancario.

12 de octubre: compra diverso material de oficina por 78,13 € (IVA no incluido: 18%) que se hacen efectivos por caja.

EN RESUMEN

- **LA CUENTA DE MERCADERÍAS**
  - Las entradas se miden a precio de coste. Las salidas se miden a precio de venta.
  - DESGLOSE
    - GASTOS: (600) Compras de mercaderías; (706) Descuentos sobre ventas por pronto pago; (708) Devoluciones de ventas y operaciones similares; (709) Rappels sobre ventas
    - INGRESOS: (700) Ventas de mercaderías; (606) Descuentos sobre compras por pronto pago; (608) Devoluciones de compras y operaciones similares; (609) Rappels por compras
  - EXISTENCIAS
    - (610) Variación de existencias de mercaderías
- **IMPUESTO SOBRE EL VALOR AÑADIDO (IVA)**
  - Las empresas actúan como intermediarias entre Hacienda y el consumidor final.
  - (472) Hacienda Pública, IVA soportado
    (477) Hacienda Pública, IVA repercutido

EVALÚA TUS CONOCIMIENTOS

1. **Mercaderías es una cuenta que registra:**
   a) Derechos de cobro.
   b) Capital de la empresa.
   c) Géneros que son objeto de compraventa habitual.
2. **La cuenta de Mercaderías debe valorar sus entradas y salidas:**
   a) Entradas y salidas a precio de coste.
   b) Entradas y salidas a precio de venta.
   c) Entradas a precio de coste y salidas a precio de venta.
   d) Entradas a precio de venta y salidas a precio de coste.
3. **Clasifica como Gasto o Ingreso las siguientes cuentas de desglose de Mercaderías:**
   a) Ventas de mercaderías.
   b) Rappels sobre ventas.
   c) Descuentos sobre compras por pronto pago.
   d) Devoluciones de compras y operaciones similares.
   e) Compras de mercaderías.
4. **Las existencias iniciales de un ejercicio, son las existencias____________________del ejercicio anterior.**
5. **Anota si es verdadera o falsa cada una de las siguientes afirmaciones:**
   La cuenta (609) Rappels por compras es un gasto.
   a) Verdadero.
   b) Falso.
   Los descuentos por pronto pago dentro de factura se restan de la compra o de la venta, sin registrarse como una cuenta específica.
   a) Verdadero.
   b) Falso.
6. **El IVA es un impuesto____**
7. **Anota si es verdadera o falsa cada una de las siguientes afirmaciones:**
   Los seguros constituyen una operación exenta de IVA.
   a) Verdadero.
   b) Falso.
   La cuenta (472) HP, IVA soportado representa y registra el IVA por la adquisición de bienes y servicios, que tenga carácter deducible.
   a) Verdadero.
   b) Falso.

8 Acreedores y deudores

vamos a conocer...

1. El grupo 4: Acreedores y deudores por operaciones comerciales
2. La letra de cambio
3. Operaciones con letras de cambio

PRÁCTICA **PROFESIONAL**
Copia de seguridad. Registro en el libro Diario

y al finalizar esta unidad...

- Identificarás a los acreedores con cuentas personales pasivas y a los deudores con cuentas personales activas.
- Analizarás las cuentas más representativas del grupo 4 del PGC (Pymes): Acreedores y deudores por operaciones comerciales y aplicarás estas cuentas a hechos contables.
- Sabrás registrar las operaciones que se realizan con la letra de cambio: el endoso, la gestión de cobro y el descuento o negociación.

CASO **PRÁCTICO** INICIAL

situación de partida

En nuestra vida cotidiana, acostumbramos a comprar y vender los artículos de bienes de consumo a través de la forma de pago al contado en efectivo (en euros), o bien, mediante tarjeta de crédito o de débito (dinero de plástico), mientras que en las transacciones empresariales, lo más habitual es el pago aplazado (operaciones a crédito), por ejemplo, con vencimiento a 30 ó 60 días.

Cuando la empresa donde trabaja Maribel como oficial administrativa realiza compras aplazadas, esta tiene la obligación de pagar la deuda originada a su proveedor. Y cuando dicha empresa realiza una venta o una prestación de servicios a un cliente determinado, este tiene la obligación de pagar la deuda que tiene con la mencionada empresa.

Maribel ha utilizado diversas formas comerciales para el cobro o pago, por ejemplo, letras de cambio, recibos normalizados, transferencias bancarias, cheques, pagarés, tarjetas de crédito, efectivo…

También conoce la diferencia que existe entre los términos cliente y deudor. En contabilidad le han enseñado que el término cliente designa a aquellas personas físicas o jurídicas que compran bienes y servicios que habitualmente son objeto de venta o prestación de servicio por parte de la empresa. Mientras que los deudores son aquellas personas físicas o jurídicas que deben dinero a la empresa por operaciones distintas a su actividad habitual.

Además, sabe que un proveedor es cualquier persona física o jurídica a la que la empresa le adeuda dinero por el suministro de bienes directamente relacionados con su actividad normal, tales como, mercaderías, materias primas, etc. Y son acreedores aquellas personas físicas o jurídicas que nos suministran una serie de productos y servicios que, evidentemente, no están relacionados de forma directa con la actividad principal de la empresa, tales como suministros (de agua, gas y electricidad), transportes, arrendamientos, publicidad y propaganda.

estudio del caso

Maribel sabe que las deudas surgidas de las relaciones comerciales se documentan inicialmente en las facturas que recogen el valor de las operaciones y el plazo y forma para pagarlas, y conocedora de las distintas formas comerciales de cobros y pagos, necesita comprobar qué formas son las más ventajosas para la empresa donde trabaja.

La empresa se ha decidido, dentro de su política empresarial, por aquellas formas comerciales que le permitan un mayor control de la gestión de pagos, siempre valorando la incidencia que tengan las diversas formas comerciales elegidas sobre el coste de la misma.

Maribel comenta con el responsable de tesorería la casuística derivada de la letra de cambio, por ejemplo, cuáles son las características básicas, sus dos funciones fundamentales, así como el concepto de endoso, el de negociación o descuento y la remisión de letras en gestión de cobro.

Maribel le propone al responsable de tesorería que cuando tenga que realizar los pagos, negocie antes con los proveedores o acreedores aquellas formas comerciales que tienden a tomar la iniciativa de los pagos mediante la emisión de cheques, pagarés o transferencias, pues de esta forma, se asume el control de la gestión de pago, y además, por ejemplo, si realiza el pago mediante cheque, tiene como ventaja principal la ausencia de costes, salvo si es un cheque conformado.

Para no perder dicho control sobre la forma de pago, intentará negociar con los acreedores o proveedores, por ejemplo, la no emisión de letras de cambio, argumentando que están sujetas al impuesto sobre actos jurídicos documentados, y por tanto les supondrá un gasto añadido.

Entra en el portal <www.abanfin.com> y pincha en D.Financiera y en Contabilidad. A continuación, entra en la guía de asientos tipo (ver también el cuadro de cuentas) que incorpora las siguientes funcionalidades:
- Enlaces directos a las cuentas relacionadas, tales como, proveedores, acreedores, descuento de efectos comerciales, letras de cambio…
- Enlaces hacia los asientos tipo en los que aparecen dichas cuentas.

1. El grupo 4: Acreedores y deudores por operaciones comerciales

saber más

Operaciones a crédito

Actualmente, los comerciantes o empresarios acuden con frecuencia al crédito (con preferencia sobre el dinero efectivo o bancario).

Las compras o ventas a crédito o mediante letras de cambio son de uso constante en la práctica empresarial.

Las empresas se relacionan con terceros (otras empresas o particulares) al efectuar compras y ventas, lo que da lugar a derechos y obligaciones.

Los derechos o créditos a favor de la empresa originan, en Contabilidad, las **cuentas personales activas**, por ejemplo: Clientes, Clientes efectos comerciales a cobrar, Créditos a corto plazo por enajenación del inmovilizado, etc. Estas cuentas se llaman activas porque su saldo es deudor y figurarán en el Activo del Balance.

Las **cuentas personales pasivas** tienen su origen en las obligaciones de la empresa. Ejemplos: Proveedores, Proveedores efectos comerciales a pagar, Proveedores de inmovilizado a corto plazo, etc. Figurarán en el Pasivo del Balance y tienen saldo acreedor.

El **PGC (Pymes)** establece el **Grupo 4: Acreedores y deudores por operaciones comerciales** para el tipo de cuentas que estamos estudiando, y lo define así: instrumentos financieros y cuentas que tengan su origen en el tráfico de la empresa, así como las cuentas con las Administraciones públicas. Dentro del grupo 4 estudiaremos los siguientes subgrupos:

SUBGRUPOS DEL GRUPO 4
• Subgrupo 40: Proveedores
• Subgrupo 41: Acreedores varios
• Subgrupo 43: Clientes
• Subgrupo 44: Deudores varios
• Subgrupo 46: Personal
• Subgrupo 47: Administraciones públicas
• Subgrupo 48: Ajustes por periodificación

En la presente unidad trataremos las cuentas más relevantes de los subgrupos 40, 41, 43, 44 y 46. Hay cuentas de importancia en los subgrupos 47 y 48 que se analizarán en otras unidades, al ser estas más adecuadas para su estudio. Al final de la unidad profundizaremos en la letra de cambio y sus operaciones.

1.1. Cuentas de Acreedores

caso práctico inicial

Maribel especifica y aclara las diferencias entre los términos contables, acreedor y proveedor.

Las cuentas de Acreedores son cuentas de Pasivo que tienen su origen en las deudas y obligaciones que tiene la empresa con terceros (otras empresas, particulares, la Administración, etc.). Las **cuentas personales pasivas** más características son:

(400) Proveedores

Son aquellas personas o entidades que venden a una empresa bienes que son objeto de su tráfico habitual y que no cobran, al realizarse la operación a crédito.

Compra a crédito de mercaderías

X

(600) Compras de mercaderías
(472) Hacienda Pública, IVA soportado
a (400) Proveedores

(401) Proveedores, efectos comerciales a pagar

Esta cuenta se utiliza cuando el proveedor decide documentar la operación con un instrumento formal de pago: la letra de cambio. Esta letra será enviada o girada por el proveedor.

Se ofrecen dos posibilidades:

El proveedor nos gira una letra de cambio. (En este caso no interviene, por tanto, cuenta de IVA)

X

(400) Proveedores
a (401) Proveedores, efectos comerciales a pagar

Compra de mercaderías, documentando la operación con letras de cambio

X

(600) Compras de mercaderías
(472) Hacienda Pública, IVA soportado
a (401) Proveedores, efectos comerciales a pagar

(410) Acreedores por prestaciones de servicios

Deudas por las prestaciones de servicios.

Se ha realizado para la empresa un servicio de reparaciones que está pendiente de pago

X

(622) Reparaciones y conservación
(472) Hacienda Pública, IVA soportado
a (410) Acreedores por prestaciones de servicios

(411) Acreedores, efectos comerciales a pagar

Deudas por las prestaciones de servicios, documentadas con letras de cambio.

Se ha realizado para la empresa una campaña publicitaria cuyo futuro pago se documenta con letras de cambio

X

(627) Publicidad, propaganda y relaciones públicas
(472) Hacienda Pública, IVA soportado
a (411) Acreedores, efectos comerciales a pagar

(437) Envases y embalajes a devolver por clientes

Se utiliza cuando se venden envases o embalajes con capacidad de devolución. Es una cuenta de Pasivo.

Venta de envases con posibilidad de devolución

——————— X ———————

(430) Clientes
a (437) Envases y embalajes a devolver por clientes
a (477) Hacienda Pública, IVA repercutido

Se devuelven los envases vendidos anteriormente

——————— X ———————

(437) Envases y embalajes a devolver por clientes
(477) Hacienda Pública, IVA repercutido
a (430) Clientes

(438) Anticipos de clientes

Se utiliza cuando los clientes hacen entregas en efectivo a la empresa a cuenta de suministros futuros. Es una cuenta de Pasivo.

Entrega anticipada en efectivo del cliente

——————— X ———————

(570) Caja, €
a (438) Anticipos de clientes
a (477) Hacienda Pública, IVA repercutido

Se envía el pedido al cliente que realizó el anterior anticipo

——————— X ———————

(438) Anticipos de clientes
a (700) Ventas de mercaderías

(465) Remuneraciones pendientes de pago

Deudas de la empresa con el personal de la misma. (No interviene cuenta de IVA).

Se deben a los trabajadores cantidades correspondientes a sus salarios

——————— X ———————

(640) Sueldos y salarios
a (465) Remuneraciones pendientes de pago

EJEMPLO

Registraremos en el libro Diario las siguientes operaciones:

- Compra de mercaderías por 1.803,04 € (IVA no incluido: 18%) a crédito.

——————— X ———————

1.803,04	(600) Compras de mercaderías		
324,55	(472) Hacienda pública, IVA soportado		
		a (400) Proveedores	2.127,59

EJEMPLO

(Continuación)

- **El proveedor anterior nos gira letra de cambio por la cantidad que le adeudamos.**

———————— X ————————

2.127,59 (400) Proveedores

a (401) Proveedores, efectos comerciales a pagar 2.127,59

- **Se adeudan 751,26 € de salarios a los trabajadores.**

———————— X ————————

751,26 (640) Sueldos y salarios

a (465) Remuneraciones pendientes de pago 751,26

- **Por diversas reparaciones se deben 480,81 € (IVA no incluido: 18%).**

———————— X ————————

480,81 (622) Reparaciones y conservación
86,55 (472) Hacienda Pública, IVA soportado

a (410) Acreedores por prestaciones de servicios 567,36

- **Vendemos mercaderías por valor de 6.010,21 € (IVA no incluido: 18%), que hacen efectivas por bancos los clientes. También nos entregan a cuenta para una futura compra 2.404,05 € (IVA incluido: 18%).**

———————— X ————————

9.531,23 (572) Bancos c/c

a (700) Ventas de mercaderías 6.010,21
a (438) Anticipos de clientes 2.072,46
a (477) Hacienda Pública, IVA repercutido 1.448,56

Mercaderías: (IVA = 6.010,21 x 0,18 = 1.081,84)
Anticipo: (Base = 2.404,05 : 1,18 = 2.037,33) (IVA = 2.037,33 x 0,18 = 366,72)

- **Enviamos las mercaderías que corresponden al anticipo entregado anteriormente.**

———————— X ————————

2.072,46 (438) Anticipos de clientes

a (700) Ventas de mercaderías 2.072,46

- **Vendemos mercaderías por valor de 6.010,25 €, y envases con capacidad de devolución por 601 € (IVA no incluido: 18%).**

———————— X ————————

7.801,28 (430) Clientes

a (700) Ventas de mercaderías 6.010,25
a (437) Envases y embalajes a devolver por clientes 601,00
a (477) Hacienda Pública, IVA repercutido 1.190,03

- **Nos devuelven los envases vendidos anteriormente.**

———————— X ————————

601,00 (437) Envases y embalajes a devolver por clientes
108,18 (477) Hacienda Pública, IVA repercutido

a (430) Clientes 709,18

1.2. Cuentas de Deudores

caso práctico inicial

Maribel especifica y aclara las diferencias entre los términos contables, deudor y cliente.

Las cuentas de Deudores son cuentas de Activo que tienen su origen en los derechos de cobro a favor de la empresa.

Cuando la empresa es la parte vendedora en un contrato de compraventa o le deben el importe de un servicio prestado y no cobra, surge un derecho. Dicho derecho de cobro, en Contabilidad, se reflejará en una cuenta personal activa. Las **cuentas personales activas** más características son:

(430) Clientes

Son las personas que compran los bienes que constituyen el objeto de tráfico habitual de la empresa y no pagan en efectivo.

Venta a crédito de mercaderías

——————— X ———————

(430) Clientes

a (700) Ventas de mercaderías

a (477) Hacienda Pública, IVA repercutido

(431) Clientes, efectos comerciales a cobrar

Esta cuenta se utiliza cuando la empresa decide documentar la operación con un instrumento formal de pago: la letra de cambio. La letra será enviada o girada por la empresa. Se ofrecen dos posibilidades:

La empresa gira letra de cambio al cliente (no interviene, por tanto, cuenta de IVA)

——————— X ———————

(431) Clientes, efectos comerciales a cobrar

a (430) Clientes

Venta de mercaderías, documentando la operación con letras de cambio

——————— X ———————

(431) Clientes, efectos comerciales a cobrar

a (700) Ventas de mercaderías comerciales a pagar

a (477) Hacienda Pública, IVA repercutido

(436) Clientes de dudoso cobro

Esta cuenta sustituirá a la cuenta Clientes o Clientes, efectos comerciales a cobrar, cuando el comprador quiebre o se encuentre en concurso de acreedores (antigua suspensión de pagos); también cuando se encuentre en una situación que permita calificarle como dudoso. En definitiva, cuando peligra el cobro de lo que se adeuda.

Cliente al que se califica de dudoso cobro (no interviene, por tanto, cuenta de IVA)

——————— X ———————

(436) Clientes de dudoso cobro

a (430) Clientes

Sin embargo, esta es una situación transitoria, es decir, tiene que resolverse necesariamente en uno de estos dos sentidos:

El cliente dudoso paga a la empresa su deuda

X

(570) Caja, €

a (436) Clientes de dudoso cobro

El cobro del cliente se considera definitivamente perdido

X

(650) Pérdidas de créditos comerciales incobrables

a (436) Clientes de dudoso cobro

La cuenta (650) Pérdidas de créditos comerciales incobrables hay que considerarla como Gasto.

(440) Deudores

Derechos de cobro por las prestaciones de servicios.

La empresa ha realizado un servicio de reparaciones que está pendiente de cobro

X

(440) Deudores

a (759) Ingresos por servicios diversos
a (477) Hacienda Pública, IVA repercutido

(441) Deudores, efectos comerciales a cobrar

Derechos de cobro por las prestaciones de servicios, documentados con letras de cambio.

Se ha prestado un servicio de asesoría a otra empresa cuyo futuro cobro se documenta con letras de cambio

X

(441) Deudores, efectos comerciales a cobrar

a (759) Ingresos por servicios diversos
a (477) Hacienda Pública, IVA repercutido

(406) Envases y embalajes a devolver a proveedores

Se utiliza cuando se compran envases o embalajes con capacidad de devolución. Es una cuenta de Activo.

Compra de envases con facultad de devolución

X

(406) Envases y embalajes a devolver a proveedores
(472) Hacienda Pública, IVA soportado

a (400) Proveedores

Se devuelven los envases comprados anteriormente

X

(400) Proveedores

a (406) Envases y embalajes a devolver a proveedores
a (472) Hacienda Pública, IVA soportado

recuerda

Cuentas de gestión: aumento o disminución en el Patrimonio Neto

Las cuentas de gestión anotan los aumentos o disminuciones del Patrimonio Neto.

Un aumento en el Patrimonio Neto se registra en el Haber y es un Ingreso.

Una disminución en el Patrimonio Neto se registra en el Debe y es un Gasto.

(407) Anticipos a proveedores

Se usa cuando se realizan entregas en efectivo a proveedores a cuenta de suministros futuros. Es una cuenta de Activo.

Entrega anticipada en efectivo al proveedor

——————— X ———————

(407) Anticipos a proveedores
(472) Hacienda Pública, IVA soportado
a (570) Caja, €

Se recibe el pedido en el que se recupera el anticipo entregado anteriormente (no interviene, por tanto, cuenta de IVA)

——————— X ———————

(600) Compras de mercaderías
a (407) Anticipos a proveedores

(460) Anticipos de remuneraciones

Entregas a cuenta de remuneraciones al personal de la empresa.

La empresa anticipa cantidades a los trabajadores a cuenta de sus salarios (no interviene cuenta de IVA)

——————— X ———————

(460) Anticipos de remuneraciones
a (572) Caja, €

EJEMPLO

Registraremos en el libro Diario las siguientes operaciones:

- **Compramos mercaderías a nuestro proveedor habitual por valor de 3.005,06 € (IVA no incluido: 18%), que hacemos efectivas por bancos. También entregamos a cuenta, para una futura compra, 1.202,02 € (IVA incluido: 18%).**

——————— X ———————

3.005,06	(600) Compras de mercaderías		
1.018,66	(407) Anticipos a proveedores		
724,27	(472) Hacienda Pública, IVA soportado		
		a (572) Bancos c/c	4.747,99

Mercaderías: (IVA = 3.005,06 x 0,18 = 540,91)
Anticipo: (Base = 1.202,02 : 1,18 = 1.018,66) (IVA = 1.018,66 x 0,18 = 183,36)

- **Recibimos mercaderías que corresponden al anticipo entregado anteriormente.**

——————— X ———————

1.018,66	(600) Compras de mercaderías		
		a (407) Anticipos a proveedores	1.018,66

- **Compramos mercaderías por valor de 2.704,55 €, y envases con capacidad de devolución por 300,51 € (IVA no incluido: 18%).**

——————— X ———————

2.704,55	(600) Compras de mercaderías		
300,51	(406) Envases y embalajes a devolver a proveedores		
540,91	(472) Hacienda Pública, IVA soportado		
		a (400) Proveedores	3.545,97

EJEMPLO

(Continuación)

- **Devolvemos los envases comprados anteriormente.**

354,60	(400) Proveedores		
		a (406) Envases y embalajes a devolver a proveedores	300,51
		a (472) Hacienda Pública, IVA soportado	54,09

- **Se considera a un cliente que nos debe 781,32 € como de dudoso cobro.**

781,32	(436) Clientes de dudoso cobro		
		a (430) Clientes	781,32

- **El cobro del cliente anterior lo damos definitivamente por perdido.**

781,32	(650) Pérdidas por créditos comerciales incobrables		
		a (436) Clientes de dudoso cobro	781,32

ACTIVIDADES

1. Registra en el libro Diario las siguientes operaciones:

a) Los clientes nos anticipan 1.000 € a cuenta de una futura venta (IVA incluido: 18%).

b) Ventas de mercaderías por 2.500 € al cliente anterior, por lo que se tendrá en cuenta el anticipo entregado (IVA no incluido: 18%).

c) Ventas de mercaderías por 5.000 € y de envases con capacidad de devolución por 500 € (IVA no incluido: 18%).

d) Nos devuelven los envases vendidos anteriormente.

e) Se adeudan 2.000 € de salarios a los trabajadores.

f) Se adeuda una campaña publicitaria con letras de cambio por 5.000 € (IVA no incluido: 18%).

g) Se dejan a deber 5.000 € por una reparación efectuada en la empresa.

2. Registra en el libro Diario las siguientes operaciones:

a) Anticipamos 1.000 € a nuestro proveedor para una futura compra (IVA incluido: 18%).

b) Recibimos las mercaderías que corresponden al anticipo anterior.

d) Compras de mercaderías por 3.000 € y de envases con capacidad de devolución por 500 € (IVA no incluido: 18%).

e) La empresa devuelve los envases comprados anteriormente.

f) Un cliente que nos debe 2.000 € es considerado de difícil cobro.

g) El cliente anterior nos abona en efectivo 500 €, y damos por definitivamente perdido el resto.

h) Se anticipan 1.500 € de salarios a los trabajadores.

2. La letra de cambio

La letra de cambio es un documento de crédito que obliga a pagar a su vencimiento, en un lugar determinado, una cantidad de dinero a la persona designada en ella. La letra de cambio es, pues, un mandato de pago.

2.1. Características de la letra de cambio

caso práctico inicial

El responsable de tesorería puede aumentar sus conocimientos observando las características básicas y las funciones fundamentales de la letra de cambio.

Las principales características de la letra de cambio son:

- Intervienen como mínimo dos personas, llamadas librador y librado. El primero pide al librado que pague la cantidad expresada en la letra a él mismo o a otra persona en ella designada.
- Ha de consignarse la fecha de vencimiento o la fecha de pago de la letra.
- Ha de contener una cantidad determinada: el importe de la letra.
- Ha de expresar el lugar de pago: localidad donde se producirá.

Se llama girar una letra al hecho de enviarla. Normalmente será librador el que gira la letra, es decir, la empresa vendedora; y el cliente, generalmente, el librado.

2.2. Funciones de la letra de cambio

Una letra de cambio cumple dos funciones fundamentales:

- Es una forma de pago: se utiliza como medio de pago, en lugar de pagar en efectivo.
- Es un instrumento de crédito: a través de una operación llamada descuento que se realiza en una entidad financiera y que veremos en esta unidad.

Una letra de cambio puede estar o no aceptada. La aceptación es el compromiso de pago que se refleja firmando la letra, por parte del aceptante.

No todas las letras deben presentarse necesariamente a la aceptación. Sin embargo, una letra aceptada aumenta la posibilidad de pago.

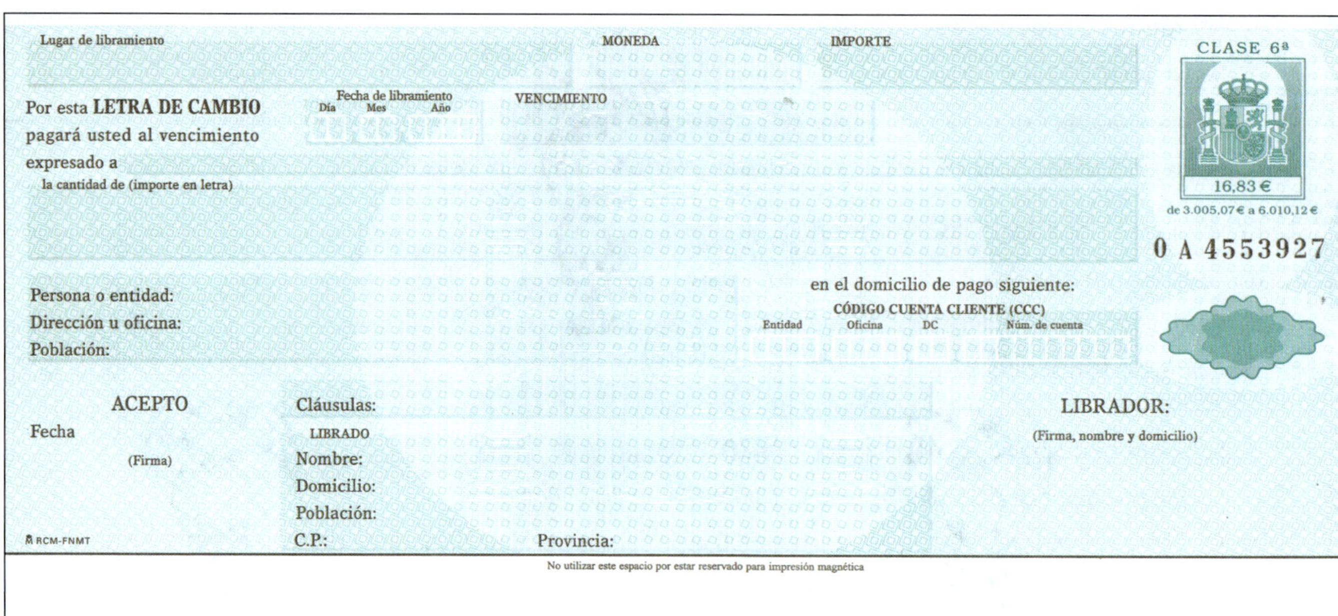
Lugar de libramiento
MONEDA
IMPORTE
CLASE 6ª
Por esta **LETRA DE CAMBIO** pagará usted al vencimiento expresado a
Fecha de libramiento
Día Mes Año
VENCIMIENTO
16,83 €
de 3.005,07 € a 6.010,12 €
la cantidad de (importe en letra)
0 A 4553927
Persona o entidad:
Dirección u oficina:
Población:
en el domicilio de pago siguiente:
CÓDIGO CUENTA CLIENTE (CCC)
Entidad Oficina DC Núm. de cuenta
ACEPTO
Fecha
(Firma)
Cláusulas:
LIBRADO
Nombre:
Domicilio:
Población:
C.P.: Provincia:
LIBRADOR:
(Firma, nombre y domicilio)
RCM-FNMT
No utilizar este espacio por estar reservado para impresión magnética

2.3. Cuentas y asientos

Estas son las cuentas y asientos más representativos de la letra de cambio:

(431) Clientes, efectos, comerciales a cobrar

Representa una venta habitual documentada con letra de cambio.

Venta de mercaderías documentada en letra

———————— X ————————

(431) Clientes, efectos comerciales a cobrar
a (700) Ventas de mercaderías
a (477) Hacienda Pública, IVA repercutido

(4310) Efectos comerciales en cartera

Esta subcuenta se emplea cuando la letra ya ha sido aceptada.

La letra anterior ha sido aceptada

———————— X ————————

(4310) Efectos comerciales en cartera
a (431) Clientes, efectos comerciales a cobrar

(4315) Efectos comerciales impagados

Esta subcuenta se anota cuando la letra ha resultado impagada a su vencimiento.

Letra impagada a su vencimiento, que anteriormente había sido aceptada

———————— X ————————

(4315) Efectos comerciales impagados
a (4310) Efectos comerciales en cartera

Posteriormente, pueden suceder dos hechos diferentes:

a) Llegamos a un acuerdo con el cliente girando una nueva letra. Esta letra llevará un incremento por interés de demora, gastos…

Giro de nueva letra a causa de impago

———————— X ————————

(431) Clientes, efectos comerciales a cobrar
a (4315) Efectos comerciales impagados
a (762) Ingresos de créditos

b) Consideramos definitivamente perdido el cobro: se cargará entonces a la cuenta (650) Pérdidas de créditos comerciales incobrables.

Pérdida por impago definitivo de efecto

———————— X ————————

(650) Pérdidas de créditos comerciales incobrables
a (4315) Efectos comerciales impagados

EJEMPLO

Registraremos en el libro Diario las siguientes operaciones:

- **Ventas de mercaderías por 6.010,21 € (IVA incluido: 18%).**
  Se cobran 2.404,08 € por banco y el resto a crédito, documentado en una letra de cambio.

2.404,08	(572) Bancos c/c		
3.606,13	(431) Clientes, efectos comerciales a cobrar		
		a (700) Ventas de mercaderías	5.093,40
		a (477) Hacienda Pública, IVA repercutido	916,81

(Base = 6.010,21 : 1,18 = 5.093,40)
(IVA = 5.093,40 x 0,18 = 916,81)

- **Un cliente al que habíamos girado un efecto comercial por 300,51 €, no lo paga a su vencimiento.**

300,51	(4315) Efectos comerciales impagados		
		a (431) Clientes, efectos comerciales a cobrar	300,51

- **Damos definitivamente por perdida una letra devuelta por un cliente. Importe: 4.207,08 €.**

4.207,08	(650) Pérdidas de créditos comerciales incobrables		
		a (4315) Efectos comerciales impagados	4.207,08

- **Un cliente al que habíamos girado una letra de 420,71 € nos la devuelve impagada. Posteriormente, le giramos –al llegar a un acuerdo con el mismo– otra por 444,75 € (24,04 € más en concepto de intereses de demora y gastos).**

420,71	(4315) Efectos comerciales impagados		
		a (431) Clientes, efectos comerciales a cobrar	420,71

444,75	(431) Clientes, efectos comerciales a cobrar		
		a (4315) Efectos comerciales impagados	420,71
		a (762) Ingresos de créditos	24,04

ACTIVIDADES

3. Registra en el libro Diario las siguientes operaciones:

a) Venta de mercaderías por 3.000 € (IVA incluido: 18%), documentando la operación con letras de cambio que han sido aceptadas por el cliente.

b) Llegado el vencimiento de las letras anteriores, se cobran 1.000 € por bancos y no se cobra el resto.

c) Posteriormente, hemos llegado a un acuerdo con el cliente anterior para girarle una nueva letra por el importe de la deuda más 30 € en concepto de intereses de demora.

d) Transcurrido el plazo de vencimiento de la letra de cambio anterior, nuevamente no se cobra y se devuelve, por lo que se decide dar por perdida la misma.

3. Operaciones con letras de cambio

3.1. El endoso

La letra de cambio facilita las actividades empresariales. Una de sus características esenciales es la de servir como medio de pago.

Una empresa que tenga una letra a su favor **(431) Clientes, efectos comerciales a cobrar** puede entregársela a otra como pago de una deuda. La forma de llevar a cabo esta entrega o transmisión constituye una cláusula especial llamada endoso, que figura en el mismo documento.

El endoso es una cláusula accesoria de la letra, en virtud de la cual una persona transmite a otra la propiedad de la misma.

caso práctico inicial

El responsable de tesorería puede aumentar sus conocimientos observando las características del endoso, el descuento y la gestión de cobro.

Endoso o pago al proveedor con una letra de cambio

———————— X ————————

(400) Proveedores

a (431) Clientes, efectos comerciales a cobrar

En este caso, se trata de pagar un efecto comercial pasivo con uno activo. Es decir, una letra a nuestro cargo con una letra a nuestro favor.

3.2. Negociación o descuento

La letra de cambio no solo es un medio de pago, también es un instrumento de crédito. La operación por la que conseguimos crédito con letras de cambio se denomina descuento o negociación.

Descontar o negociar una letra significa disponer, antes de su vencimiento, del importe de la misma, pagando por ello un precio: los gastos de descuento y una comisión de cobro.

El banco cobrará la letra el día de su vencimiento y las empresas pueden disponer de liquidez (dinero en efectivo) anticipadamente. Sin el descuento muchas empresas no podrían funcionar adecuadamente.

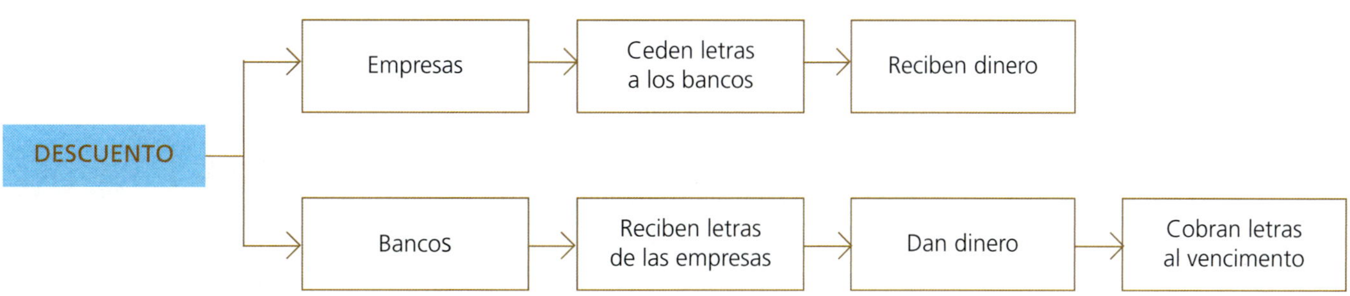

Las cuentas y subcuentas que intervienen en la anotación contable de un descuento o negociación de letras de cambio son las siguientes:

(4311) Efectos comerciales descontados

Esta subcuenta se emplea cuando la letra ha sido negociada o descontada en el banco.

(5208) Deudas por efectos descontados

Representa la deuda como consecuencia de la operación de descuento.

(665) Intereses por descuento de efectos

Intereses cobrados por el banco en la operación de descuento.

(626) Servicios bancarios y similares

En esta cuenta se cargarán las comisiones bancarias.

En la operación de descuento, si el librado al llegar el vencimiento de la letra de cambio no hace efectivo su valor, el banco vuelve a cargar el importe anticipado y además unos gastos de devolución. Los gastos de devolución se registran, también, en la cuenta (626) Servicios bancarios y similares.

Venta de mercaderías con letras aceptadas

——————— X ———————

(4310) Efectos comerciales en cartera

a (700) Ventas de mercaderías
a (477) Hacienda Pública, IVA repercutido

Descuento de las letras en el banco

——————— X ———————

(572) Bancos c/c
(665) Intereses por descuento de efectos
(626) Servicios bancarios y similares

a (5208) Deudas por efectos descontados

——————— X ———————

(4311) Efectos comerciales descontados

a (4310) Efectos comerciales en cartera

a) Si se cobra a su vencimiento:

Cobro de letra descontada por el banco

——————— X ———————

(4311) Efectos comerciales descontados

a (4310) Efectos comerciales en cartera

——————— X ———————

(5208) Deudas por efectos descontados

a (4311) Efectos comerciales descontados

b) Si no se cobra a su vencimiento:

Letra descontada impagada a su vencimiento, cargándonos el banco en cuenta el importe anticipado con gastos de devolución

——————— X ———————

(5208) Deudas por efectos descontados
(626) Servicios bancarios y similares

a (572) Bancos c/c

——————— X ———————

(4315) Efectos comerciales impagados

a (4311) Efectos comerciales descontados

3.3. Remisión de letras en gestión de cobro

Existe otra posible operación con las letras de cambio y es entregarlas al banco en gestión de cobro, es decir, entregarlas para que la entidad financiera se encargue de cobrarlas el día de su vencimiento, pagándole por ello unos gastos.

En este tipo de operación el banco no corre con ningún riesgo, ya que si la letra no es cobrada a su vencimiento, al ser un simple gestor, no la abonará.

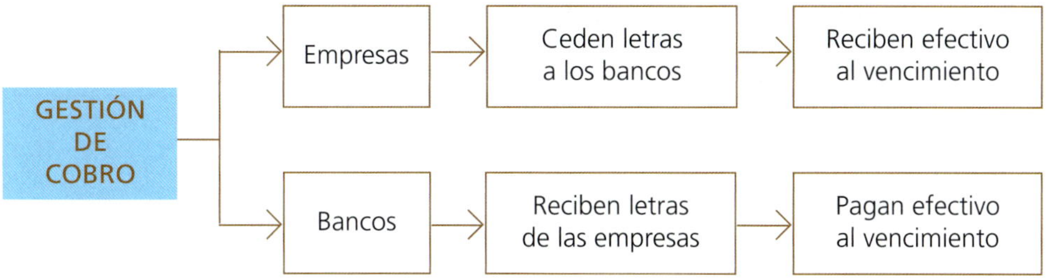

La subcuenta que interviene en la anotación contable de una remisión de letras en gestión de cobro es:

(4312) Efectos comerciales en gestión de cobro

Remisión de letras aceptadas en gestión de cobro al banco

——— X ———

(4312) Efectos comerciales en gestión de cobro
a (4310) Efectos comerciales en cartera

a) Si se cobran a su vencimiento:

Cobro de letra remitida al banco, con gastos (llevan IVA)

——— X ———

(572) Bancos c/c
(626) Servicios bancarios y similares
(472) Hacienda Pública, IVA soportado
a (4312) Efectos comerciales en gestión de cobro

b) Si no se cobran a su vencimiento:

Letra impagada a su vencimiento, con gastos

——— X ———

(4315) Efectos comerciales impagados
(626) Servicios bancarios y similares
(472) Hacienda Pública, IVA soportado
a (4312) Efectos comerciales en gestión de cobro
a (572) Bancos c/c

EJEMPLO

Registraremos en el libro Diario las siguientes operaciones:

- **Ventas de mercaderías por 3.005,06 € (IVA incluido: 18%). Han sido giradas letras de cambio al cliente que han sido aceptadas.**

——— X ———

3.005,06 (4310) Efectos comerciales en cartera
a (700) Ventas de mercaderías 2.546,66
(Base = 3.005,06 : 1,18 = 2.546,66) a (477) Hacienda Pública, IVA repercutido 458,40
(IVA = 2.546,66 x 0,18 = 458,40)

EJEMPLO

(Continuación)

- **Letras por valor de 1.202,02 € han sido remitidas al banco en gestión de cobro.**

	X	
1.202,02	(4312) Efectos comerciales en gestión de cobro	
	a (4310) Efectos comerciales en cartera	1.202,02

- **Letras por valor de 1.803,04 € han sido descontadas o negociadas en el banco. Gastos de descuento: intereses por 90,15 € y comisión de cobro 18,03 €.**

	Xa	
1.694,86	(572) Bancos c/c	
90,15	(665) Intereses por descuento de efectos	
18,03	(626) Servicios bancarios y similares	
	a (5208) Deudas por efectos descontados	1.803.04
	Xb	
1.803,04	(4311) Efectos comerciales descontados	
	a (4310) Efectos comerciales en cartera	1.803,04

- **De las letras enviadas en gestión de cobro al banco, la mitad han sido cobradas a su vencimiento y la otra mitad han resultado impagadas. Comisión de cobro: 12,02 €. Gastos de devolución: 6,01 € (IVA no incluido: 18%).**

	X	
579,73	(572) Bancos c/c	
18,03	(626) Servicios bancarios y similares	
3,25	(472) Hacienda Pública IVA soportado	
601,01	(4315) Efectos comerciales impagados	
	a (4312) Efectos comerciales en gestión de cobro	1.202,02

- **De las letras descontadas en el banco, la mitad han sido cobradas a su vencimiento y la otra mitad han resultado impagadas. Gastos de devolución: 12,02 €.**

	X	
1.803,04	(5208) Deudas por efectos descontados	
901,52	(4315) Efectos comerciales impagados	
12,02	(626) Servicios bancarios y similares	
	a (4311) Efectos comerciales descontados	1.803,04
	a (572) Bancos c/c	913,54

ACTIVIDADES

4. Registra en el libro Diario las siguientes operaciones:

a) Venta de mercaderías por 4.000 € (IVA incluido: 18%), documentando la operación con letras de cambio que han sido aceptadas por el cliente.

b) Las letras anteriores han sido descontadas o negociadas en el banco. Gastos de intereses de descuento: 150 €, y comisión de cobro: 25 €.

c) Al vencimiento de las letras de cambio, el banco comunica a la empresa que no han sido cobradas.

d) Venta de mercaderías por 2.000 € (IVA incluido: 18%), con letras de cambio aceptadas por el cliente.

e) Las letras anteriores han sido enviadas en gestión de cobro al banco.

f) Al vencimiento de las letras de cambio anteriores, el banco nos comunica que han sido cobradas por un valor de 1.500 € y han resultado impagadas por 500 €. Comisión de cobro: 10 €. Gastos de devolución: 5 €. (IVA no incluido: 18%).

RELACIÓN DE CUENTAS CODIFICADAS
GRUPO 1: FINANCIACIÓN BÁSICA
GRUPO 2: ACTIVO NO CORRIENTE
GRUPO 3: EXISTENCIAS
GRUPO 4: ACREEDORES Y DEUDORES POR OPERACIONES COMERCIALES
(400) Proveedores. (401) Proveedores, efectos comerciales a pagar. (406) Envases y embalajes a devolver a proveedores. (407) Anticipos a proveedores. (410) Acreedores por prestaciones de servicios. (411) Acreedores, efectos comerciales a pagar. (430) Clientes. (431) Clientes, efectos comerciales a cobrar. (4310) Efectos comerciales en cartera. (4311) Efectos comerciales descontados. (4312) Efectos comerciales en gestión de cobro. (4315) Efectos comerciales impagados. (436) Clientes de dudoso cobro. (437) Envases y embalajes a devolver por clientes. (438) Anticipos de clientes. (440) Deudores. (441) Deudores, efectos comerciales a cobrar. (460) Anticipos de remuneraciones. (465) Remuneraciones pendientes de pago. (472) Hacienda Pública, IVA soportado. (477) Hacienda Pública, IVA repercutido.
GRUPO 5: CUENTAS FINANCIERAS
(520) Deudas a corto plazo con entidades de crédito. (5208) Deudas por efectos descontados. (570) Caja, € (572) Bancos c/c.
GRUPO 6: COMPRAS Y GASTOS
(600) Compras de mercaderías. (622) Reparaciones y conservación. (626) Servicios bancarios y similares. (627) Publicidad, propaganda y relaciones públicas. (640) Sueldos y salarios. (650) Pérdidas de créditos comerciales incobrables. (665) Intereses por descuento de efectos.
GRUPO 7: VENTAS E INGRESOS
(700) Ventas de mercaderías. (759) Ingresos por servicios diversos. (762) Ingresos de créditos.

ACTIVIDADES FINALES

1. Registra los siguientes asientos, aplicando un IVA del 18%:
   a) CONSTRUCCIONES AERONÁUTICAS, S.A. vende repuestos de aviones por 60.101,21 €. Recibe el 10% en efectivo, el 20% a crédito y letras de cambio por el resto.
   b) Una empresa dedicada a la venta de televisores vende 100 unidades a 150,25 €/ud. Cobra la mitad mediante transferencia bancaria.
   c) La empresa cree difícil cobrar lo adeudado de la venta anterior, pues el comprador ha dejado de pagar a sus proveedores.
   d) Damos definitivamente por perdido el cobro del cliente anterior.
   e) Un cliente nos anticipa 601,01 € (IVA incluido). Posteriormente, le hacemos una venta por 1.202,02 €.
   f) Está pendiente de cobro un servicio prestado por la empresa por 901,52 €.
   g) Ventas de mercaderías por 2.404,05 €. Ventas de envases y embalajes con capacidad de devolución por 240,40 €.
   h) Nos devuelven los envases vendidos anteriormente.
   i) Se anticipan 600 € de salarios a los trabajadores.
   j) La empresa realiza para la promoción de su producto una campaña publicitaria cuyo coste ha sido 3.005,06 € y que adeuda con letras de cambio.

2. Anota en el libro Diario los siguientes hechos contables, aplicando un IVA del 18%:
   a) Venta de mercaderías por 1.803,04 €.
   b) La empresa gira letra de cambio al cliente anterior por el importe de la deuda. La letra ha sido aceptada por el librado.
   c) Se remite la letra de cambio anterior al banco para que gestione su cobro.
   d) Al vencer el plazo de vencimiento de la anterior letra, el banco la cobra ingresando en cuenta un líquido de 1.785,01 €, correspondiendo lo no abonado a los gastos (IVA incluido).
   e) Venta de mercaderías por 1.202,02 €. La operación queda documentada con letras de cambio.
   f) Compra de mercaderías por 1.803,04 €, endosando al proveedor la letra de cambio anterior.
   g) Venta de mercaderías por 2.404,05 €, girando letras de cambio al cliente, que son aceptadas por el mismo.
   h) Las letras anteriores son descontadas en el banco. Interés de descuento: 30,50 €. Comisión de cobro: 9,02 €.
   i) Transcurrido el plazo de vencimiento de las letras anteriores son cobradas por el banco.

3. Registra las siguientes operaciones, aplicando un IVA del 18%:
   a) Compra de mercaderías a crédito por 3.606,07 € y compra de embalajes con capacidad de devolución por 540,91 €. Se dejan a deber los embalajes a crédito y las mercaderías con letras de cambio.
   b) Ventas de mercaderías en 9.616,19 € documentando la operación con letras de cambio.
   c) Se cancela la deuda de la compra de mercaderías endosando letras de cambio, por el valor de la misma, procedentes de la venta anterior.
   d) Se devuelven la totalidad de los embalajes comprados anteriormente.
   e) Se adeudan 540,91 € de salarios a los trabajadores.
   f) Anticipamos 420,71 € (IVA incluido) a un proveedor. Posteriormente le compramos por valor de 901,52 €.
   g) Se deben por reparaciones 601,01 €. Se decide documentar la operación con letra de cambio.

h) Ventas de mercaderías: 901,52 €.

i) La empresa tiene noticias que provienen de otros establecimientos que le hacen considerar al cliente anterior como moroso.

j) El cliente considerado como de dudoso cobro abona 300,51 € en efectivo. Sin embargo, se da definitivamente por perdido el resto de la deuda que tenía con nosotros.

k) Se ha prestado un servicio de asesoría a otra empresa por valor de 721,21 € y se gira letra de cambio.

l) La empresa CÍTRICOS,S.L. vende mercaderías por 6.010,12 €, cobrando la mitad por bancos y girando una letra de cambio por el resto. Llegado el vencimiento de la letra, la cobra mediante transferencia bancaria.

m) D. Antonio Suárez tiene tres letras de cambio que ha girado a sus clientes, de 300,51 € cada una, habiendo sido aceptadas por estos. Una de ellas la cobra por caja; otra se la abonan en una cuenta corriente bancaria y la última resulta impagada.

n) Al llegar a un acuerdo con su cliente, D. Antonio Suárez gira una nueva letra de 312,53 € que corresponden a la letra impagada.

ñ) La letra anterior ha sido cobrada a su vencimiento en efectivo.

■ 4. Registra en el libro Diario, con un IVA del 18%, los siguientes hechos:

a) Un cliente al que habíamos girado un efecto comercial por 480,81 €, no lo paga a su vencimiento.

b) Un proveedor nos gira una letra de 781,32 €. Llegado su vencimiento, la abonamos en efectivo.

c) Letras de cambio aceptadas por los clientes, por 2.524,25 €, son enviadas en gestión de cobro al banco. A su vencimiento no son abonadas y el banco carga en cuenta 60,10 € de gastos de devolución (IVA no incluido: 18%).

d) Letras de cambio aceptadas por los clientes, por valor de 3.756,33 €, han sido descontadas o negociadas en el banco. Intereses de descuento: 120,20 €. Comisión: 30,05 €.

e) Al vencimiento de las letras descontadas, el banco nos comunica que han resultado impagadas y nos carga en cuenta su valor más 24,04 € de gastos de devolución.

f) Una letra a cobrar por valor de 670,50 € ha sido aceptada por el cliente.

g) La letra de cambio anterior se envía en gestión de cobro al banco. A su vencimiento ha sido cobrada y abonada en cuenta con una comisión de 20,30 € (IVA no incluido: 18%).

h) Se endosa una letra de cambio, que había sido aceptada por un cliente, por 430,25 € para cancelar una deuda que se tenía con un proveedor.

entra en internet

■ 5. Consulta ejemplos de asientos sencillos para las cuentas que hemos estudiado en esta unidad, en la página web:

<www.plangeneralcontable.com>

Entra en Práctica contable y pincha en Cuadro de cuentas PGC 2008, definiciones y ejemplos de uso.

■ 6. También podrás ver ejemplos de asientos para las cuentas que aparecen en esta unidad en la siguiente página web:

<www.gabilos.com>

Accede a través de Información Pymes/Contable: ver Cuadro de cuentas del PGC Pymes (con ejemplos asociados a cada cuenta).

PRÁCTICA PROFESIONAL

Simulación de un proceso contable informatizado

COPIA DE SEGURIDAD

Es conveniente que sepamos realizar una copia de seguridad, para lo que tendremos que dar los siguientes pasos:

1. Introduce el CD, que acompaña al libro, en el lector del ordenador.
2. Lanza la aplicación y desde el Panel de Gestión (la primera pantalla que aparece):
   - Accede por el icono **Traspaso de datos.**
   - Selecciona el usuario **Supervisor** y pulsa **Aceptar.**

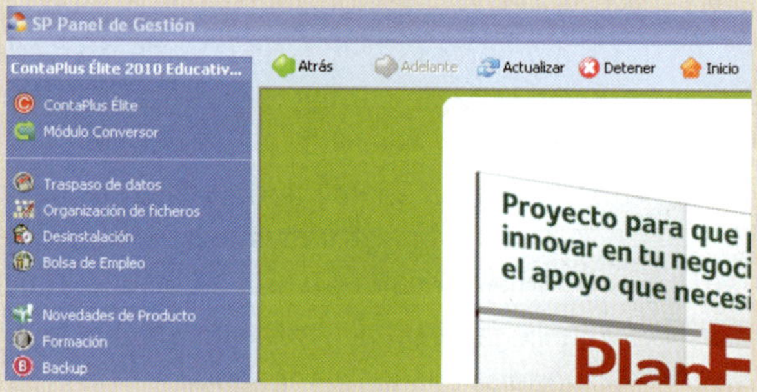

3. Aparecerá una pantalla con dos pestañas:
   - **Copiar:** para realizar copias de seguridad.
   - **Recuperar:** para recuperar las copias de seguridad realizadas.
4. En la ventana de **Copiar:**
   - Selecciona la empresa de la que desees realizar la copia de seguridad. En nuestro caso: INFORMADRID.
   - Pulsaremos el botón **Destino** y guardaremos la copia en la carpeta Buzón SP.

   Realizaremos todos los pasos hasta que aparezca una ventana que dice: **Proceso finalizado con éxito.**

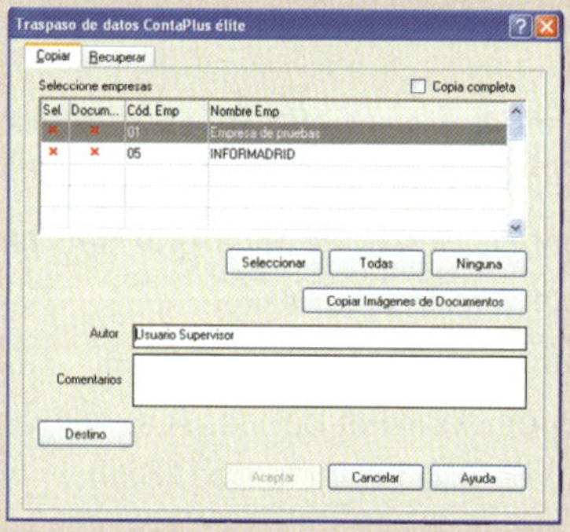

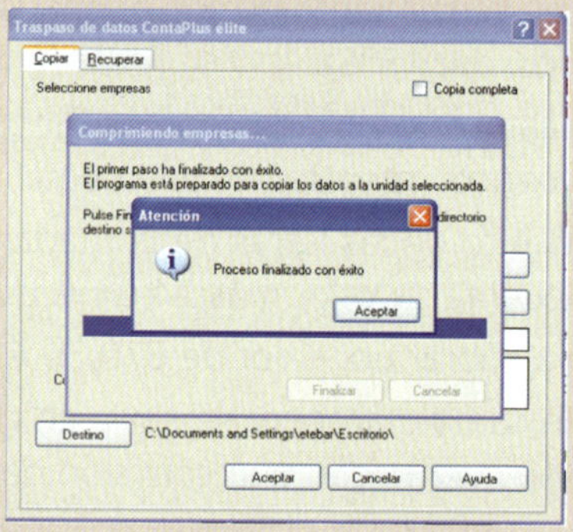

Importante: si queremos recuperar la copia de seguridad se actúa de manera similar, solo que desde la pestaña **Recuperar** y pulsando el botón **Origen.**

REGISTRO EN EL LIBRO DIARIO

Hemos registrado anteriormente, en el libro Diario de nuestra empresa INFOMADRID, los apuntes correspondientes al asiento inicial y a los asientos de las operaciones de los días 5 al 12 de octubre. Ahora continuaremos con nuestras anotaciones contables de la forma en que hemos procedido anteriormente.

ACTIVIDADES

1. Realiza una copia de seguridad de la contabilidad de la empresa INFOMADRID.
2. Registra en el libro Diario las siguientes operaciones del ejercicio:
   - 20 de octubre: compra de mercaderías al proveedor A, según documentos adjuntos.

EMITIDA POR:

PROVEEDOR A

NIF: ____________

FACTURA N.º 321

Pedido n.º 1

Albarán n.º 123

Envío por: Nuestros medios

Forma de pago: Al contado

Observaciones:

Cheque nominativo

DESTINATARIO:

INFORMADRID

NIF:

Fecha: 20/10/20XX

CÓDIGO	CANTIDAD	DESCRIPCIÓN	PRECIO	IVA %	RE %	IMPORTE
	11	Filtro Universal	42,07			462,77
	13	Ratón	33,06			429,78
		Importe bruto				892,55
		Descuentos: Por pronto pago 7%				62,48
		Base imponible				830,07

IVA **RE**	18%	%	%	%	%	%	
Base imponible	830,07						830,07
Importe impuesto	149,41						149,41

Reg. Merc. de T. 879, Sec. 8.ª del Libro de Sociedades, F. 92, H. 7896, Ins. 1.ª

TOTAL FACTURA 979,48

PRÁCTICA PROFESIONAL

BANCO INTERNACIONAL
C/ ARGÜESO, 24 – MADRID 28019

CÓDIGO CUENTA CLIENTE C.C.C.			
ENTIDAD	OFICINA	D. C.	N.º DE CUENTA
2025	1078		2000683142

€ #979,48#

Páguese por este cheque a Proveedor A

euros NOVECIENTOS SETENTA Y NUEVE CON CUARENTA Y OCHO

MADRID a VEINTE de OCTUBRE de 20XX
La fecha debe consignarse en letra — Firma

N.º

355896321^2056 1589^ 60000011225

- 22 de octubre: compra de mercaderías al proveedor B, según datos que constan en los documentos que se aportan.

ALBARÁN

DATOS DE LA EMPRESA VENDEDORA:
Proveedor B

Representante:
Portes:
Bultos:
Lugar de entrega:

DATOS DEL CLIENTE:
INFORMADRID

N.º de albarán	Fecha	Código cliente	N.º de pedido	Medio de transporte
456	22/10/20XX			

CÓDIGO	CANTIDAD	DESCRIPCIÓN	PRECIO	DCTO.	IMPORTE
	4	Ordenador Mod: Compaq X	1.502,53		6.010,12
	6	Impresora Mod: H.P. Laser	450,76		2.704,56

OBSERVACIONES	FIRMA Y NOMBRE DEL CLIENTE

EMITIDA POR:

PROVEEDOR B

NIF: ______________

FACTURA N.º 123

Pedido n.º 2

Albarán n.º 456

Envío por: Nuestros medios/Portes debidos

Forma de pago: Al contado

Observaciones:
Cheque y 90,15 € en efectivo

DESTINATARIO:

INFORMADRID

NIF:

Fecha: 22/10/20XX

CÓDIGO	CANTIDAD	DESCRIPCIÓN	PRECIO	IVA %	RE %	IMPORTE
	4	Ordenadores Mod. Compaq X	1.502,53			6.010,21
	6	Impresora Mod. H.P. Laser	450,76			2.704,55
		Importe bruto				8.714,76
		Descuentos:				
		Comercial 5%				435,74
		Por pronto pago 6%				522,89
		Importe líquido				7.756,13
		Otros gastos:				
		Portes				30,05
		Base imponible				7,786,18

IVA RE	18%	%	%	%	%	%	
Base imponible	7.786,18						7.786,18
Importe impuesto	1.401,51						1.401,51

Reg. Merc. de T. 879, Sec. 8.ª del Libro de Sociedades, F. 92, H. 7896, Ins. 1.ª

TOTAL FACTURA 9.187,69

PRÁCTICA PROFESIONAL

Núm. 1

Recibo de INFORMADRID

€ #NOVENTA CON QUINCE#

por PEDIDO

22 de OCTUBRE de 20XX

€ #90,15#

MEMBRETE Núm. 1

Hemos recibido de INFORMADRID

la cantidad de € #NOVENTA CON QUINCE#

en concepto de PEDIDO DE MERCANCÍAS

Madrid, 22 de octubre de 20XX

Firma y sello

Son #90,15# €

BANCO INTERNACIONAL

C/ ARGÜESO, 24 – MADRID 28019

CÓDIGO CUENTA CLIENTE C.C.C.			
ENTIDAD	OFICINA	D. C.	N.º DE CUENTA
2025	1078		2000683142

€ #9.097,54#

Páguese por este cheque a Proveedor B

euros NUEVE MIL NOVENTA Y SIETE CON CINCUENTA Y CUATRO ————

MADRID a VEINTIDÓS de OCTUBRE de 20XX

La fecha debe consignarse en letra

Firma

N.º

355896321^2056 1589^ 60000011225

EN RESUMEN

- **GRUPO 4 DEL PGC (PYMES)**
  - **Acreedores y deudores por operaciones comerciales:** cuentas personales activas y pasivas.
  - PRINCIPALES CUENTAS
    - ACREEDORES: (400) Proveedores, (401) Proveedores, efectos comerciales a pagar, (410) Acreedores por prestaciones de servicios, (411) Acreedores, efectos comerciales a pagar, (465) Remuneraciones pendientes de pago,(437) Envases y embalajes a devolver por clientes, (438) Anticipos de clientes.
    - DEUDORES: (430) Clientes, (431) Clientes, efectos comerciales a cobrar, (436) Clientes de dudoso cobro, (440) Deudores, (441) Deudores, efectos comerciales a cobrar, (460) Anticipos de remuneraciones, (406) Envases y embalajes a devolver a proveedores, (407) Anticipos a proveedores.
- **LETRA DE CAMBIO**
  - Documento de crédito que obliga a pagar a su vencimiento
  - OPERACIONES
    - Endoso
    - Descuento o negociación
    - Gestión de cobro

EVALÚA TUS CONOCIMIENTOS

1. Un crédito a favor de una empresa es:

a) Dinero que pagará en un futuro.
b) Un derecho de cobro de la empresa.

2. Las cuentas (430) Clientes y (431) Clientes, efectos comerciales a cobrar, representan:

a) Créditos a favor las dos.
b) La (430) sí, la (431) no.
c) La (431) sí, la (430) no.

3. Las cuentas (436) Clientes de dudoso cobro y (438) Anticipos de clientes:

a) Son créditos a favor.
b) La (436) sí, la (438) no.
c) La (438) sí, la (436) no.

4. La cuenta (440) Deudores:

a) Representa créditos favorables.
b) No representa créditos favorables.
c) Son créditos procedentes de clientes.

5. La cuenta (400) Proveedores, representa una deuda

____

____.

6. Si una empresa ha contratado la realización de una campaña publicitaria y por la parte que no paga en efectivo acepta una letra de cambio:

a) Nacerá la cuenta (401) Proveedores, efectos comerciales a pagar.
b) Nacerá la cuenta (410) Acreedores por prestaciones de servicios.
c) Nacerá la cuenta (411) Acreedores, efectos comerciales a pagar.

7. Una empresa al vender sus productos girando letras de cambio a sus clientes:

a) Libra letras de cambio siendo, por tanto, librador.
b) Libra letras de cambio siendo, por tanto, el librado.

8. Entregar al banco una letra de cambio en gestión de cobro significa:

a) Entregársela al banco como pago de una deuda.
b) Disponer antes de su vencimiento del importe de la misma.
c) Entregarla al banco para que se encargue de cobrarla a su vencimiento.
d) Es lo mismo que descontar o negociar una letra de cambio en el banco.

9 Inmovilizado material y financiación

vamos a conocer...

y al finalizar esta unidad...

- Identificarás la inversión en la estructura sólida de la empresa con el grupo 2 del PGC (Pymes): Activo no corriente y distinguirás entre los diferentes tipos existentes.
- Analizarás y aplicarás a hechos contables las cuentas más representativas del subgrupo 21 del PGC (Pymes): Inmovilizaciones materiales.
- Identificarás el grupo 1: Financiación básica, con los recursos propios y la financiación ajena a largo plazo y el grupo 5: Cuentas financieras, con las deudas y créditos por operaciones que no son de tráfico y con los medios disponibles.
- Analizarás y aplicarás las cuentas más significativas de los grupos 1 y 5 del PGC (Pymes) a operaciones de la actividad empresarial.

CASO **PRÁCTICO** INICIAL

situación de partida

Las empresas, ya sea para iniciar su actividad, o bien para seguir en funcionamiento, suelen adquirir aquellos elementos patrimoniales (maquinaria, mobiliario, programas informáticos, mercaderías, etc.) que constituyen el activo, por lo que necesitan obtener financiación o recursos financieros, que pueden proceder del propietario o socios, o bien de personas ajenas a la empresa.

La primera cuestión que se les plantea es decidir qué recursos son necesarios y cómo se debe financiar la empresa.

También deben conocer las diferencias sustanciales entre préstamo y crédito para poder evaluar las diversas formas de financiación.

En el préstamo el cliente recibe de una sola vez, al inicio del contrato, una cantidad fija de dinero, que le genera la obligación de la devolución del principal más unos intereses y comisiones en los plazos e importes pactados, normalmente mediante cuotas regulares, mensuales, trimestrales o semestrales. Generalmente se trata de una operación a medio y largo plazo, en la que los intereses se calculan sobre la cantidad total de la deuda.

El crédito en cuenta corriente resulta más flexible, debido a que el deudor o cliente tiene a su disposición una cantidad de dinero durante un tiempo (generalmente se pacta anualmente, aunque admite la posibilidad de renovación y ampliación), pudiendo disponer del dinero facilitado por la entidad bancaria a medida que lo vaya necesitando, en cualquier cantidad hasta una determinada cuantía (cantidad máxima o límite del crédito pactado), y en cualquier momento durante el plazo de tiempo acordado.

En el crédito, el cliente puede devolver parcial o totalmente el importe dispuesto antes de su vencimiento, y además puede volver a disponer de ese importe en futuras ocasiones durante la vida del crédito.

estudio del caso

Para responder a estas preguntas las empresas deben conocer, por ejemplo, la duración (largo o corto plazo), coste (intereses), financiación propia o ajena, finalidad, disponibilidad, cuentas contables implicadas, préstamo o crédito, etc.

Cada modalidad de financiación presenta unas características diferentes, entre ellas, señalaremos:

- *Las deudas ajenas para financiar el activo no corriente suelen ser a largo plazo (más de un año), mientras que las deudas ajenas para financiar el activo corriente, generalmente son a corto plazo (menos de un año).*
- *Pueden recibir ayudas y subvenciones de las Administraciones públicas.*
- *Las deudas o recursos ajenos exigen su devolución y el correspondiente pago de intereses.*
- *La financiación propia se constituye principalmente por partidas del Patrimonio Neto (Capital y Reservas) y no exigen devolución.*

El PGC establece en el grupo 1 la Financiación básica, que comprende el Patrimonio Neto y la financiación ajena a largo plazo, destinados generalmente a financiar el activo no corriente y a cubrir un margen razonable del activo corriente.

El PGC establece en el grupo 5 las Cuentas financieras, entre las que destaca, por su interrelación con las deudas y créditos a corto plazo, el subgrupo 52, Deudas a corto plazo por préstamos recibidos.

La cuenta que se utiliza para contabilizar los intereses de las deudas y los gastos derivados de las operaciones de préstamos, tales como corretajes, comisiones, etc., es la cuenta 662 Intereses de deudas.

Puedes entrar en el portal de gabilos.com, en su web contable/libro de contabilidad a través de <www.gabilos.com/webcontable/indexn-1.htm>, que te ayudará a profundizar sobre los métodos de financiación, accediendo a los apartados siguientes:

- La financiación propia de la empresa (el capital, los recursos autogenerados, los dividendos…).
- La financiación ajena de la empresa en función de varios criterios (del plazo, de la persona que haya concedido la financiación, de la razón de su obtención…).

1. El grupo 2: Activo no corriente

El Activo no corriente constituye la estructura sólida de la empresa y está integrado por aquellos elementos del patrimonio de la empresa que no están destinados a la venta habitual y son una inversión que permanece en el tiempo para servir a la actividad empresarial, como son: edificios, maquinaria, terrenos, ordenadores, automóviles, etc.

El **PGC (Pymes)** establece el **Grupo 2: Activo no Corriente** para este tipo de cuentas y lo define así:

Comprende los activos destinados a servir de forma duradera en la actividad de la empresa. También se incluyen en este grupo las inversiones financieras cuyo vencimiento sea superior a un año.

La composición del activo no corriente es la siguiente:

- Inmovilizaciones intangibles.
- Inmovilizaciones materiales.
- Inversiones inmobiliarias.
- Inversiones financieras a largo plazo.

vocabulario

Intangible: algo que no se puede tocar, que no tiene realidad física y es de naturaleza inmaterial.

Plusvalía: beneficio o incremento de valor que se obtiene al vender o transmitir la propiedad de un activo a un precio superior al de su compra o adquisición.

La economía moderna exige a las empresas, para poder ser competitivas y mantener un cierto nivel de producción o comercialización de productos, una inversión cada vez mayor en infraestructuras de **inmovilizado material** (edificios, maquinaria, instalaciones, ordenadores, etc.).

No se debe identificar el inmovilizado solo con lo físico, también las empresas precisan una inversión importante en **inmovilizado intangible** (patentes, procesos de fabricación, programas informáticos, etc.).

Además, el Activo no corriente está compuesto también por **inversiones inmobiliarias,** es decir, inmuebles que se poseen para obtener rentas o plusvalías.

Las **inversiones financieras a largo plazo** se estudian también como activo no corriente y son créditos, títulos o valores, imposiciones, etc., a largo plazo.

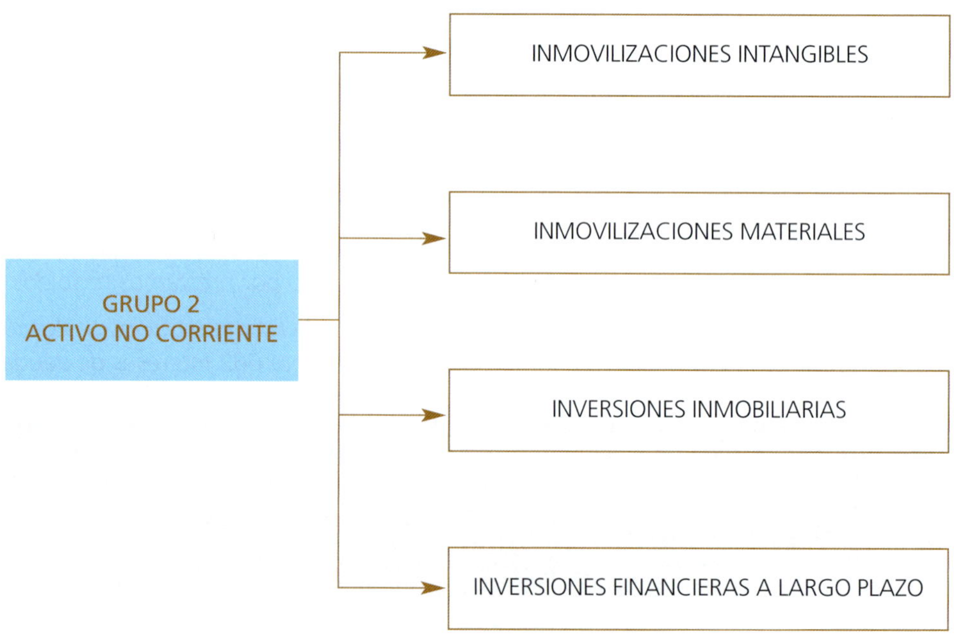

2. El inmovilizado material

El inmovilizado material está integrado por aquellos bienes tangibles propiedad de una empresa y destinados a garantizar su permanencia.

El PGC (Pymes) le asigna, dentro del **Grupo 2,** el **subgrupo 21: Inmovilizaciones materiales** y, por lo tanto, todas las cuentas que así se consideren comenzarán, en su codificación, por estas cifras.

Son cuentas representativas las siguientes:

(210) Terrenos y bienes naturales

Solares de naturaleza urbana, fincas rústicas, otros terrenos no urbanos, minas y canteras.

(211) Construcciones

Edificaciones en general cualquiera que sea su destino dentro de la actividad productiva de la empresa.

(212) Instalaciones complejas especializadas

Unidades complejas de uso especializado que incluyen edificaciones, maquinaria, piezas, etc., y que están ligadas de forma definitiva para su funcionamiento.

(213) Maquinaria

Conjunto de máquinas o bienes de equipo mediante los cuales se realiza la extracción o elaboración de los productos.

También incluye elementos de transporte interno de la empresa.

(214) Utillaje

Conjunto de utensilios o herramientas que se pueden utilizar autónomamente o conjuntamente con la maquinaria, incluidos los moldes y plantillas.

(216) Mobiliario

Mobiliario, material y equipos de oficina, con excepción de los que deban figurar en la cuenta 217.

(217) Equipos para procesos de información

Ordenadores y demás conjuntos electrónicos.

(218) Elementos de transporte

Vehículos de todas clases utilizables para el transporte terrestre, marítimo o aéreo de personas, animales, materiales o mercaderías, excepto los que se deban registrar en la cuenta 213.

(219) Otro inmovilizado material

Otras inmovilizaciones materiales no incluidas en las demás cuentas del subgrupo 21 y cuyo ciclo de almacenamiento sea superior a un año.

2.1. Compras de inmovilizado material

Si la compra es al contado, por Caja o por Banco:

Compra de inmovilizado material al contado

——— X ———

(21_) Inmovilizado material
(472) Hacienda Pública, IVA soportado
a (57_) Caja, € o Bancos c/c

Si la compra es con pago aplazado, las deudas se abonarán a las cuentas:

- (523) Proveedores de inmovilizado a corto plazo (CP).
- (173) Proveedores de inmovilizado a largo plazo (LP).

Compra de inmovilizado material con el pago aplazado

——— X ———

(21_) Inmovilizado material
(472) Hacienda Pública, IVA soportado
a (523) Proveedores de inmovilizado a CP
a (173) Proveedores de inmovilizado a LP

Si la compra es con pago aplazado con letras de cambio, las deudas se abonarán a las cuentas:

- (525) Efectos a pagar a CP.
- (175) Efectos a pagar a LP.

Compra de inmovilizado material con el pago aplazado con letras de cambio

——— X ———

(21_) Inmovilizado material
(472) Hacienda Pública, IVA soportado
a (525) Efectos a pagar a CP
a (175) Efectos a pagar a LP

2.2. Ventas de inmovilizado material

Las ventas de inmovilizado se contabilizarán por el precio de compra o adquisición, llevando la diferencia (beneficio o pérdida) que resulte a las siguientes cuentas:

- (771) Beneficios procedentes de inmovilizado material.
- (671) Pérdidas procedentes de inmovilizado material.

Venta de inmovilizado material al contado con una diferencia positiva

——— X ———

(57_) Caja, € o Bancos c/c
a (21_) Inmovilizado material
a (477) Hacienda Pública, IVA repercutido
a (771) Beneficios procedentes de inmovilizado material

Venta de inmovilizado material al contado con una diferencia negativa

X

(57_) Tesorería
(671) Pérdidas procedentes de inmovilizado material

a (21_) Inmovilizado material
a (477) Hacienda Pública, IVA repercutido

Si la venta es con pago aplazado, los créditos se cargarán a las cuentas:

- (543) Créditos a CP por enajenación del inmovilizado.
- (253) Créditos a LP por enajenación del inmovilizado.

Venta de inmovilizado material a crédito con una diferencia positiva

X

(543) Créditos a CP por enajenación de inmovilizado
(253) Créditos a LP por enajenación de inmovilizado

a (21_) Inmovilizado material
a (477) Hacienda Pública, IVA repercutido
a (771) Beneficios procedentes de inmovilizado material

Venta de inmovilizado material a crédito con una diferencia negativa

X

(543) Créditos a CP por enajenación de inmovilizado
(253) Créditos a LP por enajenación de inmovilizado
(671) Pérdidas procedentes de inmovilizado material

a (21_) Inmovilizado material
a (477) Hacienda Pública, IVA repercutido

EJEMPLOS

Registraremos en el libro Diario las siguientes compras y ventas:

- **Compra de una máquina valorada en 3.606,75 € (IVA incluido 18%), abonando al contado 606,75 € y aplazando el resto con letras de cambio a cinco meses.**

X

1.803,04	(213) Maquinaria		
324,55	(472) Hacienda pública, IVA soportado		
		a (570) Caja, €	606,75
		a (525) Efectos a pagar a CP	3.000,00

Base = 3.606,75 / 1,18 = 3.056,57
IVA = 3.056,57 x 0,18 = 550,18

EJEMPLOS

(Continuación)

- **Compra de mobiliario por 6.010,12 € (IVA incluido 18%), haciendo efectivas por bancos 1.010,12 € y aplazando el resto de la deuda a dos años.**

6.010,12	(216) Mobiliario		
916,80	(472) Hacienda pública, IVA soportado		
		a (572) Bancos c/c	1.010,12
		a (523) Proveedores de inmovilizado a CP	5.000,00

Base = 6.010,12 / 1,18 = 5.093,32
IVA = 5.093,32 x 0,18 = 916,80

- **Venta de la máquina anteriormente comprada por 1.803,04 €, por 900,00 € (IVA no incluido 18%), cobrando en efectivo 200,00 € y quedando el resto aplazado a dos meses.**

200,00	(570) Caja, €		
862,00	(543) Créditos a CP por enajenación de inmovilizado		
903,04	(671) Pérdidas procedentes del inmovilizado material		
		a (213) Maquinaria	1.803,04
		a (477) Hacienda Pública IVA repercutido	162,00

IVA = 900,00 x 0,18 = 162,00
Precio venta + IVA = 900 + 162 = 1.062,00

- **Venta del mobiliario adquirido por 7.813,16 €, por 8.200,00 € más IVA del 18%, cobrando al contado 2.000,00 € mediante transferencia bancaria y quedando el resto aplazado a dos años.**

2.000,00	(572) Bancos c/c		
7.676,00	(543) Créditos a CP por enajenación de inmovilizado		
		a (216) Mobiliario	7.813,16
		a (477) Hacienda Pública, IVA repercutido	1.476,00
		a (771) Beneficios procedentes del inmovilizado material	386,84

IVA = 8.200 x 0,18 = 1.476,00
Precio venta + IVA = 8.200,00 + 1.476,00 = 9.676,00

ACTIVIDADES

1. Registra en el libro Diario las siguientes operaciones:

a) Compra una máquina por 4.000 € (IVA incluido 18 %), abonando por banco la mitad y dejando a deber el resto a 20 meses.

b) Se vende la máquina anterior por 4.500 € (IVA no incluido 18%), cobrando por transferencia bancaria.

c) Venta de mobiliario por 700 € (IVA incluido 18%), que se compraron por 1.800 €.

d) Venta de un ordenador por 200 € (IVA no incluido 18%), que se adquirió por 1.000 €, cobrando mediante transferencia bancaria.

e) Compra de un solar por 160.000 € (IVA incluido 18%) que se pagaron con tres letras de cambio a 10 meses, 20 meses y 30 meses.

f) Venta del solar comprado anteriormente por 180.000 € (IVA no incluido 18%) que se cobrarán dentro de 18 meses.

3. El grupo 1: Financiación básica

El **PGC (Pymes)** define el **Grupo 1: Financiación básica,** como aquel que comprende el patrimonio neto y la financiación ajena a largo plazo de la empresa destinados, en general, a financiar el Activo no corriente y a cubrir un margen razonable del corriente.

3.1. Capital

Dentro del **Grupo 1** nos encontramos con el **subgrupo 10: Capital,** que a su vez contiene las siguientes cuentas:

(100) Capital social

Capital escriturado en las sociedades que revistan forma mercantil.

(102) Capital

Representa el capital de las empresas individuales. El asiento inicial, en el libro Diario, al comenzar una empresa su actividad y conocido con el nombre de **asiento de constitución,** sería como sigue:

Se constituye una empresa con el siguiente patrimonio: dinero en caja, dinero en c/c bancaria...

——————— X ———————

(570) Caja, €
(572) Bancos c/c
(300) Mercaderías
(213) Maquinaria
(216) Mobiliario
(...) ...

a (100) Capital social / (102) Capital

caso práctico inicial

Las aportaciones de los socios y los beneficios contables no distribuidos (reservas) son las principales fuentes de autofinanciación.

3.2. Reservas

Cuando una empresa, al realizar la regularización, obtiene beneficios y no los distribuye totalmente entre los socios, crea Reservas. Por lo tanto, las Reservas son aquellos beneficios no distribuidos y que quedan en la empresa para su autofinanciación. El **subgrupo 11: Reservas** contiene, como cuentas más características, las siguientes:

(112) Reserva legal

Son las establecidas por la Ley de Sociedades Anónimas.

(113) Reservas voluntarias

Son las constituidas libremente por la empresa.

(114) Reservas especiales

Son las establecidas por cualquier disposición legal de carácter obligatorio.

En todos los casos, las Reservas solo podrán establecerse cuando haya beneficios, al final de cada ejercicio económico.

recuerda

Regularización

La regularización supone realizar las operaciones necesarias para determinar el beneficio o pérdida de la empresa, mediante unos asientos elaborados al final del ejercicio económico, consistentes en trasladar los saldos de los gastos e ingresos a la cuenta de Resultado del ejercicio.

Los beneficios de las empresas quedan registrados, anualmente, en la cuenta de Resultado del ejercicio.

(129) Resultado del ejercicio

Asiento que reflejaría, en el libro Diario, la creación de Reservas

——————— X ———————

(129) Resultado del ejercicio

a (112) Reserva legal
a (113) Reservas voluntarias
a (114) Reservas especiales

EJEMPLOS

Registraremos en el libro Diario las siguientes constituciones de empresas:

- Se constituye la empresa individual Y con 36.060,72 €, depositándose 21.035,42 € en bancos, comprando maquinaria por 12.020,24 €, y mobiliario por 3.005,06 €.

——————— X ———————

21.035,42	(572) Bancos c/c		
12.020,24	(213) Maquinaria		
3.005,06	(216) Mobiliario		
		a (102) Capital	36.060,72

- Se crea una sociedad anónima con 90.151,82 €, distribuidos de la siguiente forma: 1.202,02 € en caja, 7.813,16 € en bancos, 9.015,18 € en mercaderías, 4.808,10 € en mobiliario, 7.212,15 € en maquinaria y 60.101,21 € en un local de su propiedad.

——————— X ———————

1.202,02	(570) Caja, €		
7.813,16	(572) Bancos c/c		
9.015,18	(300) Mercaderías		
4.808,10	(216) Mobiliario		
7.212,15	(213) Maquinaria		
60.101,21	(211) Construcciones		
		a (100) Capital social	90.151,82

Registraremos en el libro Diario las siguientes creaciones de Reservas:

- Una empresa ha obtenido un beneficio de 6.010,12 €, y había resuelto en sus estatutos llevar a Reservas un 15% de sus beneficios.

——————— X ———————

901,52	(129) Resultado del ejercicio		
		a (114) Reservas especiales	901,52

- La empresa Azulejos Castellanos, S.A. obtuvo en el año 20XX unos beneficios de 60.101,21 €, de los cuales no distribuye el 30% que destina, por partes iguales, a los tres tipos de Reservas que hemos estudiado.

——————— X ———————

18.030,36	(129) Resultado del ejercicio		
		a (112) Reserva legal	6.010,12
		a (113) Reservas voluntarias	6.010,12
		a (114) Reservas especiales	6.010,12

3.3. Financiación ajena

Las deudas con el exterior constituyen la financiación ajena de la empresa.

Una empresa se puede endeudar externamente, con bancos o entidades financieras, por préstamos recibidos.

En un préstamo, la entidad financiera o de crédito (como prestamista) concede y deposita la cantidad solicitada en la cuenta bancaria de la empresa (como prestatario).

El prestatario (la empresa, en este caso) queda obligado a devolver el importe del préstamo junto con los intereses en el plazo acordado.

Los préstamos recibidos de bancos o entidades financieras pueden ser:

- A corto plazo (plazo de devolución de hasta 1 año).
- A largo plazo (plazo de devolución a partir de 1 año).

El **PGC (Pymes)** establece dentro del **Grupo 1: Financiación básica** la cuenta:

(170) Deudas a largo plazo con entidades de crédito

Y dentro del **Grupo 5: Cuentas financieras:**

(520) Deudas a corto plazo con entidades de crédito

La concesión de un préstamo siempre supone el pago de unos intereses en el momento de la devolución del mismo.

La cuenta que reflejaría los intereses a pagar por el préstamo concedido es un gasto del **Grupo 6 del PGC (Pymes):**

(662) Intereses de deudas

La representación contable de los préstamos sería:

Obtención del préstamo

— X —	
(572) Bancos c/c	
	Según el plazo de devolución: a (170) Deudas a LP con entidades de crédito o a (520) Deudas a CP con entidades de crédito

Devolución del préstamo

— X —	
(170) Deudas a largo plazo con entidades de crédito o (520) Deudas a corto plazo con entidades de crédito (662) Intereses de deudas	
	a (572) Bancos c/c

Por último, vamos a registrar las fianzas. Las empresas pueden exigir dinero en efectivo como garantía del cumplimiento de una obligación. La cantidad entregada por este concepto se denomina fianza.

Una vez cumplida con normalidad la obligación, se devolverá el importe de la fianza.

Las fianzas podrán ser, al igual que las anteriores deudas, a largo o a corto plazo y nos encontraremos en el **PGC (Pymes)** con dos cuentas de los grupos 1 y 5, anteriormente citados:

(180) Fianzas recibidas a largo plazo

(560) Fianzas recibidas a corto plazo

La representación contable de las fianzas recibidas sería:

Al recibir la fianza

———————— X ————————

(570) Caja, €
o
(572) Bancos c/c

a (180) Fianzas recibidas a largo plazo
o
a (560) Fianzas recibidas a corto plazo

Al cumplimiento de la obligación afianzada

———————— X ————————

(180) Fianzas recibidas a largo plazo
o
(560) Fianzas recibidas a corto plazo

a (570) Caja, € o Bancos c/c

EJEMPLOS

Registraremos en el libro Diario las siguientes operaciones:

- **El banco concede a la empresa un préstamo, que abona en la cuenta corriente bancaria, por 15.000 € a devolver en 12 meses.**

X

15.000,00	(572) Bancos c/c		
		a (520) Deudas a corto plazo con entidades de crédito	15.000,00

- **Al año se devuelve el préstamo anterior con unos intereses de 800 €. Se cargan ambos importes en la cuenta bancaria de la empresa.**

X

15.000,00	(520) Deudas a corto plazo con entidades de crédito		
800,00	(662) Intereses de deudas		
		a (572) Bancos c/c	15.800,00

- **Una empresa recibe en concepto de fianza a corto plazo 1.200 €, cobrados en efectivo, por el alquiler de un local de su propiedad.**

X

1.200,00	(570) Caja, €		
		a (560) Fianzas recibidas a corto plazo	1.200,00

- **La fianza anterior es devuelta en efectivo al cumplirse la obligación afianzada.**

X

1.200,00	(560) Fianzas recibidas a corto plazo		
		a (570) Caja, €	1.200,00

ACTIVIDADES

2. Registra en el libro Diario las siguientes operaciones:

a) Se constituye la empresa individual A con los siguientes elementos patrimoniales:

— Dinero en caja 270,46 €.

— Dinero en bancos 18.030,36 €.

— Géneros en almacén 2.734,61 €.

— Local de su propiedad 126.212,54 €.

b) A la empresa B le ha concedido una entidad financiera un préstamo, que le ha sido abonado en su cuenta corriente bancaria por un valor nominal de 30.000 €, a devolver en dos años.

c) La empresa B, una vez transcurrido el plazo para amortizar o devolver el préstamo, lo hace efectivo a través de su cuenta corriente bancaria, con unos intereses de 1.150 €.

d) La empresa C recibe en efectivo, en concepto de fianza a tres meses, 240,40 €.

e) Transcurridos tres meses, la empresa C devuelve en efectivo la cantidad anterior, al haberse cumplido la obligación afianzada.

f) La empresa D ha obtenido un beneficio de 24.326,70 € y voluntariamente destina a Reservas un 15%.

g) La empresa E obtuvo unos beneficios de 50.250,60 €, de los cuales destina el 30% a Reservas: 10% Reserva legal, 10% Reservas especiales y 10% Reservas voluntarias.

h) La empresa F recibe en concepto de fianza a largo plazo 1.050,25 €, que se depositan en el banco.

4. El grupo 5: Cuentas financieras

caso práctico inicial

Las partidas de financiación de este grupo más usuales son las de préstamos y las de créditos a corto plazo.

El **PGC (Pymes)** establece el **Grupo 5: Cuentas financieras** para un tipo de cuentas que define así: instrumentos financieros por operaciones no comerciales, es decir, por operaciones ajenas al tráfico con vencimiento no superior a un año y medios líquidos disponibles.

4.1. Deudas y créditos por operaciones no comerciales a corto plazo

Serán aquellas deudas y créditos que no se encuentren en los grupos 1 y 2 (a largo plazo), ni en el grupo 4 (por operaciones de tráfico).

El estudio interrelacionado de cuentas nos llevó a ver anteriormente algunas partidas que pertenecen a este grupo, tales como:

Dentro del **Subgrupo 52: Deudas a corto plazo por préstamos recibidos:**

(520) Deudas a corto plazo con entidades de crédito

Deudas, de vencimiento inferior a un año, con entidades de crédito o financieras por la concesión de préstamos.

(5208) Deudas por efectos descontados

Deudas con entidades de crédito o financieras por el descuento de letras de cambio.

(523) Proveedores de inmovilizado a corto plazo

Deuda, con vencimiento inferior a un año, por la compra de inmovilizado.

(524) Efectos a pagar a corto plazo

Deuda, con vencimiento inferior a un año, por la compra de inmovilizado documentada con letras de cambio

Dentro del **Subgrupo 54: Otras inversiones financieras temporales:**

(543) Créditos a corto plazo por enajenación del inmovilizado

Derechos de cobro, con vencimiento inferior a un año, por la venta de inmovilizado.

También se consideran de importancia y uso frecuente otras cuentas que se encuentran en el **Subgrupo 55: Otras cuentas no bancarias:**

(550) Titular de la explotación

Cuenta con el titular de la explotación que refleja los movimientos entre su patrimonio personal y el de la empresa.

El empresario ingresa en la caja de la empresa dinero que se necesita para un pago

——— X ———

(570) Caja, €

a (550) Titular de la explotación

El empresario retira del banco dinero para sus gastos particulares

——— X ———

(550) Titular de la explotación

a (572) Bancos c/c

(555) Partidas pendientes de aplicación

Registra el dinero recibido del que se desconoce su origen. Esta cuenta se cancelará cuando se aclare la causa de la entrada de dinero.

Se recibe en el banco un ingreso cuyo origen se desconoce

——— X ———

(572) Bancos c/c

a (555) Partidas pendientes de aplicación

Se sabe que el ingreso anterior corresponde a un cliente

——— X ———

(555) Partidas pendientes de aplicación

a (430) Clientes

Dentro del **Subgrupo 56: Fianzas y depósitos recibidos y constituidos** no solo está la **(560) Fianzas recibidas a corto plazo** (ya estudiada) sino además:

(565) Fianzas constituidas a corto plazo

Cantidades que se depositan fuera de la empresa para garantizar el cumplimiento de una obligación.

Se entrega una cantidad en concepto de fianza, con vencimiento inferior a un año

——— X ———

(565) Fianzas constituidas a corto plazo

a (570) Caja, €

Nos devuelven, por bancos, la fianza constituida

——— X ———

(572) Bancos c/c

a (565) Fianzas constituidas a corto plazo

4.2. La Tesorería o medios líquidos disponibles

Las cuentas que representan medios líquidos disponibles, es decir, el dinero que posibilita la forma de pago de las deudas o compras y el cobro por derechos de cobro o ventas, reflejan la Tesorería o Activo disponible que se encuentra en:

- La caja de la empresa (dinero legal: billetes y monedas de curso legal).
- Los bancos e instituciones financieras (dinero bancario).

El dinero puede provenir de recursos propios, como es el capital aportado por el empresario o propietarios, o de recursos ajenos, como préstamos concedidos por los bancos.

Una vez que se posee el dinero, se realizan compras que se abonan en el acto o se dejan a deber, generando, en este caso, deudas abonadas posteriormente.

Por último, las compras permiten posteriores ventas que son cobradas en el momento que generan derechos de cobro cerrando, así, el ciclo de Tesorería.

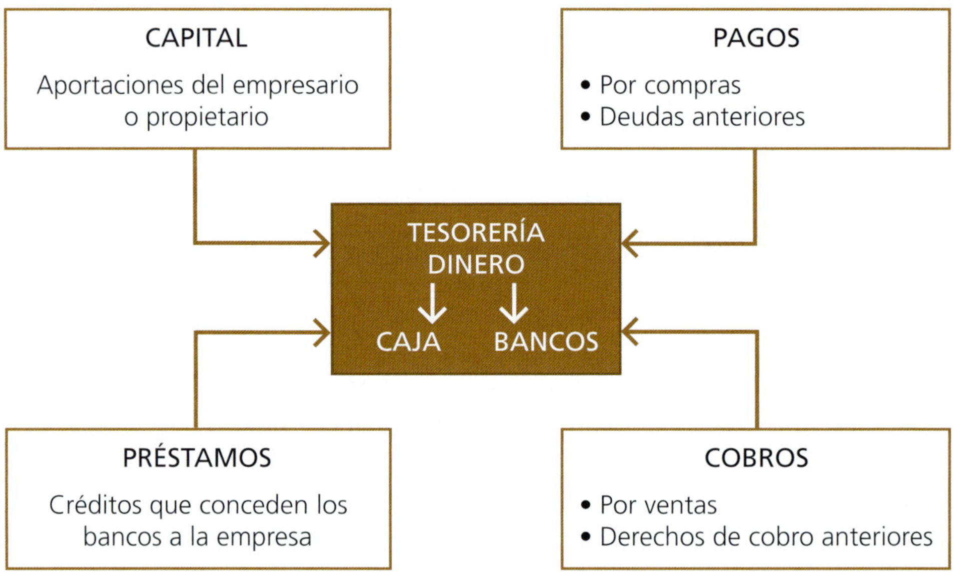

El **PGC (Pymes)** asigna, para estos elementos patrimoniales, el **Subgrupo 57: Tesorería** dentro del **Grupo 5: Cuentas financieras.**

Cuentas representativas de este subgrupo son:

(570) Caja, €

Registra el dinero en euros que hay en las cajas de la empresa.

(571) Caja, moneda extranjera

Registra el dinero en otras monedas que no sean euros, existente en las cajas de la empresa.

(572) Bancos e instituciones de crédito c/c vista

Recoge los saldos a favor de la empresa en cuentas corrientes a la vista abiertas en bancos e instituciones de crédito. A esta cuenta se le denomina, para abreviar, Bancos c/c.

(573) Bancos e instituciones de crédito c/c vista, moneda extranjera

Recoge los saldos a favor de la empresa en cuentas corrientes a la vista abiertas en bancos e instituciones de crédito, por depósitos colocados en países que no sean de la zona euro.

(574) Bancos e instituciones de crédito, cuentas de ahorro

Agrupa los saldos a favor de la empresa en cuentas o cartillas de ahorro abiertas en instituciones de crédito.

(575) Bancos e instituciones de crédito, cuentas de ahorro, moneda extranjera

Igual que la anterior, pero por depósitos colocados en países que no sean de la zona euro.

Es norma habitual comprobar, una vez finalizada la jornada, la coincidencia entre el dinero que hay en las cajas y el que debe haber según las operaciones realizadas. A esta comprobación se le denomina **arqueo**.

Es bastante corriente que haya diferencias entre el dinero en caja y la cantidad contabilizada en esta cuenta, siendo más frecuente la falta de dinero. En estos casos, siempre y cuando no se encuentre el motivo del error, se emplean para compensar las diferencias las siguientes cuentas:

(659) Otras pérdidas de gestión corriente

(758) Otros ingresos de gestión corriente

Esta cuenta no existe en el PGC (Pymes), pero se puede utilizar para estos casos.

Falta dinero en caja después de un arqueo

——————— X ———————

(659) Otras pérdidas de gestión corriente

a (570) Caja, €

Hay una diferencia positiva en caja después de haber realizado el arqueo

——————— X ———————

(570) Caja, €

a (758) Otros ingresos de gestión corriente

Las dos nuevas cuentas son cuentas de gestión: la (659) es un Gasto, y la (758) es un Ingreso.

Los bancos prestan cada vez más servicios a las empresas, y estas, a su vez, realizan cada vez más operaciones por mediación de ellos.

De forma excepcional, los bancos permiten descubiertos o números rojos en las cuentas abiertas por sus clientes; es decir, permiten retirar más dinero del que se ha ingresado, lo cual implica la posibilidad de que una cuenta de Activo presente un saldo acreedor, en lugar de deudor, como sería lo lógico.

EJEMPLOS

Registraremos en el libro Diario las siguientes operaciones:

- **Se abre una cuenta de ahorros, transfiriendo 1.300,50 € desde una c/c bancaria.**

———————————— X ————————————

1.300,50	(574) Bancos, cuentas de ahorro		
		a (572) Bancos c/c	1.300,50

- **Se efectúa el arqueo de la caja y se descubre la falta de 30,75 €, dándose conformidad al arqueo por desconocerse el motivo.**

———————————— X ————————————

30,75	(659) Otras pérdidas de gestión corriente		
		a (570) Caja, €	30,75

- **Compra de mercaderías a un cliente extranjero abonando la cantidad de 1.200 dólares. Cambio del dólar: 0,89 € (IVA incluido 18%).**

———————————— X ————————————

905,08	(600) Compras de mercaderías		
162,92	(472) Hacienda Pública, IVA soportado		
		a (571) Caja, moneda extranjera	1.068,00

1.200 $ x 0,89 = 1.068
Base = 1.68 / 1,18 = 905,08
IVA = 905,08 x 0,18 = 162,92

- **Venta de mercaderías a un cliente extranjero que abona la cantidad de 3.050 dólares. Cambio del dólar: 0,87 €.**

———————————— X ————————————

2.653,50	(571) Caja, moneda extranjera		
		a (700) Ventas de mercaderías	2.653,50

Importante: hay que tener presente cómo afecta el IVA en las importaciones y exportaciones.
Importaciones: están sujetas todas las importaciones, entendiendo por importación lo que entra en España procedente de un país no comunitario. Los destinatarios de los bienes importados tienen que pagar el IVA.
Exportaciones: están exentas las exportaciones de bienes, siempre que estos hayan salido de la Unión Europea. Para justificar la exención se deben conservar los documentos de salida de la Unión de la mercancía.

ACTIVIDADES

3. Registra en el libro Diario las siguientes operaciones:

a) Se efectúa el arqueo de caja y se descubre la falta de 24,50 €, dándose conformidad al arqueo por desconocerse el motivo.

b) Compra de mercaderías a un cliente extranjero abonando la cantidad de 2.400 dólares. Cambio del dólar: 0,90 € (IVA incluido 18%).

c) Venta de mercaderías a un cliente extranjero que abona la cantidad de 4.178 dólares. Cambio del dólar: 0,86 €.

RELACIÓN DE CUENTAS CODIFICADAS
GRUPO 1: FINANCIACIÓN BÁSICA
(100) Capital social. (102) Capital. (112) Reserva legal. (113) Reservas voluntarias. (114) Reservas especiales. (129) Resultado del ejercicio. (170) Deudas a largo plazo con entidades de crédito. (173) Proveedores de inmovilizado a largo plazo. (174) Efectos a pagar a largo plazo. (180) Fianzas recibidas a largo plazo.
GRUPO 2: ACTIVO NO CORRIENTE
(210) Terrenos y bienes naturales. (211) Construcciones. (212) Instalaciones complejas especializadas. (213) Maquinaria. (214) Utillaje. (216) Mobiliario. (217) Equipos para procesos de información. (218) Elementos de transporte. (219) Otro inmovilizado material. (253) Créditos a largo plazo por enajenación de inmovilizado. (260) Fianzas constituidas a largo plazo.
GRUPO 3: EXISTENCIAS
(300) Mercaderías.
GRUPO 4: ACREEDORES Y DEUDORES POR OPERACIONES COMERCIALES
(472) Hacienda Pública, IVA soportado. (477) Hacienda Pública, IVA repercutido.
GRUPO 5: CUENTAS FINANCIERAS
(520) Deudas a corto plazo con entidades de crédito.   (5208) Deudas por efectos descontados. (523) Proveedores de inmovilizado a corto plazo. (524) Efectos a pagar a corto plazo. (543) Créditos a corto plazo por enajenación de inmovilizado. (550) Titular de la explotación. (555) Partidas pendientes de aplicación. (560) Fianzas recibidas a corto plazo. (565) Fianzas constituidas a corto plazo. (570) Caja, €. (571) Caja, moneda extranjera. (572) Bancos c/c. (573) Bancos c/c, moneda extranjera. (574) Bancos, cuentas de ahorro. (575) Bancos, cuentas de ahorro, moneda extranjera.
GRUPO 6: COMPRAS Y GASTOS
(659) Otras pérdidas de gestión corriente. (671) Pérdidas procedentes del inmovilizado material.
GRUPO 7: VENTAS E INGRESOS
(758) Otros ingresos de gestión corriente. (771) Beneficios procedentes del inmovilizado material.

ACTIVIDADES FINALES

1. Registra los siguientes asientos en el libro Diario:

   a) Se constituye una sociedad comercial con las siguientes aportaciones:

Dinero en caja	500 €
Dinero en bancos	8.000 €
Terreno urbano	120.000 €
Un local	250.000 €
Muebles	3.000 €
Existencias	1.000 €

   b) Se compra un ordenador por 1.200 € (IVA no incluido 18%) a pagar en tres meses.

   c) Se compra una impresora multifunción por 110 € (IVA no incluido 18%) que se paga en efectivo.

   d) La empresa compra una furgoneta para reparto por valor de 18.600 € (IVA incluido 18%), abonando en el momento de la compra mediante la entrega de cheque bancario 600 €. El resto se irá haciendo efectivo semestralmente en pagos por letras aceptadas de 6.000 € cada una.

   e) Compra de mobiliario por 2.404 € (IVA incluido 18%), que se hacen efectivos por bancos.

2. Registra en el libro Diario las siguientes compras y ventas de inmovilizado:

   a) Compra de maquinaria por 3.606,07 €, a pagar en tres meses (IVA no incluido 18%).

   b) Compra de mobiliario por 4.207,08 €, a pagar en dos años (IVA no incluido 18%).

   c) Compra de un local por 224.040,48 € (IVA incluido 18%), a pagar con letras de cambio: 112.020,24 € en el primer año y otros 112.020,24 € en el segundo año.

   d) Compra de una patente valorada en 9.015,18 € (IVA no incluido 18%), abonando con cheque 3.005,06 € y dejando a deber el resto a nueve meses.

   e) Compra de un equipo informático por 803,75 € (IVA incluido 18%). Se abonan mediante transferencia bancaria 203,75 € y se acepta letra por el resto a seis meses.

   f) Se vende la máquina comprada anteriormente a través de bancos por 2.404,05 € (IVA no incluido 18%).

   g) Se vende el mobiliario por 3.005,06 € (IVA no incluido 18%), siendo la forma de pago a seis meses.

   h) Se vende el ordenador en efectivo por 600 € (IVA no incluido 18%).

   i) Se vende la patente por 3.005,06 € (IVA no incluido 18%). Se cobrará en un plazo de diez meses.

3. Registra las siguientes operaciones:

   a) Se crea un negocio con las siguientes aportaciones del empresario o propietario: efectivo en caja, 1.202,02 €; dinero en bancos, 9.015,18 €; existencias de mercaderías, 4.808,10 €; un local, 126.212,54 €; y muebles, 2.103,54 €.

   b) Se recibe un ingreso en bancos de 138,23 €, cuyo origen se desconoce.

   c) Se transfiere a una cuenta de ahorros 480,81 € de una cuenta corriente bancaria.

   d) Se ingresan en caja 300,51 € que proceden de la cuenta corriente bancaria que posee la empresa.

   e) Se compra un ordenador por 1.141,92 € (IVA incluido 18%), abonando en efectivo 150,25 € y aplazando el resto a nueve meses.

   f) Venta de mercaderías a un cliente extranjero que hace efectivo su valor en dólares. Entrega 3.000 dólares. Cambio del dólar: 0,89 € (IVA incluido 18%).

   g) El propietario retira de la cuenta corriente bancaria 901,52 € para sus gastos particulares.

h) Se depositan fuera 360,61 € en concepto de fianza, con vencimiento a seis meses.

i) El propietario ingresa en la cuenta corriente bancaria de la empresa 601,01 €.

j) Se reciben en la c/c bancaria 12.500 € por un préstamo concedido por el banco a la empresa, a devolver en tres años.

k) Se realiza el arqueo de caja y faltan por cuadrar 18,03 €. Se da conformidad al arqueo.

■ 4. Registra en el libro Diario los asientos que corresponderían a los siguientes hechos contables:

a) La empresa FINANZAS RUBIO, S.A. consiguió en el año 20XX un beneficio de 901.518,15 €. El 30% del mismo lo lleva por partes iguales a Reservas legales, especiales y voluntarias.

b) La sociedad anónima CRISTAL HOGAR ha tenido un beneficio de 180.303,63 €, estando obligada por ley a detraer el 10% del mismo, en concepto de Reservas.

c) Voluntariamente, la S.R.L. (sociedad de responsabilidad limitada) LUZYMA, tiene previsto llevar a reservas un 20% del beneficio. En el presente ejercicio obtuvo 240.404,84 € de resultado.

■ 5. Registra en el libro Diario los asientos que corresponderían a los siguientes hechos contables:

a) Cobramos por bancos 1.202,02 € desconociendo, por el momento, el motivo.

b) Nos transmite el banco la información de que el cobro anterior corresponde a una letra —que le habíamos remitido en gestión de cobro— que se ha hecho efectiva a su vencimiento.

c) Vendemos mercaderías al extranjero realizándose la operación en efectivo en dólares. Cobro de 5.000 dólares. Cambio del dólar 0,89 € (IVA incluido 18%).

d) Recibimos en concepto de fianza, con vencimiento inferior al año, 360,61 € en efectivo.

e) El propietario retira de la caja de la empresa 150,25 € para sus gastos particulares.

f) El banco concede a la empresa un préstamo, que abona en la cuenta corriente bancaria por 3.000 € a devolver en dos meses.

g) Depositamos en concepto de fianza, con vencimiento inferior al año, 540,91 € en efectivo.

h) Ingresamos 601,01 € en una cuenta de ahorros que provienen de una cuenta corriente bancaria.

i) Se efectúa el recuento o arqueo de caja, que arroja un saldo negativo de 42,07 €.

j) A los dos meses se devuelve el préstamo del asiento f) con unos intereses de 800 €. Se cargan ambos importes en la cuenta bancaria de la empresa.

entra en internet

■ 6. Consulta ejemplos de asientos sencillos para las cuentas que hemos estudiado en esta unidad, en la página web:

<www.plangeneralcontable.com>

Mira los enlaces Práctica contable y luego Cuadro de cuentas, ejemplos de asientos y también Guía de asientos contables habituales o cotidianos.

■ 7. También podrás ver ejemplos de asientos para las cuentas que aparecen en esta unidad, en la siguiente página web:

<www.gabilos.com>

Consulta los apartados Información Pymes y luego Contable: ver Cuadro de cuentas del PGC Pymes (con ejemplos asociados a cada cuenta).

PRÁCTICA PROFESIONAL

Simulación de un proceso contable informatizado

ASIENTOS PREDEFINIDOS

En el manejo diario de la Contabilidad, nos encontramos frecuentemente con la introducción rutinaria de asientos del mismo tipo que tienen una serie de datos repetitivos —como códigos de subcuentas, tipos de IVA, porcentajes—, que nos obligan a perder tiempo en su introducción.

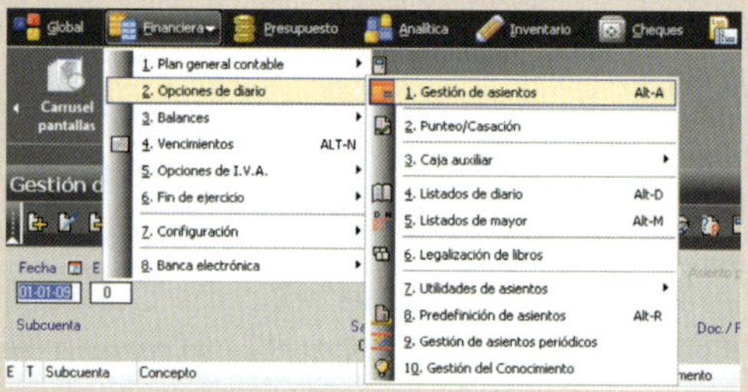

Existe una opción que permite automatizar y realizar de forma rápida y sencilla los asientos en nuestra contabilidad a través de los **asientos predefinidos**.

Un asiento puede tener información repetida o datos que pueden ser calculados fácilmente a partir de otros anteriormente introducidos. Con ContaPlus se puede utilizar la **colección de predefinidos** que trae por defecto, o se pueden crear nuevos asientos predefinidos.

Se han de seguir los siguientes pasos:

1. En la barra de menús selecciona **Global:**
   - **Selección de empresa:** seleccionamos INFORMADRID, con el código 05.
2. En la barra de menús selecciona **Financiera:**
   - Selecciona **1. Plan general contable.**
   - Dentro selecciona **2. Subcuentas.**
3. En la barra de menús selecciona **Financiera:**
   - Selecciona **2. Opciones de diario.**
   - Dentro selecciona **1. Gestión de asientos.**

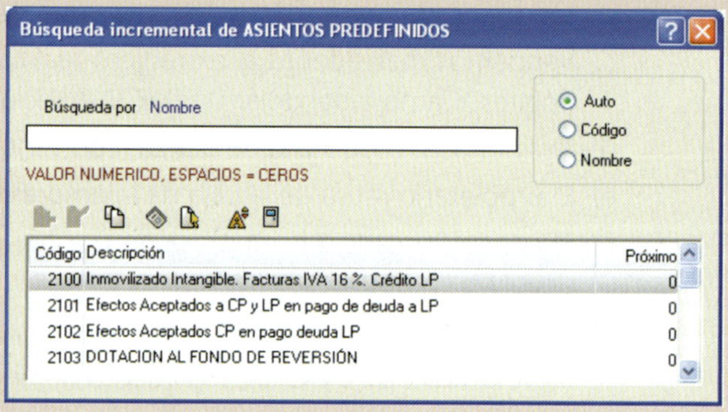

4. En la pantalla de **Gestión de asientos:**
   - Pulsamos sobre la lupa de **Entrada asientos predefinidos,** que está situado a la derecha de la fecha.
   - Aparece la ventana **Búsqueda incremental de asientos predefinidos,** donde seleccionamos el asiento predefinido que vamos a utilizar de la colección y que nos pedirá información sobre las subcuentas y los importes.
   - Después de introducir los datos solicitados, el predefinido se ejecuta automáticamente.

REGISTRO EN EL LIBRO DIARIO

Hemos registrado anteriormente en el libro Diario de nuestra empresa INFORMADRID, los apuntes correspondientes al asiento inicial y a los asientos de las operaciones de los días 5 a 22 de octubre.

Ahora continuaremos con nuestras anotaciones contables de la forma en que hemos procedido hasta ahora, pero aplicando a estos hechos contables la opción de asientos predefinidos.

ACTIVIDADES

Registra en el libro Diario, mediante la opción de asientos predefinidos, las siguientes operaciones del ejercicio:

- **27 de octubre**: venta de mercaderías al cliente X, según consta en la factura adjunta y con las formas de pago que se especifican en la documentación correspondiente.

EMITIDA POR:

INFORMADRID

C.I.F. O NIF: ....

FACTURA

S/Pedido 84

N/ref. BY - 34

Envío por Transporte propio

Forma de pago LETRAS DE CAMBIO

Observaciones 3 letras a 30, 60, 90 d/v del mismo importe

SR. D. CLIENTE X

C.I.F. o NIF: ....

Factura nº. 1

Fecha 27/10/20XX

CANTIDAD	DESCRIPCIÓN	PRECIO UNITARIO	IVA %	RE %	IMPORTE
2	Ordenadores Mod. Compaq XC	2.253,80			4.507,60
6	Impresora Mod. H.P. laser	49,58			297,48
	Importe bruto				4.805,08
	Base imponible				4.805,08

IVA R. equivalencia	18%	%	%	%	%	
Base imponible	4.805,08					4.805,08
Importe impuesto	864,91					864,91
					TOTAL FACTURA	5.669,99

PRÁCTICA PROFESIONAL

Lugar de libramiento: Madrid
MONEDA
IMPORTE: //1.889//
CLASE 6ª
16,83 €
de 3.005,07 € a 6.010,12 €
0 A 4553927

Por esta **LETRA DE CAMBIO** pagará usted al vencimiento expresado a BSCH

Fecha de libramiento (Día / Mes / Año): 27 10 20XX
VENCIMIENTO: 30 d/v.

la cantidad de (importe en letra): Mil ochocientos ochenta y nueve euros.

en el domicilio de pago siguiente:
Persona o entidad: Caja Madrid
Dirección u oficina: C/------- Nº -----
Población: 28 Madrid
CÓDIGO CUENTA CLIENTE (CCC): Entidad / Oficina / DC / Núm. de cuenta

ACEPTO
Fecha 27 octubre 20XX
(Firma)

Cláusulas:
LIBRADO
Nombre: CLIENTE X
Domicilio: C/------- Nº -----
Población: Madrid
C.P.: 28 Madrid Provincia:

LIBRADOR:
(Firma, nombre y domicilio)
INFORMADRID
C/------- Nº -----
28 Madrid

RCM-FNMT

No utilizar este espacio por estar reservado para impresión magnética

---

Lugar de libramiento: Madrid
MONEDA
IMPORTE: //1.889//
CLASE 6ª
16,83 €
de 3.005,07 € a 6.010,12 €
0 A 4553927

Por esta **LETRA DE CAMBIO** pagará usted al vencimiento expresado a BSCH

Fecha de libramiento (Día / Mes / Año): 27 10 20XX
VENCIMIENTO: 60 d/v.

la cantidad de (importe en letra): Mil ochocientos ochenta y nueve euros.

en el domicilio de pago siguiente:
Persona o entidad: Caja Madrid
Dirección u oficina: C/------- Nº -----
Población: 28 Madrid
CÓDIGO CUENTA CLIENTE (CCC): Entidad / Oficina / DC / Núm. de cuenta

ACEPTO
Fecha 27 octubre 20XX
(Firma)

Cláusulas:
LIBRADO
Nombre: CLIENTE X
Domicilio: C/------- Nº -----
Población: Madrid
C.P.: 28 Madrid Provincia:

LIBRADOR:
(Firma, nombre y domicilio)
INFORMADRID
C/------- Nº -----
28 Madrid

RCM-FNMT

No utilizar este espacio por estar reservado para impresión magnética

---

Lugar de libramiento: Madrid
MONEDA
IMPORTE: //1.889//
CLASE 6ª
16,83 €
de 3.005,07 € a 6.010,12 €
0 A 4553927

Por esta **LETRA DE CAMBIO** pagará usted al vencimiento expresado a BSCH

Fecha de libramiento (Día / Mes / Año): 27 10 20XX
VENCIMIENTO: 90 d/v.

la cantidad de (importe en letra): Mil ochocientos ochenta y nueve euros.

en el domicilio de pago siguiente:
Persona o entidad: Caja Madrid
Dirección u oficina: C/------- Nº -----
Población: 28 Madrid
CÓDIGO CUENTA CLIENTE (CCC): Entidad / Oficina / DC / Núm. de cuenta

ACEPTO
Fecha 27 octubre 20XX
(Firma)

Cláusulas:
LIBRADO
Nombre: CLIENTE X
Domicilio: C/------- Nº -----
Población: Madrid
C.P.: 28 Madrid Provincia:

LIBRADOR:
(Firma, nombre y domicilio)
INFORMADRID
C/------- Nº -----
28 Madrid

RCM-FNMT

No utilizar este espacio por estar reservado para impresión magnética

- **28 de octubre:** venta de mercaderías al cliente Y, según consta en la factura adjunta y con la forma de cobro que se especifica en la letra de cambio correspondiente.

EMITIDA POR:

INFORMADRID

C.I.F. o NIF: ____________

FACTURA

S/Pedido 32

N/ref. BY - 35

Envío por Transporte propio

Forma de pago Al contado y letra de cambio

Observaciones Letra a 3 m/v

SR. D. CLIENTE Y

C.I.F. o NIF: ____________

Factura nº. 2

Fecha 28/10/20XX

CANTIDAD	DESCRIPCIÓN	PRECIO UNITARIO	IVA %	RE %	IMPORTE
3	Impresora Mod. H.P: Laser	676,14			2.028,42
5	Filtro Universal Ref.: 28602	63,11			315,55
	Importe bruto				2.343,97
	Base imponible				2.343,97

IVA R. Equivalencia	18%	%	%	%	%	
Base imponible	2.343,97					2.343,97
Importe impuesto	421,91					421,91
					TOTAL FACTURA	2.765,88

PRÁCTICA PROFESIONAL

Núm. 1

Recibo de CLIENTE Y

€ #SETECIENTOS SESENTA Y CINCO CON OCHENTA Y OCHO#

por PEDIDO

28 de OCTUBRE de 20XX

€ #765,88#

CLIENTE Y Núm. 1

Hemos recibido de CLIENTE Y

la cantidad de € #SETECIENTOS SESENTA Y CINCO CON OCHENTA Y OCHO#

en concepto de PEDIDO DE MERCANCÍAS

Madrid, 28 de octubre de 20XX

Firma y sello

Son #765,88# €

- **29 de octubre:** se giran todas las letras de cambio al banco en gestión de cobro.
- **29 de octubre:** se realizan diversas reparaciones en el local que tenemos alquilado por 120,20 €, que están pendientes de pago (IVA incluido).

Lugar de libramiento: Madrid | MONEDA | IMPORTE: //2.000,00// | CLASE 6ª 16,83 € de 3.005,07 € a 6.010,12 €

Por esta **LETRA DE CAMBIO** pagará usted al vencimiento expresado a Banco Popular

Fecha de libramiento: Día 28 Mes 10 Año 20XX | VENCIMIENTO: 3 m/v.

la cantidad de (importe en letra): Dos mil euros.

0 A 4553927

Persona o entidad: Caja Madrid
Dirección u oficina: C/------- Nº -----
Población: 28 Madrid

en el domicilio de pago siguiente:
CÓDIGO CUENTA CLIENTE (CCC)
Entidad Oficina DC Núm. de cuenta

ACEPTO
Fecha 28 octubre 20XX
(Firma)

Cláusulas:
LIBRADO
Nombre: CLIENTE Y
Domicilio: C/------- Nº -----
Población: Madrid
C.P.: 28 Madrid Provincia:

LIBRADOR:
(Firma, nombre y domicilio)
INFORMADRID
C/------- Nº -----
28 Madrid

RCM-FNMT

No utilizar este espacio por estar reservado para impresión magnética

- **29 de octubre:** se giran todas las letras de cambio al banco en gestión de cobro.
- **29 de octubre:** se realizan diversas reparaciones en el local que tenemos alquilado por 120,20 €, que están pendientes de pago (IVA incluido).

EN RESUMEN

GRUPO 2 ACTIVO NO CORRIENTE — Activos que no están destinados a la venta habitual y son una inversión permanente para servir a la actividad empresarial.

- INMOVILIZADO MATERIAL
  - **Subgrupo 21: Inmovilizaciones materiales**
    Bienes tangibles propiedad de una empresa y destinados a garantizar su permanencia.
  - (210) Terrenos y bienes naturales, (211) Construcciones, (212) Instalaciones complejas especializadas, (213) Maquinaria, (214) Utillaje, (216) Mobiliario, (217) Equipos para procesos de información, (218) Elementos de transporte, (219) Otro inmovilizado material.

GRUPO 1 FINANCIACIÓN BÁSICA — Patrimonio Neto y financiación ajena a largo plazo.

GRUPO 5 CUENTAS FINANCIERAS — Instrumentos financieros por operaciones ajenas al tráfico y con vencimiento no superior a un año, y medios líquidos disponibles.

- TESORERÍA
  - **Subgrupo 57: Tesorería**
    Dinero legal y dinero bancario.

EVALÚA TUS CONOCIMIENTOS

1. Los bienes del inmovilizado:

a) No se pueden vender.
b) Se venden habitualmente.
c) No están destinados a la venta, pero se pueden vender.

2. Las cuentas del inmovilizado se encuentran, dentro del PGC (Pymes), en el:

a) Grupo 3.
b) Grupo 2.
c) Grupo 5.
d) Grupo 7.

3. Las ventas de inmovilizado se contabilizan por el precio de ________________ llevando la diferencia a beneficios o pérdidas.

4. Anota si es verdadera o falsa la siguiente afirmación:

El PGC (Pymes) asigna, dentro del grupo 2, el subgrupo 20 para Inmovilizaciones materiales.

a) Verdadero.
b) Falso.

5. La sociedad anónima y la sociedad de responsabilidad limitada utilizarán, en su constitución, la cuenta:

a) Capital.
b) Capital social.

6. Una empresa puede constituirse:

a) Solo con recursos propios.
b) Con financiación propia y ajena.
c) Solo con recursos ajenos.

7. Las reservas son:

a) Beneficios que no se reparten.
b) Inversiones realizadas.
c) Gastos cubiertos.

8. Anota si es verdadera o falsa cada una de las siguientes afirmaciones:

La cuenta (550) Titular de la explotación, se utiliza para reflejar el beneficio o pérdida que tiene una empresa individual.

a) Verdadero.
b) Falso.

La cuenta (555) Partidas pendientes de aplicación, se utiliza para registrar el dinero recibido del que se desconoce su origen.

a) Verdadero.
b) Falso.

10 Gastos e ingresos

vamos a conocer...

1. El grupo 6: Compras y gastos
2. Significado y funcionamiento de las cuentas de Gastos
3. El grupo 7: Ventas e ingresos
4. Significado y funcionamiento de las cuentas de Ingresos

PRÁCTICA **PROFESIONAL**
Registro en el libro Diario

y al finalizar esta unidad...

- Analizarás las cuentas más representativas del grupo 6: Compras y gastos y del grupo 7: Ventas e ingresos.
- Distinguirás entre los diferentes subgrupos que integran cada uno de estos grupos de cuentas.
- Aplicarás este tipo de cuentas a hechos contables que desarrollen operaciones de la actividad empresarial que supongan gastos e ingresos.

CASO **PRÁCTICO** INICIAL

situación de partida

Marta y Carlos poseen un pequeño negocio dedicado a la venta de material informático, y necesitan conocer el resultado del ejercicio actual. Consideran que deben obtener el importe total de gastos y el de ingresos del período económico (que en nuestro país suele coincidir con el año natural), pues saben que el resultado del ejercicio es la diferencia entre ingresos y gastos, y que puede ser beneficio o pérdida. Su empresa obtendrá beneficios si los ingresos son superiores a los gastos y, en caso contrario, si los gastos superan a los ingresos, su empresa tendrá pérdidas.

Ambos empresarios se plantean algunas cuestiones: cómo reconocer la gran variedad de partidas que componen las compras y gastos (grupo 6 del PGC Pymes), así como las partidas de ventas e ingresos (grupo 7 del PGC Pymes). También desean conocer la diferencia entre ingresos y cobros, por un lado, y gastos y pagos, por otro.

estudio del caso

Para conocer las distintas partidas de ingresos y gastos, Marta y Carlos deberán agruparlas en función de su naturaleza. Los gastos generalmente se reflejarán en cuentas de carácter deudor que registrarán resultados negativos; se anotarán o cargarán en el Debe todas las operaciones de gastos producidas durante el ejercicio económico y se cargarán a la cuenta 129 (Resultado del ejercicio) al cierre del ejercicio. Mientras que los ingresos se reflejan a la inversa, y se anotarán o abonarán generalmente en el Haber todas aquellas operaciones de ingresos producidas durante el ejercicio económico, las cuales se abonarán a la cuenta 129 (Resultado del ejercicio) al cierre del ejercicio.

Algunas de las cuentas del grupo 6 del PGC Pymes más habituales que tienen saldo acreedor o pueden tener saldo deudor y acreedor son: 606 (Descuentos sobre compras por pronto pago), 608 (Devoluciones de compras y operaciones similares), 609 (Rappels por compras), todas ellas con saldo acreedor, y 61 (Variación de existencias) que puede tener saldo deudor o acreedor. Y las cuentas del grupo 7 del PGC Pymes que tienen saldo deudor o pueden tener saldo deudor y acreedor son: 706 (Descuentos sobre ventas por pronto pago), 708 (Devoluciones de ventas y operaciones similares), 709 (Rappels sobre ventas), todas ellas con saldo deudor, y 71 (Variación de existencias) que puede tener saldo deudor o acreedor.

Ingresos y cobros son dos conceptos distintos, pues mientras los ingresos hacen referencia a operaciones (tales como ventas de mercaderías, prestaciones de servicios, otros ingresos financieros, etc.) que incrementan el valor patrimonial de la empresa, los cobros se refieren al hecho en sí de recibir dinero.

Si la empresa realiza una venta a crédito con vencimiento dentro de 60 días, significa que en el momento de la venta se produce un ingreso (aunque todavía no haya cobrado), y cuando el cliente pague, se producirá el cobro.

Gastos y pagos son dos conceptos diferentes, donde el gasto hace referencia a una operación que disminuye el valor patrimonial de la empresa (alquileres, sueldos y salarios, suministros, etc.) contrayendo una obligación de pago, mientras que el pago se refiere al hecho de entregar el dinero (minorando la tesorería) y saldar la cuenta. Si la empresa contrata unos servicios de asesoría, esto le empieza a originar un gasto, aunque tarde tres meses en pagar.

Entra en el portal <www.abanfin.com>, en el enlace D. Financiera. A continuación, pincha en la sección Contabilidad, para acceder al apartado Guía práctica de contabilización, que te permitirá conocer la mecánica contable de las distintas partidas de gastos e ingresos de forma detallada.

Por ejemplo, en los asientos de compras, podemos encontrar los siguientes asientos tipo de contabilización: de rappels por compras, de anticipos a proveedores, de compras de mercaderías al contado, de compras de mercaderías con pago mediante efectos comerciales y mediante entidad financiera, de descuento por pronto pago sobre compras dentro de factura, de descuento por pronto pago sobre compras fuera de factura y de devolución de compras.

1. El grupo 6: Compras y gastos

Cuando haya una disminución en el Patrimonio Neto, estaremos ante una cuenta de Gastos, que se registrará o anotará en el Debe de la Contabilidad.

Las empresas o negocios tienen, a lo largo de cada ejercicio económico, gran variedad de gastos, tales como:

- Compras de mercaderías.
- Impuestos.
- Recibos de luz, agua y gas.
- Recibos de teléfono.
- Compra de material de oficina.
- Reparaciones.
- Alquileres.
- Publicidad.
- Sueldos de los trabajadores o empleados.
- Seguros, etc.

Los gastos suponen un pago o disminución de tesorería, o bien un aumento de las deudas.

Los gastos solo duran un ejercicio económico, ya que, al finalizar el mismo, se cierran y engloban en la cuenta (129) Resultado del ejercicio.

El movimiento de este grupo de cuentas sería el siguiente:

- Se cargan o anotan en el Debe cuando se produce el gasto.
- Se abonan o anotan en el Haber al final del ejercicio con cargo a Resultado del ejercicio.

recuerda

Regularización de gastos

Los gastos se reflejan en cuentas de naturaleza deudora (saldo deudor), que se saldan y cierran en el proceso que se conoce con el nombre de regularización, al finalizar cada ejercicio económico.

El **PGC (Pymes)** establece el **Grupo 6: Compras y gastos** para el tipo de cuentas que estamos estudiando, y lo define así:

- Aprovisionamientos de mercaderías y demás bienes adquiridos por la empresa para revenderlos, bien sea sin alterar su forma y sustancia, o previo sometimiento a procesos industriales de adaptación, transformación o construcción.
- Comprende también todos los gastos del ejercicio, incluidas las adquisiciones de servicios y de materiales consumibles, la variación de existencias adquiridas y otros gastos y pérdidas del ejercicio.

Dentro del grupo 6 trabajaremos con los siguientes subgrupos:

SUBGRUPOS DEL GRUPO 6
Subgrupo 60: Compras Se refieren a las compras o aprovisionamientos de bienes (según la naturaleza de la actividad empresarial).
Subgrupo 61: Variación de existencias Cuentas que se destinan a registrar, al cierre del ejercicio, las diferencias entre las existencias finales y las iniciales.
Subgrupo 62: Servicios exteriores Servicios o gastos diversos.
Subgrupo 63: Tributos Cuentas referidas a impuestos.
Subgrupo 64: Gastos de personal Cuentas que incluyen retribuciones al personal, cuotas de la Seguridad Social a cargo de la empresa y otros gastos de carácter social.
Subgrupo 65: Otros gastos de gestión Gastos no comprendidos en otros subgrupos, siempre que no tengan carácter extraordinario.
Subgrupo 66: Gastos financieros Tales como intereses de diferente tipo, intereses de deudas, etc.

caso **práctico** inicial

En este apartado encontrarás todas las cuentas de gastos en función de su naturaleza.

2. Significado y funcionamiento de las cuentas de Gastos

Algunas cuentas incluidas en estos grupos han sido estudiadas en unidades anteriores y haremos de nuevo referencia a ellas.

El **Subgrupo 60: Compras** presenta las siguientes cuentas:

SUBGRUPO 60 COMPRAS
(600) Compras de mercaderías
(601) Compras de materias primas
(602) Compras de otros aprovisionamientos
(606) Descuentos sobre compras por pronto pago
(607) Trabajos realizados por otras empresas
(608) Devoluciones de compras y operaciones similares
(609) Rappels por compras

El **Subgrupo 61: Variación de existencias** incluye:

SUBGRUPO 61 VARIACIÓN DE EXISTENCIAS
(610) Variación de existencias de mercaderías
(611) Variación de existencias de materias primas
(612) Variación de existencias de otros aprovisionamientos

caso práctico inicial

Estas cuentas del subgrupo 61, junto con las cuentas 606, 608 y 609 son las más habituales. Su funcionamiento es distinto o contrario al del resto de las cuentas de gastos.

La mayoría de las cuentas de los dos subgrupos anteriores se estudiaron en la Unidad 7 y su esquema de funcionamiento es el siguiente:

DEBE → CUENTAS DE GASTOS **HABER → CONTRAPARTIDAS**

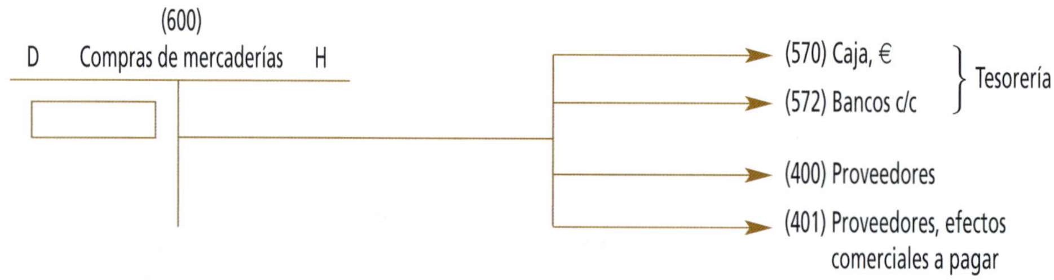

Las cuentas **(601) Compras de materias primas, (602) Compras de otros aprovisionamientos y (607) Trabajos realizados por otras empresas,** siguen el mismo esquema de funcionamiento que el expresado para la cuenta **(600) Compras de mercaderías.**

DEBE → CUENTAS DE GASTOS **HABER → CONTRAPARTIDAS**

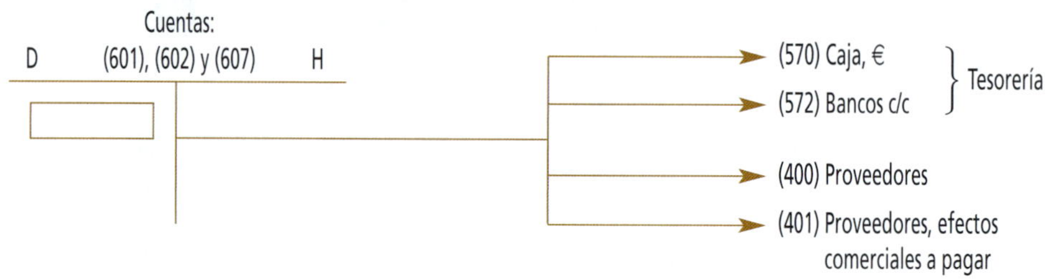

Las cuentas **(606) Descuentos sobre compras por pronto pago**, **(608) Devoluciones de compras y operaciones similares** y **(609) Rappels por compras** deben considerarse como ingresos o menores gastos y, por tanto, su funcionamiento es el contrario al de las cuentas citadas anteriormente:

DEBE → CUENTAS DE GASTOS

HABER → CONTRAPARTIDAS O MENORES GASTOS

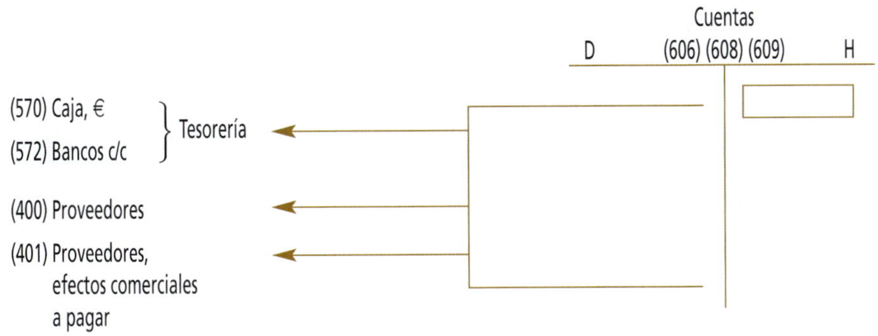

El esquema de funcionamiento de las cuentas del **Subgrupo 61: Variación de existencias** es el mismo que el de la cuenta **(610) Variación de existencias de mercaderías**, que se estudió en la Unidad 7.

El **Subgrupo 62: Servicios exteriores** incluye cuentas que quedan inscritas como:

SUBGRUPO 62 SERVICIOS EXTERIORES
(620) Gastos en investigación y desarrollo del ejercicio Servicios encargados a otras empresas de investigación.
(621) Arrendamientos y cánones Alquiler de bienes muebles e inmuebles.
(622) Reparaciones y conservación
(623) Servicios de profesionales independientes Honorarios de economistas, abogados, arquitectos, comisiones, etc.
(624) Transportes Del inmovilizado o de las existencias a cargo de la empresa, cuando no se incluya en el precio de adquisición, y se realice por terceros.
(625) Primas de seguros Pólizas de seguros de la empresa.
(626) Servicios bancarios y similares Cantidades satisfechas en concepto de servicios bancarios que no sean gastos financieros.
(627) Publicidad, propaganda y relaciones públicas
(628) Suministros Electricidad, agua, gas, etc.
(629) Otros servicios Los no comprendidos en las cuentas anteriores. Por exclusión, se pueden considerar: teléfono, gastos de viaje, gastos de limpieza, etc.

El esquema de registro de estas cuentas sería el siguiente:

DEBE → CUENTAS DE GASTOS **HABER → CONTRAPARTIDAS**

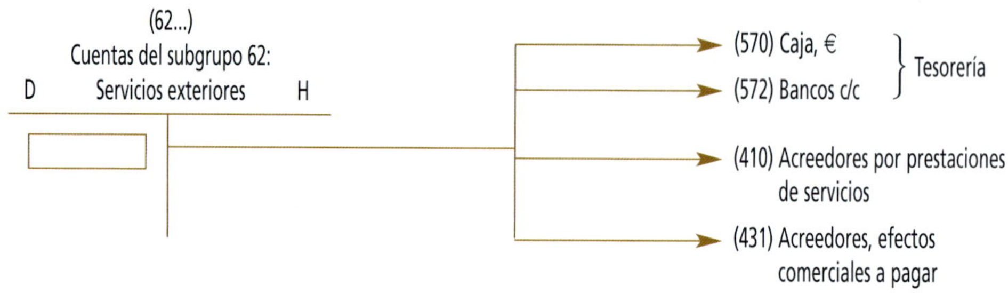

EJEMPLO

Registraremos los siguientes hechos contables en el libro Diario, aplicando un IVA del 18%:

- **Se abonan por bancos los siguientes gastos: luz 240,40 € y teléfono 90,15 €.**

240,40	(628) Suministros		
90,15	(629) Otros servicios		
59,50	(472) Hacienda pública, IVA soportado		
		a (572) Bancos c/c	390,05

- **Se abonan por bancos reparaciones por 138,23 €.**

138,23	(622) Reparaciones y conservación		
24,88	(472) Hacienda pública, IVA soportado		
		a (572) Bancos c/c	163,11

- **Se adeudan 155,43 €, por una consulta jurídica a un despacho de abogados.**

155,43	(623) Servicios de profesionales independientes		
27,98	(472) Hacienda pública, IVA soportado		
		a (410) Acreedores por prestaciones de servicio	183,41

- **Se abonan por bancos la mitad de los siguientes gastos: campaña publicitaria 701,32 €; relaciones públicas 200,20 €; alquiler de un local 961,62 €; póliza de seguros 480,82 €; y por gastos de investigación 1.202,02 €.**

901,52	(627) Publicidad, propaganda y relaciones públicas		
961,62	(621) Arrendamientos y cánones		
480,83	(625) Primas de seguros (*)		
1.202,02	(620) Gastos en investigación y desarrollo del ejercicio		
551,73	(472) Hacienda Pública, IVA soportado		
		a (572) Bancos c/c	2.048,86
		a (410) Acreedores por prestaciones de servicios	2.048,86

(*) No lleva IVA.

- **Se adeudan con letras de cambio los siguientes gastos: por transportes 150,25 € y por servicio de limpieza 450,76 €.**

150,25	(624) Transportes		
450,76	(629) Otros servicios		
108,18	(472) Hacienda pública, IVA soportado		
		a (411) Acreedores, efectos comerciales a pagar	709,19

El **Subgrupo 63: Tributos** incluye como cuentas principales:

SUBGRUPO 63 TRIBUTOS
(630) Impuestos sobre beneficios Importe del impuesto sobre beneficios que se devenga en cada ejercicio.
(631) Otros tributos Importe de otros impuestos de los que la empresa es contribuyente.
(636) Devolución de impuestos Importe de los impuestos a devolver a la empresa como consecuencia de pagos indebidos.

Estas cuentas presentan el siguiente funcionamiento:

DEBE → CUENTAS DE GASTOS **HABER → CONTRAPARTIDAS**

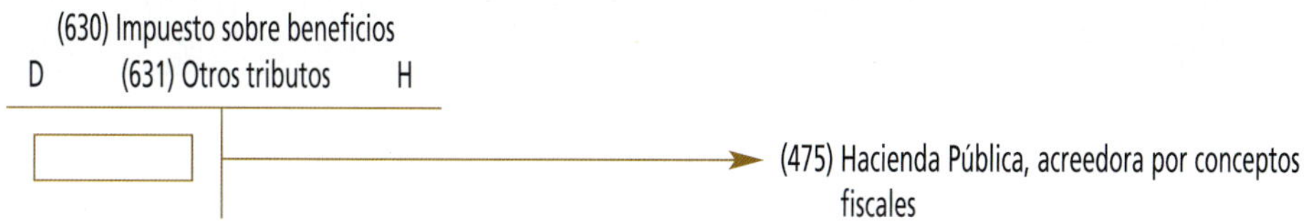

DEBE → CUENTAS DE GASTOS **HABER → CONTRAPARTIDAS O MENORES GASTOS**

EJEMPLO

- La sociedad anónima FLORESA devenga impuestos por 25.242,51 €.

X

25.242,51	(631) Otros tributos		
		a (475) Hacienda Pública, acreedora por conceptos fiscales	25.242,51

El **Subgrupo 64: Gastos de personal** incluye como cuentas de importancia las siguientes:

SUBGRUPO 64 GASTOS DE PERSONAL
(640) Sueldos y salarios Registra todo tipo de remuneraciones que se tengan que abonar al personal de la empresa, sean cantidades fijas, extraordinarias, dietas, etc.
(641) Indemnizaciones Cantidades que se entregan al personal de la empresa por despidos, jubilaciones anticipadas, etc.
(642) Seguridad Social a cargo de la empresa Registra las cuotas que han de abonar las empresas a la Seguridad Social por sus prestaciones.
(649) Otros gastos sociales Subvenciones a economatos y comedores, formación profesional, becas para estudios, etc.

El esquema de registro de una nómina podría ser el siguiente:

DEBE → CUENTAS DE GASTOS **HABER → CONTRAPARTIDAS**

El siguiente **Subgrupo 65: Otros gastos de gestión**, incluye dos cuentas de importancia:

SUBGRUPO 65 OTROS GASTOS DE GESTIÓN
(650) Pérdidas de créditos comerciales incobrables Pérdidas por insolvencias firmes de clientes y deudores.
(659) Otras pérdidas en gestión corriente Las que teniendo esta naturaleza no figuran en cuentas anteriores.

EJEMPLO

Registraremos los siguientes hechos contables en el libro Diario:

- Se abona por bancos la nómina del personal de la empresa: valor de la nómina 9.015,18 €; Seguridad Social cuota empresarial 2.404,05 €; Seguridad Social cuota empleados 1.202,02 €; IRPF 1.803,04 €.

——— X ———

9.015,18 (640) Sueldos y salarios
2.404,05 (642) Seguridad Social a cargo de la empresa
a (476) Organismos de la Seguridad Social, acreedores 3.606,07
a (4751) Hacienda Pública, acreedora por retenciones practicadas 1.803,04
a (572) Bancos c/c 6.010,12

Nota: se supone que se dejan a deber (siendo esto lo habitual) las cuotas de la Seguridad Social y el impuesto sobre la renta de las personas físicas, y lo único que se abona por banco es la nómina (el sueldo de los empleados).
Por otro lado, hay que saber que la Seguridad Social cuota empleados y el IRPF son retenciones que se realizan sobre el sueldo de los trabajadores.

- Se deja a deber la nómina del personal, teniendo en cuenta los siguientes datos: valor de la nómina 60.101,21 €; Seguridad Social de la empresa 18.030,36 €; Seguridad Social de los trabajadores 6.010,12 €; impuesto sobre la renta de las personas físicas (IRPF) 9.015,18 €.

——— X ———

60.101,21 (640) Sueldos y salarios
18.030,36 (642) Seguridad Social a cargo de la empresa
a (476) Organismos de la Seguridad Social, acreedores 24.040,48
a (4751) Hacienda Pública, acreedora por retenciones practicadas 9.015,18
a (465) Remuneraciones pendientes de pago 45.075,91

EJEMPLO

(Continuación)

- **Se abonan por bancos 1.803,04 € de ayudas a comedores y 2.404,05 € de becas de estudios.**

X

4.207,09	(649) Otros gastos sociales		
		a (572) Bancos c/c	4.207,09

- **Se considera definitivamente perdido el cobro a un cliente al que habíamos vendido mercaderías, anteriormente, por 1.202,02 €.**

X

1.202,02	(650) Pérdidas de créditos comerciales incobrables		
		a (430) Clientes	1.202,02

Por último, el **Subgrupo 66: Gastos financieros** contiene cuentas de importancia, tales como:

SUBGRUPO 66 GASTOS FINANCIEROS
(662) Intereses de deudas Importe de los intereses de los préstamos recibidos pendientes de amortizar.
(665) Intereses por descuento de efectos Intereses en las operaciones de negociación o descuento de letras de cambio (esta cuenta fue estudiada en la Unidad 8).
(669) Otros gastos financieros Gastos de naturaleza financiera no recogidos en otras cuentas de este subgrupo (se emplea mucho para la liquidación de intereses negativos con los bancos).

3. El grupo 7: Ventas e ingresos

recuerda

Regularización de ingresos

Los ingresos se reflejan en cuentas de naturaleza acreedora (saldo acreedor), que se saldan y cierran en el proceso que se conoce con el nombre de regularización, al finalizar cada ejercicio económico.

Cuando haya un aumento en el Patrimonio Neto, estamos ante una cuenta de Ingresos, que se registrará o anotará en el Haber de la Contabilidad.

Las empresas tienen, a lo largo de cada ejercicio económico, ingresos que suponen un cobro o aumento de tesorería, o bien un aumento de los derechos de cobro, tales como:

- Ventas de mercaderías.
- Ingresos de comisiones.
- Ingresos de alquileres, etc.

Los ingresos, al igual que los gastos, solo duran un ejercicio económico, ya que, al finalizar el mismo, se saldarán y cerrarán englobándose en la cuenta (129) Resultado del ejercicio.

El movimiento de este grupo de cuentas sería el siguiente:

- Se abonan o anotan en el Haber cuando se produce el ingreso.
- Se cargan o anotan en el Debe al final del ejercicio con cargo a Resultado del ejercicio.

INGRESOS
Cuentas que registran todas las compras y desembolsos derivados de la actividad principal de la empresa

→ **CUENTAS DE GESTIÓN**
Representan un aumento en el Patrimonio Neto

→ **SOLO DURAN UN EJERCICIO ECONÓMICO**

→ **SE ABONAN**
Cuando se produce el ingreso

→ **SE CARGAN**
Al final del ejercicio se cierran y engloban en la cuenta (129) Resultado del ejercicio

El **PGC (Pymes)** establece el **Grupo 7: Ventas e ingresos** para el tipo de cuentas que estamos estudiando, y lo define así:

Enajenaciones de bienes y prestaciones de servicios que son objeto del tráfico de la empresa; comprende también otros ingresos, variación de existencias y beneficios del ejercicio.

Dentro del grupo 7, trabajaremos con los siguientes subgrupos:

SUBGRUPOS DEL GRUPO 7
Subgrupo 70: Ventas de mercaderías, de producción propia, de servicios, etc. Se refieren a las ventas o enajenaciones de bienes o prestaciones de servicios (según la naturaleza de la actividad empresarial).
Subgrupo 71: Variación de existencias Cuentas que se destinan a registrar, al cierre del ejercicio, las diferencias entre las existencias finales y las iniciales.
Subgrupo 75: Otros ingresos de gestión Ingresos no comprendidos en otros subgrupos, siempre que no tengan carácter extraordinario.
Subgrupo 76: Ingresos financieros Tales como intereses de cuentas bancarias, etc.

4. Significado y funcionamiento de las cuentas de Ingresos

Algunas cuentas incluidas en estos grupos han sido estudiadas en unidades anteriores y haremos de nuevo referencia a ellas.

El **Subgrupo 70: Ventas de mercaderías, de producción propia, de servicios, etc.,** presenta las siguientes cuentas:

SUBGRUPO 70 VENTAS DE MERCADERÍAS, PRODUCCIÓN PROPIA...
(700) Ventas de mercaderías
(701) Ventas de productos terminados
(704) Ventas de envases y embalajes
(705) Prestaciones de servicios
(706) Descuentos sobre ventas por pronto pago
(708) Devoluciones de ventas y operaciones similares
(709) Rappels sobre ventas

El **Subgrupo 71: Variación de existencias** incluye:

SUBGRUPO 71 VARIACIÓN DE EXISTENCIAS
(712) Variación de existencias de productos terminados

La mayoría de las cuentas de los dos anteriores subgrupos se estudiaron en la Unidad 7.

Las cuentas: **(701) Ventas de productos terminados, (704) Ventas de envases y embalajes y (705) Prestaciones de servicios**, siguen el mismo esquema de funcionamiento que el de la cuenta **(700) Ventas de mercaderías.**

DEBE → CONTRAPARTIDAS **HABER → CUENTAS DE INGRESOS**

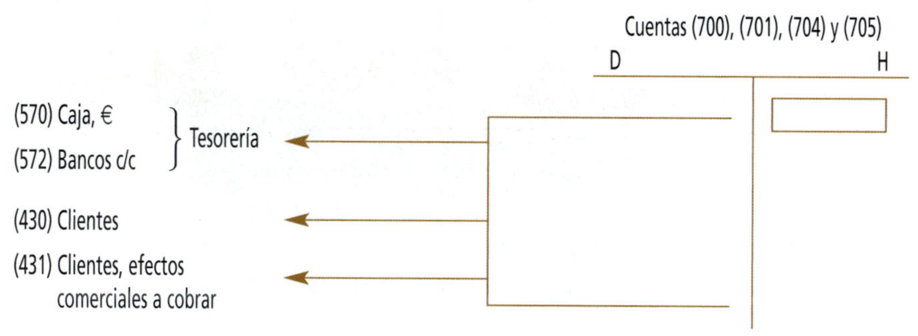

Las cuentas **(706) Descuentos sobre ventas por pronto pago, (708) Devoluciones de ventas y operaciones similares y (709) Rappels sobre ventas** deben considerarse como gastos o menores ingresos, siendo por tanto su funcionamiento el contrario al de las cuentas citadas anteriormente:

DEBE → CUENTAS DE GASTOS O MENORES INGRESOS **HABER → CONTRAPARTIDAS**

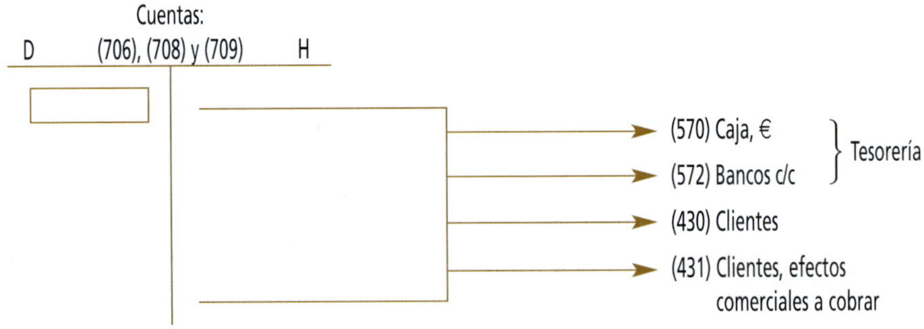

La forma de registro de la cuenta **(712) Variación de existencias de productos terminados** es la siguiente:

- Se **carga** (Debe) por el importe de las existencias iniciales con abono a la cuenta (350) Productos terminados.
- Se **abona** (Haber) por el importe de las existencias finales con cargo a la cuenta (350) Productos terminados.

El **Subgrupo 75: Otros ingresos de gestión** incluye cuentas importantes como:

SUBGRUPO 75 OTROS INGRESOS DE GESTIÓN
(752) Ingresos por arrendamientos Por alquileres de bienes muebles e inmuebles.
(754) Ingresos por comisiones Por servicios de mediación que se pueden realizar de manera accidental.
(759) Ingresos por servicios diversos Registra servicios prestados de forma eventual a otras empresas o a particulares, tales como transporte, reparaciones, asesoría, informes, etc.

DEBE → CONTRAPARTIDAS **HABER → CUENTAS DE INGRESOS**

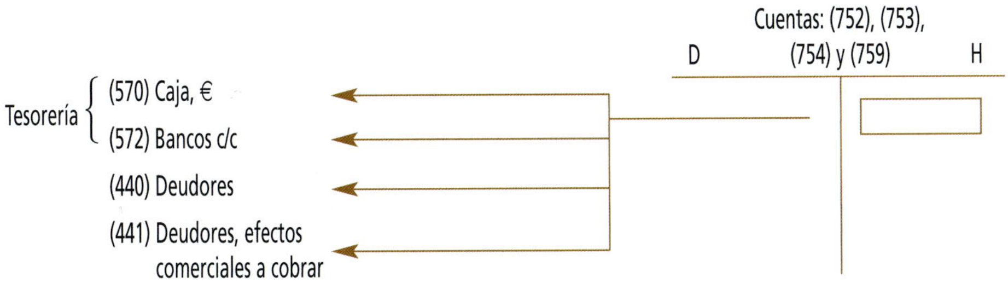

Por último, el **Subgrupo 76: Ingresos financieros** contiene una cuenta importante:

SUBGRUPO 76 INGRESOS FINANCIEROS
(769) Otros ingresos financieros Empleada frecuentemente para la liquidación positiva con los bancos.

EJEMPLO

Registraremos en el libro Diario las siguientes operaciones aplicando un IVA del 18%:

- **Están pendientes de cobro 1.803,00 € por un informe de tipo técnico realizado por la empresa.**

1.803,00	(440) Deudores		
		a (759) Ingresos por servicios diversos	1.527,97
		a (477) Hacienda Pública, IVA repercutido	275,03

- **Hemos cedido en alquiler unos ordenadores y cobramos por este concepto, a través de bancos, 1.202,50 €.**

1.202,50	(572) Bancos c/c		
		a (752) Ingresos por arrendamientos	1.019,07
		a (477) Hacienda Pública, IVA repercutido	183,43

- **Están pendientes de cobro, por medio de letras de cambio, unas comisiones por 3.005,00 € que corresponden a unos servicios de mediación.**

3.005,00	(441) Deudores, efectos comerciales a cobrar		
		a (754) Ingresos por comisiones	2.546,61
		a (477) Hacieda Pública, IVA repercutido	458,39

- **El banco abona en la cuenta corriente de la empresa 60,50 €, correspondientes a la liquidación de intereses.**

60,50	(572) Bancos c/c		
		a (769) Otros ingresos financieros	60,50

RELACIÓN DE CUENTAS CODIFICADAS
GRUPO 1: FINANCIACIÓN BÁSICA
(100) Capital social. (102) Capital.
GRUPO 2: ACTIVO NO CORRIENTE
GRUPO 3: EXISTENCIAS
(300) Mercaderías. (310) Materias primas. (321) Combustibles. (326) Embalajes. (327) Envases. (328) Material de oficina. (350) Productos terminados.
GRUPO 4: ACREEDORES Y DEUDORES POR OPERACIONES COMERCIALES
(400) Proveedores. (401) Proveedores, efectos comerciales a pagar. (410) Acreedores por prestaciones de servicios. (411) Acreedores, efectos comerciales a pagar. (430) Clientes. (431) Clientes, efectos comerciales a cobrar. (440) Deudores. (441) Deudores, efectos comerciales a cobrar. (460) Anticipos de remuneraciones. (465) Remuneraciones pendientes de pago. (470) Hacienda Pública, deudora por diversos conceptos. (471) Organismos de la Seguridad Social, deudores. (472) Hacienda Pública, IVA soportado. (475) Hacienda Pública, acreedora por conceptos fiscales.   (4751) Hacienda Pública, acreedora por retenciones practicadas. (476) Organismos de la Seguridad Social, acreedores. (477) Hacienda Pública, IVA repercutido.
GRUPO 5: CUENTAS FINANCIERAS
(570) Caja, €. (572) Bancos c/c.
GRUPO 6: COMPRAS Y GASTOS
60. Compras (600) Compras de mercaderías. (601) Compras de materias primas. (602) Compras de otros aprovisionamientos. (606) Descuentos sobre compras por pronto pago. (607) Trabajos realizados por otras empresas. (608) Devoluciones de compras y operaciones similares. (609) Rappels por compras. **61. Variación de existencias** (610) Variación de existencias de mercaderías. (611) Variación de existencias de materias primas. (612) Variación de existencias de otros aprovisionamientos. **62. Servicios exteriores** (620) Gastos en investigación y desarrollo del ejercicio.

RELACIÓN DE CUENTAS CODIFICADAS (continuación)
(621) Arrendamientos y cánones. (622) Reparaciones y conservación. (623) Servicios de profesionales independientes. (624) Transportes. (625) Primas de seguros. (626) Servicios bancarios y similares. (627) Publicidad, propaganda y relaciones públicas. (628) Suministros. (629) Otros servicios.
63. Tributos (630) Impuesto sobre beneficios. (631) Otros tributos. (636) Devolución de impuestos.
64. Gastos de personal (640) Sueldos y salarios. (641) Indemnizaciones. (642) Seguridad Social a cargo de la empresa. (649) Otros gastos sociales. (650) Pérdidas de créditos comerciales incobrables. (659) Otras pérdidas de gestión corriente.
66. Gastos financieros (662) Intereses de deudas. (665) Intereses por descuento de efectos. (669) Otros gastos financieros.
67. Pérdidas procedentes de activos no corrientes y gastos excepcionales (671) Pérdidas procedentes del inmovilizado material. (678) Gastos excepcionales.
GRUPO 7: VENTAS E INGRESOS
70. Ventas de mercaderías, de producción propia, de servicios, etc. (700) Ventas de mercaderías. (701) Ventas de envases y embalajes. (705) Prestaciones de servicios. (706) Descuentos sobre ventas por pronto pago. (708) Devoluciones de ventas y operaciones similares. (709) Rappels sobre ventas.
71. Variación de existencias (712) Variación de existencias de productos terminados.
75. Otros ingresos de gestión (752) Ingresos por arrendamientos. (754) Ingresos por comisiones. (755) Ingresos por servicios al personal. (758) Otros ingresos de gestión corriente. (759) Ingresos por servicios diversos.
76. Ingresos financieros (769) Otros ingresos financieros.
77. Beneficios procedentes de activos no corrientes e ingresos excepcionales (771) Beneficios procedentes del inmovilizado material. (778) Ingresos excepcionales.

ACTIVIDADES FINALES

■ 1. Se crea la empresa individual X con las siguientes aportaciones del propietario: dinero en caja 601,01 €; dinero en bancos 12.020,24 €; un local 30.050,61 €; muebles 601,01 €; y un vehículo 7.813,16 €.

Realiza las siguientes operaciones aplicando un IVA del 18%:

a) Por unas reparaciones, abona por bancos 120,20 € (IVA incluido).

b) Compras de mercaderías por 1.202,02 €, con unos gastos de 30,05 €. Abona, por transporte de las mercaderías, 42,07 € (IVA incluido).

c) El proveedor anterior gira letra de cambio a la empresa por el valor de la deuda.

d) Ventas de mercaderías por 901,52 €, incluyendo en factura una rebaja por volumen de 30,05 €.

e) La empresa cobra en efectivo con un descuento por pronto pago, que realiza al cliente anterior, 30,05 €.

f) Abona, por bancos, el recibo de la luz por 150,25 €, y el recibo del teléfono por 48,08 € (IVA incluido).

g) Abona, por bancos, la nómina de un empleado, teniendo en cuenta los siguientes datos: valor de la nómina 601,01 €; Seguridad Social cuota empresa 90,15 €; Seguridad Social cuota empleado 36,06 €; IRPF 54,09 €.

h) Ventas de mercaderías por 360,61 €, documentando la operación con letras de cambio. Abona, por transportar las mercaderías, 24,04 € (IVA incluido).

i) La empresa alquila un local cercano al de su propiedad para utilizarlo como almacén, abonando, mediante cheque, un alquiler de 781,32 € (IVA incluido).

j) Compra de material de oficina en efectivo, y pago de una póliza de seguros mediante transferencia bancaria por 18,03 € y 240,40 €, respectivamente (IVA incluido).

Se pide: contabilización en el libro Diario del asiento de apertura y de los asientos de las posteriores operaciones.

■ 2. D. Juan Carlos Sacristán monta un pequeño negocio comercial con las siguientes aportaciones: dinero en caja 300,51 €; dinero en bancos 36.060,73 €.

Realiza las siguientes operaciones aplicando un IVA del 18%:

a) Abona, por bancos, material de oficina por 240,40 € (IVA incluido).

b) Alquila un local, pagando mediante cheque la primera mensualidad de 300,51 € (IVA incluido).

c) Compra mercaderías por 4.207,08 €. Abona, por gastos de transporte, 90,15 € (IVA incluido).

d) Consigue que le hagan una rebaja por volumen de la compra anterior de 120,20 €.

e) Abona, por servicios bancarios, 30,05 €.

f) Contrata a un empleado para que le ayude en el negocio, y le abona la primera nómina por bancos; valor de la nómina 751,27 €; Seguridad social cuota empresarial 78,13 €; Seguridad social cuota empleado 36,06 €; IRPF 48,08 €.

g) Abona por unas reparaciones 84,14 € (IVA incluido).

h) Encarga a la imprenta unas hojas publicitarias que distribuye por los buzones, con unos gastos de 108,18 €.

i) Tiene que abonar, por un estudio realizado por un economista 120,20 €, que no hace efectivas por el momento (IVA incluido).

Se pide: elaboración del libro Diario.

■ 3. Se crea la empresa individual Y con las siguientes aportaciones del propietario: dinero en caja 480,81 €; dinero en bancos 18.030,36 €; un local 102.172,05 €; muebles 901,52 €. Realiza las siguientes operaciones, aplicando un IVA del 18%:

a) Por unas reparaciones abona 54,09 €, y por compra de material de oficina 66,11 € (IVA incluido).

b) Compras de mercaderías por 7.212,15 €.
c) El proveedor anterior le concede una rebaja por volumen de 90,15 €.
d) El proveedor gira una letra de cambio a la empresa por el valor de la deuda.
e) La empresa abona la deuda anterior por banco, consiguiendo una rebaja por pronto pago de 60,10 €.
f) Ventas de mercaderías por 2.404,05 €. Abona por el transporte de las citadas mercaderías 48,08 € (IVA incluido).
g) El local consta de una parte que se puede alquilar, cobrando en efectivo, por este concepto, 871,47 €.
h) Por una prestación de servicios, recibe en efectivo 96,16 € (IVA incluido).
i) Está pendiente de cobro un informe técnico realizado por la empresa por 360,61 €.
j) Se cobran, por banco, 510,86 € de comisiones por un servicio de intermediación (IVA incluido).
k) Abona, por bancos, la mitad de los siguientes gastos: luz 120,20 €; teléfono 84,14 €; alquileres 75,13 €; reparaciones 96,16 €.
l) Abona en efectivo las deudas pendientes de los gastos del anterior asiento.

Se pide: contabilización en el libro Diario del asiento de apertura y los asientos de las posteriores operaciones.

■ 4. Registra en el libro Diario, aplicando un IVA del 18%, los siguientes hechos contables:

a) Compra de materias primas por 601,01 €.
b) Compra de material de oficina por 120,20 €.
c) Se abonan, por bancos, 3.005,06 €, por una investigación encargada a otra empresa (IVA incluido).
d) Se contrata una póliza de seguros contra incendios por 120,20 €.
e) Se adeudan 6.010,12 € de impuestos sobre beneficios y 360,61 € de otros impuestos.
f) El banco carga en cuenta 12,02 € de intereses por haber mantenido la cuenta en descubierto.
g) Venta de productos terminados por 1.202,02 €.
h) Ventas de embalajes por 240,40 €.
i) Se cobra por alquileres 901,52 € (IVA incluido).
j) Se factura por servicios de mediación, que se realizan de manera accidental, 480,81 €.
k) Se factura por un informe técnico, que no constituye la actividad ordinaria de la empresa, 601,01 €.
l) Una empresa que se dedica a prestar servicios factura por su actividad principal 1.923,24 €.

entra en internet

■ 5. Consulta ejemplos de asientos sencillos para las cuentas que hemos estudiado en esta unidad, en la página web <www.plangeneralcontable.com>

En Práctica contable y luego Cuadro de cuentas, ejemplos de asientos y también Guía de asientos contables habituales o cotidianos.

■ 6. También podrás ver ejemplos de asientos para las cuentas que aparecen en esta unidad, en la página web <www.gabilos.com>

En Información Pymes y luego Contable: ver Cuadro de cuentas del PGC Pymes, (con ejemplos asociados a cada cuenta).

PRÁCTICA PROFESIONAL

Simulación de un proceso contable informatizado

REGISTRO EN EL LIBRO DIARIO

Hemos registrado anteriormente, en el libro Diario de nuestra empresa INFORMADRID, los apuntes correspondientes al asiento inicial y a los asientos de las operaciones de los días 5 al 29 de octubre.

Ahora continuaremos con nuestras anotaciones contables de la forma en que hemos procedido anteriormente, aplicando a algunos hechos contables la opción de asientos predefinidos.

ACTIVIDADES

Registra en el libro Diario mediante la opción de asientos predefinidos, cuando sea posible, las siguientes operaciones del ejercicio:

- **30 de octubre**: se abona por banco la nómina del único empleado, con contrato indefinido y a jornada completa. Importe de la nómina 1.208,03 €; Seguridad Social a cargo de la empresa 419,31 €; Seguridad Social a cargo del empleado 87,01 €; IRPF 157,04 €.
- **2 de noviembre:** se abona por banco el recibo de la luz, que asciende a 180,30 € (IVA incluido).
- **4 de noviembre:** se hace efectivo por banco el alquiler que corresponde al mes de noviembre por el mismo importe de la mensualidad anterior.
- **6 de noviembre:** se abona por banco el recibo del teléfono por 90,15 € (IVA incluido).
- **12 de noviembre:** se ingresan en caja 751,27 € procedentes de la cuenta bancaria.
- **15 de noviembre:** se abonan en efectivo 120,20 € pendientes de pago por el servicio de reparaciones.
- **18 de noviembre:** se compra diverso material de oficina por 300,51 € que se abonan en efectivo (IVA incluido).
- **22 de noviembre:** el empleado solicita un anticipo a cargo de la próxima nómina por 150,25 € que se abona por caja.
- **27 de noviembre:** se cobra por banco una letra de cambio que había sido enviada en gestión de cobro y ha llegado su vencimiento, por 1.889 €. Comisión bancaria de 12,02 €.
- **30 de noviembre:** se abona por banco la nómina del mes de diciembre con las mismas características que la anterior, pero recuperando el anticipo concedido al empleado.
- **17 de diciembre:** compra de mercaderías al proveedor A, según consta en los documentos adjuntos:

EMITIDA POR:

PROOVEEDOR A

C.I.F. o NIF: ______________

FACTURA

S/Pedido	Pedido n.º 4
N/ref.	Albarán n.º 1 300
Envío por	Nuestros medios
Forma de pago	Cheque
Observaciones	

SR. D. INFORMADRID

C.I.F. o NIF: ______________

Factura n.º 934

Fecha 17/12/20XX

CANTIDAD	DESCRIPCIÓN		PRECIO UNITARIO	IVA %	RE %	IMPORTE
15	Disquete 3 1/2 H.D.		9,02			135,30
10	Papel continuo Ref.: 27732		18,03			180,30
	Importe bruto					315,60
	Base imponible					315,60
IVA R. Equivalencia	18%	%	%	%	%	
Base imponible	315,60					315,60
Importe impuesto	56,81					56,81
					TOTAL FACTURA	372,41

BANCO INTERNACIONAL
C/ ARGÜESO, 24 – MADRID 28019

CÓDIGO CUENTA CLIENTE C.C.C.			
ENTIDAD	OFICINA	D. C.	N.º DE CUENTA
2025	1078		2000683142

€ #372,41#

Páguese por este cheque a Proveedor A

euros TRESCIENTOS SETENTA Y DOS CON CUARENTA Y UNO

MADRID a DIECISIETE de DICIEMBRE de 20XX
La fecha debe consignarse en letra
Firma

N.º

355896321^2056 1589^ 60000011225

PRÁCTICA PROFESIONAL

- **28 de diciembre:** compra de mercaderías al proveedor B según consta en los documentos adjuntos:

EMITIDA POR: PROOVEEDOR: B

C.I.F. o NIF: ________________

FACTURA

S/Pedido	Pedido n.º 3
N/ref.	Albarán n.º 532
Envío por	Nuestros medios
Forma de pago	Letra de cambio
Observaciones	Letra a 3 m/f.

SR. D. INFORMADRID

C.I.F. o NIF: ________________

Factura n.º 133

Fecha 28/12/20XX

CANTIDAD	DESCRIPCIÓN	PRECIO UNITARIO	IVA %	RE %	IMPORTE
10	Ordenador Mod: Compaq X	2.253,80			22.538,00
5	Impresora Mod: H.P. Laser. : 27732	420,71			2.103,55
	Importe bruto				24.641,55
	Base imponible				24.641,55

IVA - R. Equivalencia	18%	%	%	%	%	
Base imponible	24.641,55					24.641,55
Importe impuesto	4.435,48					4.435,48
					TOTAL FACTURA	29.077,03

Lugar de libramiento: Madrid
MONEDA
IMPORTE: //29.077,03//
CLASE 6ª
16,83 €
de 3.005,07 € a 6.010,12 €

Por esta **LETRA DE CAMBIO** pagará usted al vencimiento expresado a BSCH
Fecha de libramiento: Día 28 Mes 12 Año 20XX
VENCIMIENTO: 3 meses fecha

la cantidad de (importe en letra): Veintinueve mil setenta y siete con tres euros

0 A 4553927

en el domicilio de pago siguiente:
CÓDIGO CUENTA CLIENTE (CCC): Entidad / Oficina / DC / Núm. de cuenta

Persona o entidad: BSCH
Dirección u oficina: C/------- Nº -----
Población: 28 Madrid

ACEPTO
Fecha
(Firma)

Cláusulas:

LIBRADO
Nombre: INFORMADRID
Domicilio: C/------- Nº -----
Población: Madrid
C.P.: 28 Madrid Provincia:

LIBRADOR:
(Firma, nombre y domicilio)
PROVEEDOR B
C/------- Nº ----
28 Madrid

RCM-FNMT

No utilizar este espacio por estar reservado para impresión magnética

EN RESUMEN

GASTOS — Registran las compras y gastos derivados de la actividad o gestión principal de la empresa.

GRUPO 6: COMPRAS Y GASTOS

Subgrupo 60. Compras: (600) Compras de mercaderías, (601) Compras de materias primas, (602) Compras de otros aprovisionamientos…
Subgrupo 61. Variación de existencias: (610) Variación de existencias de mercaderías…
Subgrupo 62. Servicios exteriores: (620) Gastos en investigación y desarrollo del ejercicio, (621) Arrendamientos y cánones, (622) Reparaciones y conservación…
Subgrupo 63. Tributos: (630) Impuestos sobre beneficios, (631) Otros tributos…
Subgrupo 64. Gastos de personal: (640) Sueldos y salarios, (641) Indemnizaciones…
Subgrupo 65. Otros gastos de gestión: (650) Pérdidas de créditos comerciales incobrables, (659) Otras pérdidas en gestión corriente…
Subgrupo 66. Gastos financieros: (662) Intereses de deudas…

INGRESOS — Registran las ventas e ingresos derivados de la actividad o gestión principal de la empresa.

GRUPO 7: VENTAS E INGRESOS

Subgrupo 70. Ventas de mercaderías, de servicios, etc.: (700) Ventas de mercaderías, (701) Ventas de productos terminados, (704) Ventas de envases y embalajes…
Subgrupo 71. Variación de existencias: (712) Variación de existencias de productos terminados…
Subgrupo 75. Otros ingresos de gestión: (752) Ingresos por arrendamientos, (754) Ingresos por comisiones, (759) Ingresos por servicios diversos…
Subgrupo 76. Ingresos financieros: (769) Otros ingresos financieros…

EVALÚA TUS CONOCIMIENTOS

1. Los gastos tienen como función representar y medir:

a) Las disminuciones del Activo patrimonial.
b) Las disminuciones en el Pasivo.
c) Las disminuciones en el Patrimonio Neto.

2. Los ingresos representan y miden cambios en el Patrimonio Neto:

a) Aumentos.
b) Disminuciones.

3. En la siguiente relación de cuentas, indica las que representan gastos:

a) Proveedores, efectos comerciales a pagar.
b) Ventas de mercaderías.
c) Compras de mercaderías.
d) Rappels sobre ventas.
e) Elementos de transporte.
f) Sueldos y salarios.
g) Mobiliario.
h) Organismos de la Seguridad Social, acreedores.
i) Proveedores.
j) Aplicaciones informáticas.
k) Arrendamientos y cánones.

4. En la siguiente relación de cuentas, indica las que representan ingresos:

a) Compras de mercaderías.
b) Rappels por compras.
c) Clientes, efectos comerciales a cobrar.
d) Suministros.
e) Equipos para procesos de información.
f) Ingresos por comisiones.
g) Beneficios procedentes del inmovilizado material.
h) Organismos de la Seguridad Social, acreedores.
i) Prestaciones de servicios.
j) Tributos.
k) Otros ingresos financieros.

5. Anota si es verdadera o falsa cada una de las siguientes afirmaciones:

Las cuentas de gastos e ingresos solo duran un ejercicio económico.
a) Verdadero.
b) Falso.

Los gastos se anotan en el Haber cuando se producen y se anotan en el Debe al finalizar el ejercicio.
a) Verdadero.
b) Falso.

11 Operaciones de fin de ejercicio

vamos a conocer...

1. Periodificación contable
2. Regularización
3. Asiento de cierre
4. Aplicación de resultados

PRÁCTICA **PROFESIONAL**

Libro Mayor
Balance de comprobación de sumas y saldos
Libro Diario: operaciones de fin de ejercicio

y al finalizar esta unidad...

- Identificarás la cuenta (129) Resultado del ejercicio.
- Describirás la periodificación contable y aplicarás ajustes por periodificación.
- Analizarás el proceso de regularización contable, relacionando cómo afecta al libro Diario y al libro Mayor.
- Registrarás las operaciones de fin de ejercicio: regularización, asiento de cierre y aplicación de resultados.

CASO **PRÁCTICO** INICIAL

situación de partida

Ernesto y Ana son los propietarios de la empresa IMAGSO, S.L., cuya actividad está relacionada, principalmente, con la compraventa de productos de imagen y sonido. Ambos dueños hicieron un curso de contabilidad en el que adquirieron unos conocimientos básicos sobre la materia y, antes de finalizar el ejercicio económico, se plantean una serie de cuestiones. Saben que deben calcular el resultado del ejercicio y, para ello, han de realizar los asientos de regularización, con los gastos y los ingresos.

También saben que es necesario practicar la periodificación contable para el cálculo correcto de los resultados del ejercicio, es decir, ajustar los ingresos y los gastos al ejercicio económico que les corresponda, aplicando el principio de devengo, con independencia de cuándo se hayan cobrado o pagado.

En cuanto a la aplicación de resultados, se plantean también las siguientes cuestiones:

Si el resultado del ejercicio es positivo: ¿cómo calcular y qué importe se debe pagar por el impuesto sobre beneficios?, ¿qué reservas deben dotar con carácter obligatorio, cuáles con carácter estatutario y cuáles de forma voluntaria?

Si el resultado es negativo: ¿se puede compensar dicha pérdida en ejercicios posteriores?

estudio del caso

En esta fase de conclusión se deben seguir las siguientes etapas: regularización de las existencias, reclasificación de las cuentas, ajustes por periodificación de ingresos y gastos, determinación del resultado del ejercicio, aplicación de resultados y cierre de la contabilidad.

- El PGC propone las siguientes cuentas en relación con la contabilización de las existencias y sus variaciones: cuentas de existencias (grupo 3) y variación de existencias (subgrupos 61 y 71).
- La reclasificación de cuentas consiste en traspasar importes contabilizados en cuentas que en su momento tenían vencimiento a largo plazo y por el transcurso del tiempo, el vencimiento ha pasado a ser a corto plazo, a la cuenta correcta.
- Las cuentas que intervienen en los ajustes por periodificación son: (480) Gastos anticipados y (485) Ingresos anticipados. Podemos encontrarnos diversas situaciones:
  - Que se hayan pagado cantidades correspondientes a gastos que no correspondan total o parcialmente al ejercicio. Por ejemplo, el pago de una campaña de publicidad con una duración de dos años. La parte de gasto que corresponde al siguiente ejercicio se llevará a gastos en ese ejercicio.
  - Todos aquellos ingresos o gastos que trasciendan en su cobro o pago el año natural del ejercicio a contabilizar, y se extienden hacia otros ejercicios, habiendo sido devengados en el actual (alquileres pagados por adelantado, servicios cobrados o pagados por adelantado…).
- Determinación del resultado contable, saldando todas las cuentas de los grupos 6 y 7 y utilizando como contrapartida la cuenta (129) Resultado del ejercicio, así como la contabilización del impuesto sobre beneficios.
- Asiento de cierre: todas las cuentas de saldo deudor (cuentas de Activo) se anotan en el Haber para saldarlas y cerrarlas; y las cuentas acreedoras (cuentas de Patrimonio Neto y de Pasivo) se anotan en el Debe para saldarlas y cerrarlas.

En la página web <www.gabilos.com> en Página inicio/Información pymes/Contable/Buscar ejemplos, introduce las búsquedas: «periodificación», «asiento regularización», «asiento cierre» y «distribución/reparto/aplicación resultados» y encontrarás ejemplos de estas operaciones contables.
En <www.supercontable.com> también puedes acceder a una opción de búsqueda que te permitirá consultar la forma de contabilizar diferentes tipos de operaciones, entre las que se encuentran las que hemos visto más arriba.

1. Periodificación contable

caso práctico inicial

Los propietarios de la empresa IMAGSO, S.L. pueden conocer en este punto varias situaciones contables típicas de periodificación.

La periodificación contable se basa en el **principio de devengo** –que desarrolla el PGC (Pymes)– y que se resume en lo siguiente: los gastos e ingresos habrán de imputarse al período en que se devengan (corresponden) independientemente de la fecha o período en que se paguen o cobren.

Dicho de otra manera, para reflejar un gasto o un ingreso como tal –cuentas de los Grupos 6 y 7 del PGC (Pymes)– hay que tener presente si corresponden o no al ejercicio económico que estamos contabilizando, puesto que el problema no reside en si se pagan o cobran en el período que se está registrando.

Al final de cada ejercicio económico, y antes de proceder a regularizar, se deben realizar los oportunos **ajustes por periodificación.**

En el PGC (Pymes) encontramos dentro del **Grupo 4: Acreedores y Deudores,** el **Subgrupo 48: Ajustes por periodificación,** que incluye dos cuentas:

SUBGRUPO 48 AJUSTES POR PERIODIFICACIÓN
(480) Gastos anticipados Gastos contabilizados en el ejercicio que se cierra y que corresponden al siguiente.
(485) Ingresos anticipados Ingresos contabilizados en el ejercicio que se cierra y que corresponden al siguiente.

EJEMPLO

Registraremos los siguientes hechos contables en el libro Diario:

- Supongamos que el 1-10-20XX pagamos por transferencia bancaria unos gastos por publicidad que ascienden a 4.808 € (IVA no incluido 18%).

4.808,00	(627) Publicidad, propaganda y relaciones públicas		
865,44	(472) Hacienda pública, IVA soportado		
		a (572) Bancos c/c	5.673,44

- Al cerrar el ejercicio y comprobar datos y documentos, se sabe que el gasto anterior corresponde a una campaña publicitaria que, comenzando el 1-10-20XX, abarcará un año completo, hasta el 30-9-20XX+1.

3.606,00	(480) Gastos anticipados		
		a (627) Publicidad, propaganda y relaciones públicas	3.606,00

Solo un trimestre corresponde al ejercicio que estamos contabilizando y el resto se considera un gasto anticipado. Por tanto, hay que realizar un asiento de ajuste por periodificación por:

$$\frac{4.808 \times 3}{2} = 3.606\ €$$

- En el ejercicio económico siguiente, 20XX+1, habrá que efectuar la siguiente anotación:

3.606,00	(627) Publicidad, propaganda y relaciones públicas		
		a (480) Gastos anticipados	3.606,00

EJEMPLO

(Continuación)

- **Supongamos que el 1-12-20XX se cobran por banco, en concepto de alquileres 1.803,00 € (IVA no incluido 18%).**

2.127,54	(572) Bancos c/c		
		a (752) Ingresos por arrendamientos	1.803,00
		a (477) Hacienda Pública, IVA repercutido	324,54

- **Al cerrar el ejercicio, se conoce que el recibo del alquiler es trimestral.**

1.202,00	(752) Ingresos por arrendamientos		
		a (485) Ingresos anticipados	1.202,00

(Por tanto, solo un mes corresponde al ejercicio económico que estamos contabilizando y el resto habrá que considerarlo como un ingreso anticipado: $\frac{1.803 \times 2}{3} = 1.202$).

- **En el ejercicio económico siguiente, 20XX+1, habrá que efectuar la siguiente anotación:**

1.202,00	(485) Ingresos anticipados		
		a (752) Ingresos por arrendamientos	1.202,00

ACTIVIDADES

1. El día 30 de diciembre de 20XX se procede a realizar los ajustes por periodificación de una empresa. Anota los asientos correspondientes:

a) Alquila locales de su propiedad y el 1 de julio de 20XX ha cobrado por este concepto 9.616,19 €. Los alquileres corresponden a un período que va desde el 1 de julio de 20XX hasta el 30 de junio de 20XX+1.

b) Ha contratado con una aseguradora una póliza de seguros. Dicha póliza cubrirá riesgos desde el 1 de abril de 20XX hasta el 31 de marzo de 20XX+1 y se abona el día 1 de abril de 20XX por 4.808,10 €.

2. Regularización

La regularización es una operación de gran importancia en Contabilidad, que se realiza al finalizar el ejercicio económico para determinar el resultado de la empresa: beneficio o pérdida.

Regularización es el nombre que se da al conjunto de operaciones encaminadas a obtener el beneficio o pérdida de un ejercicio económico y que traspasa los saldos de las cuentas de gestión o de Gastos e Ingresos a la cuenta **(129) Resultado del ejercicio**.

Los gastos se saldarán y cerrarán con cargo a la cuenta Resultado del ejercicio, y los ingresos se saldarán y cerrarán con abono a la cuenta Resultado del ejercicio.

LIBRO DIARIO

	129	**Resultado del ejercicio** a **Cuentas de los grupos 6 y 7 con saldo deudor**		
		X		
		Cuentas de los grupos 6 y 7 con saldo acreedor a **Resultado del ejercicio**	129	

LIBRO MAYOR

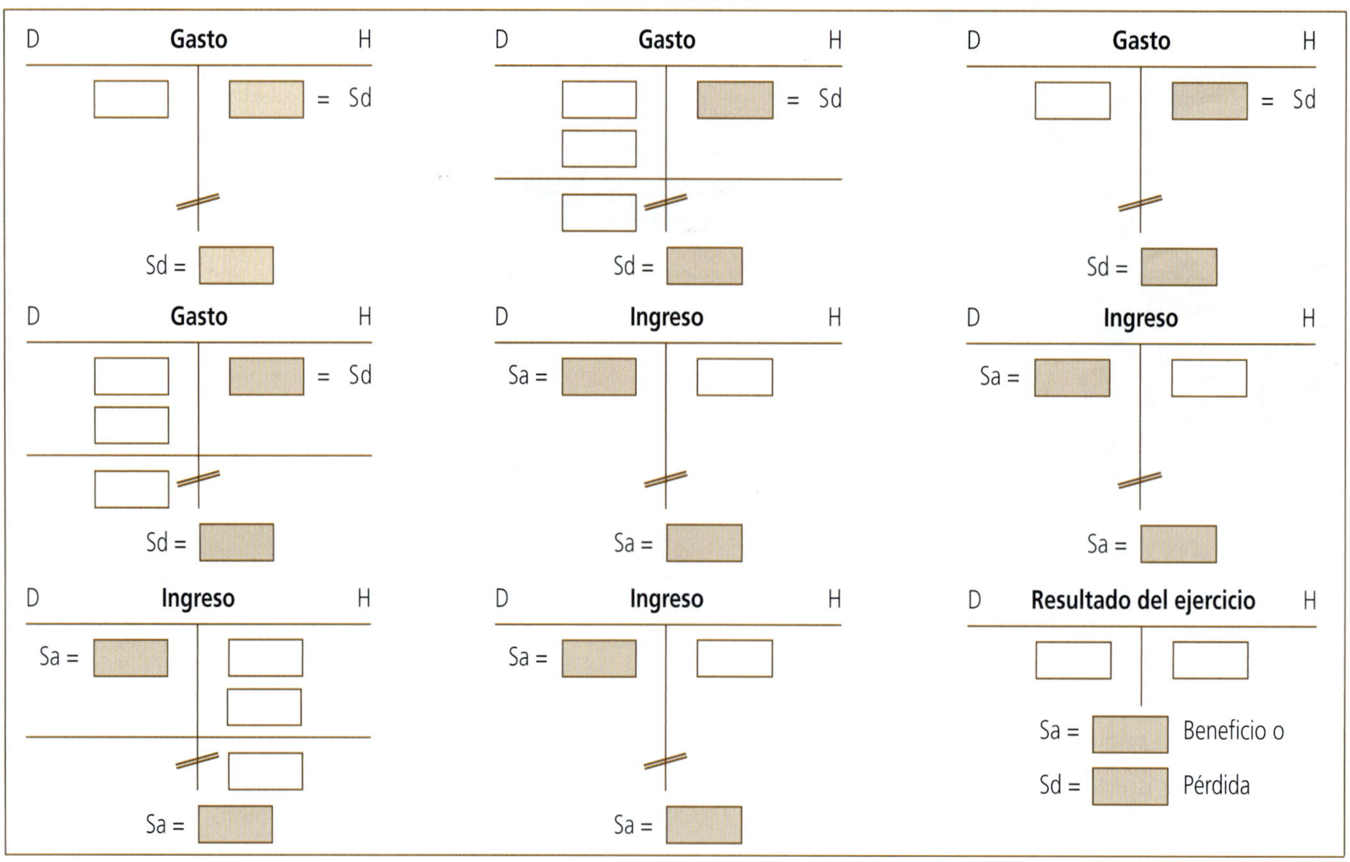

Según el esquema anterior podemos observar lo siguiente:

• Todos los libros Mayores de Gastos e Ingresos quedan saldados y cerrados.
• Se abre el libro Mayor de la cuenta **(129) Resultado del ejercicio,** recogiendo en el Debe el total de Gastos y en el Haber el total de Ingresos. Dicha cuenta queda sin saldar y cerrar por el momento.
• El saldo de la cuenta **(129) Resultado del ejercicio** expresará el resultado de la empresa en el ejercicio económico: – Pérdida: si el saldo es deudor (D > H). – Beneficio: si el saldo es acreedor (H > D).

Según el tratamiento que el PGC (Pymes) da a las cuentas de gestión:

- La regularización engloba a todas las cuentas del **Grupo 6: Compras y gastos,** y del **Grupo 7: Ventas e ingresos.**
- Al terminar el ejercicio, todas las cuentas de los grupos 6 y 7 se saldan y cierran, con cargo y abono a la cuenta **(129) Resultado del ejercicio.**

Todas las cuentas del **Grupo 6: Compras y gastos** tienen, por regla general, saldo deudor, excepto algunas cuentas que tendrán saldo acreedor:

CUENTAS DEL GRUPO 6 CON SALDO ACREEDOR
(606) Descuentos sobre compras por pronto pago
(608) Devoluciones de compras y operaciones similares
(609) Rappels por compras
(636) Devolución de impuestos

Todas las cuentas del **Grupo 7: Ventas e ingresos** tienen, por regla general, saldo acreedor, excepto algunas cuentas que tendrán saldo deudor:

CUENTAS DEL GRUPO 7 CON SALDO DEUDOR
(706) Descuentos sobre ventas por pronto pago
(708) Devoluciones de ventas y operaciones similares
(709) Rappels sobre ventas

Y otras cuentas, las que expresan las variaciones de existencias iniciales y finales, podrán tener saldo deudor o saldo acreedor, dependiendo del caso.

CUENTAS DE LOS GRUPOS 6 Y 7 CON SALDO DEUDOR O ACREEDOR
(610) Variación de existencias de mercaderías
(611) Variación de existencias de materias primas
(612) Variación de existencias de otros aprovisionamientos
(712) Variación de existencias de productos terminados

caso **práctico** inicial

Estas cuentas de los subgrupos (61 y 71) se utilizan para reflejar las variaciones de las existencias.

EJEMPLO

Registraremos los siguientes hechos contables:

El día 7 de octubre de 20XX se constituye una sociedad con los siguientes elementos patrimoniales:

- Caja .... 721,21 €
- Bancos .... 12.020,24 €
- Mercaderías .... 1.803,04 €
- Muebles .... 2.404,05 €
- Inmuebles .... 305.778,12 € (de los cuales 150.000 € corresponden al valor del terreno)

LIBRO DIARIO

Registramos, en el libro Diario, el ASIENTO DE APERTURA:

Asiento de apertura

721,21	(570)	Caja,			
12.020,24	(572)	Bancos c/c			
2.404,05	(216)	Mobiliario			
150.000,00	(210)	Terrenos y bienes naturales			
155.778,12	(211)	Construcciones			
			a	(100) Capital social	322.726,66

Registramos, en el libro Diario, la CONTABILIDAD DE TODAS LAS OPERACIONES:

Las operaciones realizadas durante el ejercicio, son las siguientes (IVA no incluido 18%):

- Compras de mercaderías por 4.207,08 €, con unos gastos por la operación de 30,05 € y un descuento incluido en factura de 90,15 €.

X

4.146,98	(600)	Compras de mercaderías			
746,46	(472)	Hacienda pública, IVA soportado			
			a	(400) Proveedores	4.893,44

Base imponible: 4.207,08 + 30,05 – 90,15 = 4.146,98

- El proveedor anterior gira una letra de cambio a la empresa.

X

4.893,44	(400)	Proveedores			
			a	(401) Proveedores, efectos comerciales a pagar	4.893,44

- Un informe técnico que cuesta 102,17 € se abona en efectivo.

X

102,17	(623)	Servicios de profesionales independientes			
18,39	(472)	Hacienda pública, IVA soportado			
			a	(570) Caja, €	120,56

- Ventas de mercaderías a crédito por 6.803,04 €.

X

8.027,59	(430)	Clientes			
			a	(700) Ventas de mercaderías	6.803,04
			a	(477) Hacienda Pública, IVA repercutido	1.224,55

EJEMPLO

(Continuación)

- **El cliente anterior abona, mediante transferencia bancaria, su deuda y se le concede un descuento por pronto pago de 42,07 €.**

7.977,95	(572)	Bancos c/c			
42,07	(706)	Descuentos sobre ventas por pronto pago			
7,57	(477)	Hacienda pública, IVA repercutido			
			a (430)	Clientes	8.027,59

- **Cobra por banco 360,61 € (IVA incluido 18%), correspondientes a un servicio por transporte efectuado por la empresa de manera eventual.**

360,61	(572)	Bancos c/c			
			a (759)	Ingresos por servicios diversos	305,60
			a (477)	Hacienda Pública, IVA repercutido	55,01

- **Abona por banco la nómina del personal: valor de la nómina 1.202,02 €; Seguridad Social cuota empresarial 300,51 €; Seguridad Social cuota del empleado 60,10 €; IRPF 120,20 €.**

1.202,02	(640)	Sueldos y salarios			
300,51	(642)	Seguridad Social a cargo de la empresa			
			a (476)	Organismos de la Seguridad Social, acreedores	360,61
			a (4751)	Hacienda Pública, acreedora por retenciones practicadas	120,20
			a (572)	Bancos c/c	1.021,72

- **Abona por banco el recibo de la luz por 186,31 € (IVA no incluido).**

186,31	(628)	Suministros			
33,54	(472)	Hacienda pública, IVA soportado			
			a (572)	Bancos c/c	219,85

- **Recibe por banco 901,52 € (IVA no incluido), correspondientes a unas comisiones por intermediación.**

1.063,79	(572)	Bancos c/c			
			a (754)	Ingresos por comisiones	901,52
			a (477)	Hacienda Pública, IVA repercutido	162,27

- **Compra un ordenador por 721,21 €, haciendo efectivos 120,20 €, y comprometiéndose a pagar el resto en seis meses.**

721,21	(217)	Equipos para procesos de información			
129,82	(472)	Hacienda pública, IVA soportado			
			a (570)	Caja, €	120,20
			a (523)	Proveedores de inmovilizado a corto plazo	730,83

EJEMPLO

(Continuación)

- **Abona por banco la mitad de los siguientes gastos: campaña publicitaria 240,40 €; póliza de seguros 480,82 €; reparaciones 120,21 € (IVA no incluido).**

——————————— X ———————————

240,40	(627) Publicidad, propaganda y relaciones públicas				
480,82	(625) Primas de seguros				
120,21	(622) Reparaciones y conservación				
64,91	(472) Hacienda pública, IVA soportado				
IVA = 18% de (240,40 + 120,21)		a	(572)	Bancos c/c	453,17
		a	(410)	Acreedores por prestaciones de servicios	453,17

- **Recibe 150,25 € en efectivo, como anticipo de un cliente (IVA incluido).**

——————————— X ———————————

150,25	(570) Caja				
Base imponible = 150,25 / 1,18 = 127,33		a	(438)	Anticipos de clientes	127,33
$IVA = \frac{127{,}33 \times 18}{100} = 22{,}92$		a	(477)	Hacienda Pública, IVA repercutido	22,92

- **Vende mercaderías al cliente anterior por 1.502,53 €.**

——————————— X ———————————

127,33	(438) Anticipos de clientes				
1.622,74	(430) Clientes				
IVA = 18 % de (1.502,53 – 127,33)		a	(700)	Ventas de mercaderías	1.502,53
		a	(477)	Hacienda Pública, IVA repercutido	247,54

- **Existencias de mercaderías en almacén por valor de 1.202,02 €.**

——————————— X ———————————

1.803,04	(610) Variación de existencias de mercaderías				
		a	(300)	Mercaderías	1.803,04

——————————— X ———————————

1.202,02	(300) Mercaderías				
		a	(610)	Variación de existencias de mercaderías	1.202,02

- **Al cerrar el ejercicio y comprobar datos y documentos, se sabe que el gasto de Publicidad, propaganda y relaciones públicas incluye 70 € de la campaña publicitaria del próximo año.**

——————————— X ———————————

70,00	(480) Gastos anticipados				
		a	(627)	Publicidad, propaganda y relaciones públicas	70,00

EJEMPLO

(Continuación)

Registramos, en el libro diario, la REGULARIZACIÓN CONTABLE:

Debe			Haber
7.352,51	(129) Resultado del ejercicio		
		a (600) Compras de mercaderías	4.146,98
		a (623) Servicios de profesionales independientes	102,17
		a (706) Descuentos sobre ventas por pronto pago	42,07
		a (640) Sueldos y salarios	1.202,02
		a (642) Seguridad Social a cargo de la empresa	300,51
		a (628) Suministros	186,31
		a (627) Publicidad, propaganda y relaciones públicas	170,40
		a (625) Primas de seguros	480,82
		a (622) Reparaciones y conservación	120,21
		a (610) Variación de existencias de mercaderías	601,02

Debe			Haber
8.305,57	(700) Ventas de mercaderías		
305,60	(759) Ingresos por servicios diversos		
901,52	(754) Ingresos por comisiones		
		a (129) Resultado del ejercicio	9.512,69

LIBRO MAYOR

(570) Caja, €

D	H
721,21	120,56
150,25	120,20
871,46	240,76

Sd = 630,70

(572) Bancos c/c

D	H
12.020,24	1.021,72
7.977,95	219,85
360,61	453,17
1.063,79	
21.422,59	1.694,74

Sd = 19.727,85

(300) Mercaderías

D	H
1.803,04	1.803,04
1.202,02	
3.005,06	1.803,04

Sd = 1.202,02

(210) Terrenos y bienes naturales

D	H
150.000,00	

Sd = 150.000,00

(211) Construcciones

D	H
155.778,12	

Sd = 155.778,12

(100) Capital social

D	H
	327.726,66

Sa = 327.726,66

(600) Compras de mercaderías

D	H
4.146,98	4.146,98 = Sd

Sd = 4.146,98

(400) Proveedores

D	H
4.893,44	4.893,44

$S_0 = 0$

(401) Proveedores ef. com. a pagar

D	H
	4.893,44

Sa = 4.893,44

EJEMPLO

(Continuación)

(623) Servicios de prof. independ.

D	H
102,17	102,17 = Sd

Sd = 102,17

(430) Clientes

D	H
8.027,59	8.027,59
1.622,74	
9.650,33	8.027,59

Sd = 1.622,74

(700) Ventas de mercaderías

D	H
Sa = 8.305,57	6.803,04
	1.502,53
	8.305,57

Sa = 8.305,57

(706) Descuentos s/ ventas p.p.p.

D	H
42,07	42,07 = Sd

Sd = 42,07

(759) Ingresos servicios diversos

D	H
Sa = 305,60	305,60

Sa = 305,60

(640) Sueldos y salarios

D	H
1.202,02	1.202,02 = Sd

Sd = 1.202,02

(642) SS a cargo de la empresa

D	H
300,51	300,51 = Sd

Sd = 300,51

(476) Organismos de la SS, acreedores

D	H
	360,60

Sa = 360,60

(4751) HP, acreedora retenciones practicadas

D	H
	120,20

Sd = 120,20

(628) Suministros

D	H
186,31	186,31 = Sd

Sd = 186,31

(523) Proveedores de inmovilizado a cp

D	H
	730,83

Sa = 730,83

(754) Ingresos por comisiones

D	H
Sa = 901,52	901,52

Sa = 901,52

(217) Equipos para procesos de información

D	H
721,21	

Sd = 721,21

(622) Reparaciones y conservación

D	H
120,21	120,21 = Sd

Sd = 120,21

(627) Publicidad, propag. y RRPP

D	H
240,40	70,00
	170,40 = Sd

Sd = 170,40

EJEMPLO

(Continuación)

(625) Primas de seguros

D	H
480,82	480,82 = Sd

Sd = 480,82

(610) Variación existencias de mercaderías

D	H
1.803,04	1.202,02
	601,02 = Sd

Sd = 601,02

(410) Acreedores por prestaciones de servicios

D	H
	453,17

Sa = 453,17

(438) Anticipos de clientes

D	H
127,23	127,23

$S_0 = 0$

(472) Hacienda Pública IVA soportado

D	H
746,46	
18,39	
33,54	
129,82	
64,91	
993,12	

Sd = 993,12

(477) Hacienda Pública IVA repercutido

D	H
7,57	1.224,55
	55,01
	162,27
	22,92
	247,54
7,57	1.712,29

Sa = 1.704,72

(480) Gastos anticipados

D	H
70,00	

Sd = 70,00

(129) Resultado del ejercicio

D	H
7.352,51	9.512,69

Sa = 2.160,18

Las empresas tienen que pagar impuestos en función de los beneficios obtenidos. Las empresas individuales tributan por el IRPF (impuesto sobre la renta de las personas físicas).

Sin embargo, las sociedades devengan el impuesto sobre sociedades que se registra en la cuenta **(630) Impuesto sobre beneficios** y que habrá de cargarse, en la regularización, como un gasto más a la cuenta **(129) Resultado del ejercicio.**

EJEMPLO

- Registramos, en el libro Diario, el devengo del IMPUESTO SOBRE BENEFICIOS por un 25%:

Debe	Cuenta		Haber
		X	
544,05	(630) Impuesto sobre beneficios		
		a (4752) Hacienda Pública, acreedora por impuesto sobre sociedades	544,05
		X	
544,05	(129) Resultado del ejercicio		
		a (630) Impuesto sobre beneficios	544,05

3. Asiento de cierre

Como hemos visto en el apartado anterior, la regularización permite conocer, al final de cada ejercicio económico, el resultado de la empresa (pérdidas o beneficios) que quedan reflejados en la cuenta **(129) Resultado del ejercicio**.

También, al finalizar el ejercicio económico y después de la regularización, hay que proceder a cerrar las cuentas que aún permanecen abiertas, realizándose el llamado **asiento de cierre**: cargar las cuentas que presentan saldo acreedor (Pasivo y Patrimonio Neto) y abonar las cuentas que tengan saldo deudor (Activo). Posteriormente, se saldarán y cerrarán todas las cuentas en sus correspondientes libros Mayores.

EJEMPLO

LIBRO DIARIO

Registramos, en el libro Diario el ASIENTO DE CIERRE, con los saldos de las cuentas del ejemplo anterior:

Debe	Cuenta		Cuenta	Haber
	Asiento de cierre			
322.726,66	(100) Capital social			
4.893,44	(401) Proveedores, efectos comerciales a pagar			
360,61	(476) Organismos de la Seguridad Social, acreedores			
120,20	(4751) Hacienda Pública, acreedora por retenciones practicadas			
544,05	(4752) Hacienda Pública, acreedora por impuesto sobre sociedades			
453,17	(410) Acreedores por prestaciones de servicios			
730,83	(523) Proveedores de inmovilizado a corto plazo			
1.704,72	(477) Hacienda Pública, IVA repercutido			
1.616,13	(129) Resultado del ejercicio (*)			
		a	(570) Caja, €	630,70
		a	(572) Bancos c/c	19.727,85
		a	(300) Mercaderías	1.202,02
		a	(210) Terrenos y bienes naturales	150.000,00
		a	(211) Construcciones	155.778,12
		a	(216) Mobiliario	2.404,05
		a	(430) Clientes	1.622,74
		a	(217) Equipos para procesos de información	721,21
		a	(472) Hacienda Pública, IVA soportado	993,12
		a	(480) Gastos anticipados	70,00
333.149,81		**Sumas totales**		**333.149,81**

(*) Resultado del ejercicio (después de impuestos) = 2.160,18 – 544,05 = 1.616,13

Es importante hacer la observación de que el asiento de cierre de un ejercicio económico es, al invertirlo, el asiento de apertura del ejercicio económico siguiente.

La cantidad expresada en la cuenta **(300) Mercaderías,** que aparece en el Haber del asiento de cierre, corresponde a las existencias finales de géneros en el almacén de este ejercicio y que, posteriormente, serán las existencias iniciales del ejercicio siguiente.

El asiento de cierre ha de cuadrar, es decir, la suma o total de los saldos anotados en el Debe tiene que ser igual a la suma o total de los saldos anotados en el Haber, procediendo de la siguiente forma:

ASIENTO DE CIERRE
Las cuentas de Activo presentan saldo deudor y, por tanto, se anotan en el Haber para saldarlas y cerrarlas.
Las cuentas de Pasivo y Patrimonio Neto tienen saldo acreedor y, por tanto, se anotan en el Debe para saldarlas y cerrarlas.
De la regularización hay que llevar, exclusivamente, una cuenta, que permanece abierta: **(129) Resultado del ejercicio.** Esta cuenta tendrá saldo deudor o saldo acreedor, e irá al Haber o al Debe, respectivamente, para que quede saldada y cerrada.

ACTIVIDADES

2. Registra en el libro Diario y en el libro Mayor las siguientes operaciones:

a) Se crea una empresa individual con las siguientes aportaciones del propietario: dinero en caja 2.404,05 €; dinero en banco 10.818,22, €; mercaderías 601,01 €; inmueble 156.263,14 €.

Realiza, posteriormente, las siguientes operaciones, aplicando un IVA del 18%:

b) Por mobiliario, abona en efectivo 300,51 € (IVA incluido).

c) Ventas de mercaderías por 1.202,02 €.

d) La empresa gira una letra al cliente por el importe de su deuda.

e) Por gastos de publicidad le facturan 2.404,05 € (IVA incluido).

f) Compras de mercaderías por 3.606,07 €.

g) Existe una devolución del pedido anterior por valor de 901,52 €.

h) Abona por banco las nóminas del personal: valor de la nómina 1.803,04 €; Seguridad Social a cargo de la empresa 300,51 €; Seguridad Social cuota de empleados 90,15 €; IRPF 150,25 €.

i) Ventas de mercaderías por 6.808,10 €.

j) Abona por banco los recibos de la luz 150,25 € y del teléfono 54,09 €.

k) Ha abonado en efectivo por reparaciones 120,20 € (IVA incluido).

l) Se paga una póliza de seguros contra incendios por valor de 300,51 €.

m) Existencias finales de mercaderías 1.202,02 €.

Se pide:

- Regularización contable.
- Asiento de cierre del ejercicio.

ACTIVIDADES

3. La empresa Y, S.A. el 15-12-20XX presenta el siguiente Balance de saldos (en miles de €):

N.º	CUENTA	SALDO DEUDOR	SALDO ACREEDOR
100	Capital social		3.305,57
112	Reserva legal		1.352,28
113	Reservas voluntarias		450,76
170	Deudas a largo plazo con entidades de crédito		187,82
210	Terrenos y bienes naturales	638,56	
211	Construcciones	1.359,80	
216	Mobiliario	631,06	
218	Elementos de transporte	345,58	
300	Mercaderías	2.253,80	
400	Proveedores		2.253,80
430	Clientes	2.283,85	
472	Hacienda Pública, IVA soportado	37,56	
477	Hacienda Pública, IVA repercutido		45,06
572	Bancos c/c	946,59	
600	Compras de mercaderías	2.253,80	
627	Publicidad, propaganda y relaciones públicas	570,96	
628	Suministros	480,81	
640	Sueldos y salarios	300,51	
700	Ventas de mercaderías		4.507,59
	TOTALES	**12.102,88**	**12.102,88**

Hasta el final de 20XX, realiza las siguientes operaciones (las cantidades se expresan en miles de euros):

a) Vende a crédito mercaderías por 30,05 €. En factura figura un descuento por cantidad de 1,50 €. Además, se ha convenido con el cliente el cobro al contado por bancos, figurando en factura un descuento por pronto pago de 1,80 €.

b) Paga los intereses del préstamo mediante transferencia bancaria 4,81 €.

c) La empresa concede anticipos a sus empleados por valor de 1,80 €. El pago se realiza por bancos.

d) Paga por bancos la nómina del mes: valor de la nómina 9,02 €; aportación empresarial a la Seguridad Social 1,50 €; aportación de los trabajadores 0,75 €; IRPF retenido 1,05 €. Recupera el anticipo anterior.

e) Paga mediante transferencias bancarias: material de oficina 0,51 €; teléfono 0,76 €; agua y electricidad 1,08 €.

f) Vende mobiliario, cuyo precio de adquisición fue de 10,82 €, por 4,21 €, que cobra por bancos.

g) Factura por los siguientes conceptos: derecho al uso de una patente 0,84 €; alquileres 1,02 €; comisiones 1,41 €.

h) Las existencias finales de mercaderías ascienden a 2.106,55 €.

Se pide:

- Anotaciones en el Diario de las operaciones realizadas durante el mes de diciembre.
- Regularización contable, con devengo de impuestos sobre beneficios del 25%.
- Asiento de cierre.

4. Aplicación de resultados

Al determinar el resultado de una empresa (cuando efectuamos una regularización), podemos encontrarnos con dos posibilidades que quedan reflejadas en el asiento de cierre, con relación a la cuenta **(129) Resultado del ejercicio:**

caso práctico inicial

En este punto encontrarás la solución de las preguntas que se plantean Ernesto y Ana sobre la aplicación de resultados, tanto positivos, como negativos.

1. **En el caso de que hubiera pérdidas** –o, lo que es lo mismo, la cuenta (129) Resultado del ejercicio presentara saldo deudor–, se podría traspasar o enjugar la pérdida en ejercicios posteriores, al saldar y cerrar la cuenta **(129) Resultado del ejercicio,** con cargo a la cuenta **(121) Resultados negativos de ejercicios anteriores.**

LIBRO DIARIO

	121	Resultados negativos de ejercicios anteriores		
		a Resultado del ejercicio	129	

Si la empresa es individual, también se admite que los resultados negativos se puedan capitalizar, es decir, abonar la cuenta **(129) Resultado del ejercicio,** con cargo a la cuenta **(102) Capital.**

LIBRO DIARIO

	102	Capital		
		a Resultado del ejercicio	129	

2. **En el supuesto de que obtuviera beneficios** –o, lo que es lo mismo, la cuenta (129) Resultado del ejercicio presentara saldo acreedor–, lo habitual será proceder a su reparto o distribución en el ejercicio económico siguiente, saldando y cerrando la cuenta **(129) Resultado del ejercicio,** con abono a las cuentas que corresponda.

Si se tratase de una empresa individual, sería de la siguiente forma:

LIBRO DIARIO

	129	Resultado del ejercicio		
		a Titular de la explotación (1)	550	
		a Reservas de diferentes tipos (2)	11_	
		a Remanente (3)	120	

En el caso de **sociedades** se utilizaría, en lugar de la cuenta **(550) Titular de la explotación,** la cuenta **(525) Dividendo activo a pagar.**

LIBRO DIARIO

	129	**Resultado del ejercicio**		
		a **Dividendo activo a pagar** [1]	**525**	
		a **Reservas (de diferentes tipos)** [2]	**11_**	
		a **Remanente** [3]	**120**	

(1) Cantidad para el empresario o socios en concepto de beneficio.

(2) Beneficios no distribuidos y que permanecen en la empresa para su autofinanciación.

(3) Beneficios no distribuidos y que quedan pendientes de aplicación.

EJEMPLO

Registraremos, en el libro Diario, las siguientes aplicaciones de resultados:

- La empresa individual A que ha obtenido unos beneficios de 60.101,21 €, decide el siguiente reparto:
  - Reservas voluntarias 30%
  - Beneficios para el propietario 65%
  - Pendiente de aplicación 5%

LIBRO DIARIO

60.101,21	(129) Resultado del ejercicio			
		a	(113) Reservas voluntarias	18.030,36
		a	(550) Titular de la explotación	39.065,79
		a	(120) Remanente	3.005,06

- La empresa individual B ha sufrido unas pérdidas de 15.025,30 €, que decide capitalizar.

LIBRO DIARIO

15.025,30	(102) Capital			
		a	(129) Resultado del ejercicio	15.025,30

- La sociedad C ha obtenido en el ejercicio unos beneficios de 9.040,84 €, y acuerda la siguiente aplicación de resultados:
  - Reservas legales 10%
  - Reservas libres 10%
  - A repartir entre los socios, con una retención fiscal de 19% 70%
  - Pendiente de aplicación .... el resto

EJEMPLO

(Continuación)

LIBRO DIARIO

90.404,48	(129) Resultado del ejercicio		
		a (112) Reserva legal	904,05
		a (113) Reservas voluntarias	904,05
(70% de 9.040,48 = 6.328,34)		a (525) Dividendo activo a pagar	5.125,96
(19% de 6.328,34 = 1.202,38)		a (4751) Hacienda Pública, acreedora por retenciones practicadas	1.202,38
(6.328,34 – 1.202,38 = 5.125,96)		a (120) Remanente	904,04

ACTIVIDADES

4. El patrimonio de la empresa PAPELERÍA DEL VALLE a 1 de enero de 20XX es el siguiente:

ACTIVO		PASIVO	
(570) Caja, €	188,96	(102) Capital social	205.468,01
(572) Bancos c/c	1.383,72	(401) Proveedores, efectos comerciales a pagar	756,25
(211) Construcciones	203.442,59	(400) Proveedores	135,59
(300) Mercaderías	240,40	(477) Hacienda Pública, IVA repercutido	210,35
(216) Mobiliario	685,15		
(440) Deudores	509,18		
(472) Hacienda Pública, IVA soportado	120,20		
	206.570,20		**206.570,20**

Durante el presente ejercicio se han efectuado las siguientes operaciones, con un IVA del 18%:

a) Compra de mercaderías del ejercicio por 6.010,12 €, contra aceptación de efectos.

b) Se conceden al negocio rebajas por volumen en compras, por 480,81 €.

c) Ventas de mercaderías del ejercicio por 19.275,82 €.

d) Los clientes abonan en efectivo 278,43 €; mediante transferencia bancaria 1.588,63 €, y aceptan letras por valor de 3.867,60 €.

e) Se abona por banco la nómina de personal: nómina 2.404,05 €; Seguridad Social de la empresa 721,21 €; Seguridad Social empleados 480,81 €; IRPF 661,11 €.

f) Se abonan en efectivo unas reparaciones por 22,24 €, y por banco: luz 120,20 € y teléfono 36,06 €; se dejan a deber: publicidad 240,40 € y póliza de seguros 150,25 €.

g) Devoluciones de compras del ejercicio 540,91 €.

h) Se reciben anticipos de clientes por 60,10 € (IVA incluido).

i) Existencias finales de mercaderías 480,81 €.

Se pide:

- Contabilización de todas las operaciones en el libro Diario y en el libro Mayor.
- Regularización contable y devengo del impuesto de sociedades: 25%.
- Asiento de cierre del ejercicio.
- Aplicación de resultados según el siguiente acuerdo:
  - Reservas legales 10%
  - A repartir entre los socios, con una retención fiscal de un 19% 70%
  - Pendiente de aplicación .... el resto.

ACTIVIDADES FINALES

1. Los saldos de las cuentas de la sociedad X, a 15 de diciembre de 20XX, son los siguientes:

SALDOS DEUDORES		SALDOS ACREEDORES	
Clientes de dudoso cobro	12.020,24	Capital social	237.399,78
Materias primas	36.060,73	Ventas de productos terminados	186.313,75
Bancos	60.101,21	Proveedores, efectos comerciales a pagar	54.091,09
Compras de materias primas	73.323,48	Rappels por compras	4.808,10
Construcciones	180.303,63	Ingresos por comisiones	6.010,12
Descuentos sobre ventas por pronto pago	1.202,02	Proveedores	48.080,97
Clientes, efectos comerciales a cobrar	126.212,55	Descuentos sobre compras por pronto pago	601,01
Devoluciones de ventas	1.202,02	Reservas legales	30.050,61
Publicidad, propaganda y relaciones públicas	9.616,19	Reservas voluntarias	7.212,15
Productos terminados	12.020,24	Organismos de la Seguridad Social, acreedores	3.005,06
Sueldos y salarios	6.010,12	Hacienda Pública, acreedora por retenciones practicadas	6.010,12
Arrendamientos y cánones	4.808,10	Acreedores por prestaciones de servicios	12.020,24
Otros gastos financieros	1.803,04		
Mobiliario	30.050,61		
Seguridad Social a cargo de la empresa	4.808,10		
Terrenos y bienes naturales	29.449,59		
Otros servicios	3.005,06		
Equipos para procesos de información	3.606,07		
TOTAL	**595.603,00**	TOTAL	**595.603,00**

La sociedad tiene en cuenta los datos siguientes, para finalizar el ejercicio:

a) La publicidad abarca un período que va desde el 1 de abril del presente ejercicio hasta el 31 de julio del próximo ejercicio.

b) Se abona por bancos una póliza de seguros, cuyo período es desde el 1 de diciembre hasta el 30 de noviembre del año próximo, por 7.212,15 € (IVA no incluido 18%).

c) Existencias finales de materias primas, 72.121,45 €, y de productos terminados, 36.060,73 €.

Se pide:

- Elaboración del Balance de comprobación con las cuentas codificadas y ordenadas.
- Contabilización en el libro Diario de las operaciones de fin de ejercicio.
- Regularización correspondiente y devengo del impuesto sobre sociedades por un 25%.
- Asiento de cierre.

2. Se crea una empresa individual y comercial con las siguientes aportaciones del propietario: dinero en caja 1.202,02 €; dinero en banco 12.020,24 €; mercaderías 2.404,05 €; equipos informáticos 3.606,07 €.

Realiza posteriormente las siguientes operaciones:

a) Abona en efectivo, por compra de material de oficina, 129,80 € (IVA incluido 18%).

b) Abona 601,01 € por transferencia bancaria del alquiler de un local para establecerse (IVA incluido 18%).

c) Compras de mercaderías por 3.005,06 €, que deja a deber con letras de cambio (IVA no incluido 18%).

d) Abona por banco la deuda anterior, consiguiendo un descuento por pronto pago de 30,05 €.

e) Ventas de mercaderías por 4.808,10 €, con una rebaja incluida en factura de 36,06 €. Abona por transporte 60,10 € (IVA no incluido 18%).

f) La empresa gira una letra de cambio al cliente anterior.

g) Cobra por banco unas comisiones por valor de 348,59 €.

h) Ventas de mercaderías por 1.202,02 € (IVA no incluido 18%).

i) Se considera al cliente anterior de difícil cobro.

j) Paga por banco la nómina del personal: valor de la nómina 1.803,04 €; Seguridad Social a cargo de la empresa 420,71 €; Seguridad Social a cargo del empleado 90,15 €; IRPF 120,20 €.

k) Paga por banco la luz y el teléfono, y deja pendiente de pago los restantes gastos: luz 180,30 €; teléfono 42,07 €; fontanería 30,05 €; pequeña reparación eléctrica 18,03 € (IVA no incluido 18%).

l) Cobra en efectivo, por una prestación de servicios, 180,30 € (IVA incluido 18%).

m) Ventas de mercaderías por 2.404,05 € (IVA no incluido 18%).

n) Existencias finales de mercaderías 300,51 €.

Se pide:

- Contabilización de todas las operaciones en el libro Diario y en el libro Mayor.
- Regularización.
- Capitalización de los resultados.
- Asiento de cierre del ejercicio.

■ 3. Realiza las anotaciones contables que procedan en el libro Diario correspondientes a las siguientes aplicaciones de resultados:

a) Una sociedad refleja en el ejercicio económico anterior un saldo deudor de 21.035,42 € en la cuenta (129) Resultado del ejercicio. Cierra esta cuenta en el presente ejercicio.

b) Una empresa individual ha obtenido beneficios por valor de 24.040,48 €, que retirará en su momento el empresario por la totalidad.

c) Una sociedad ha obtenido en el ejercicio unos beneficios de 54.324,70 (antes de impuestos) por los que devenga un 30% en concepto de impuesto sobre sociedades. Además, acuerda la siguiente aplicación de resultados:

- Reservas legales 10%
- Reservas especiales 70%
- Reservas voluntarias 15%
- Pendiente de aplicación .... el resto

d) Una sociedad ha obtenido en el ejercicio unos beneficios de 30.450,68 € (después de impuestos) y acuerda la siguiente aplicación de resultados:

- Reservas legales 10%
- Reservas especiales 20%
- A repartir entre socios, con una retención fiscal de 19% 65%
- Pendiente de aplicación .... el resto

PRÁCTICA PROFESIONAL

Simulación de un proceso contable informatizado

LIBRO MAYOR
BALANCE DE COMPROBACIÓN DE SUMAS Y SALDOS
LIBRO DIARIO: OPERACIONES DE FIN DE EJERCICIO

Hemos registrado, anteriormente, en el libro Diario de nuestra empresa INFORMADRID, los apuntes correspondientes a las operaciones de los días 4 de octubre a 28 de diciembre.

Ahora aprenderemos, con el programa ContaPlus, a realizar el **libro Mayor.**

1. En la barra de menús selecciona **Global:**
   - **Selección de empresa:** seleccionamos INFORMADRID, que ya creamos con el código 05.
2. En la barra de menús selecciona **Financiera:**
   - Selecciona **2. Opciones de diario.**
   - Dentro selecciona **5. Listados de mayor.**

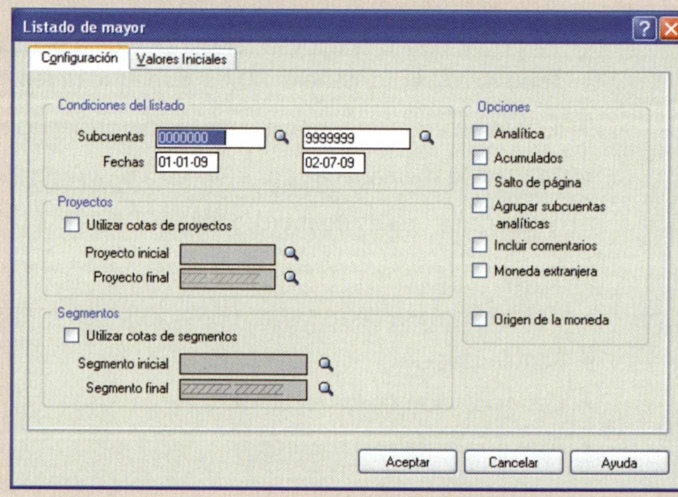

Y se realizarán todos los libros Mayores de las cuentas que se han registrado en el libro Diario, como consecuencia de nuestras operaciones.

También vamos a elaborar el **Balance de comprobación de sumas y saldos.** Para ello procederemos de la siguiente forma:

3. En la barra de menús selecciona **Financiera:**
   - Selecciona **3. Balances.**
   - Dentro selecciona **1. Sumas y saldos.**

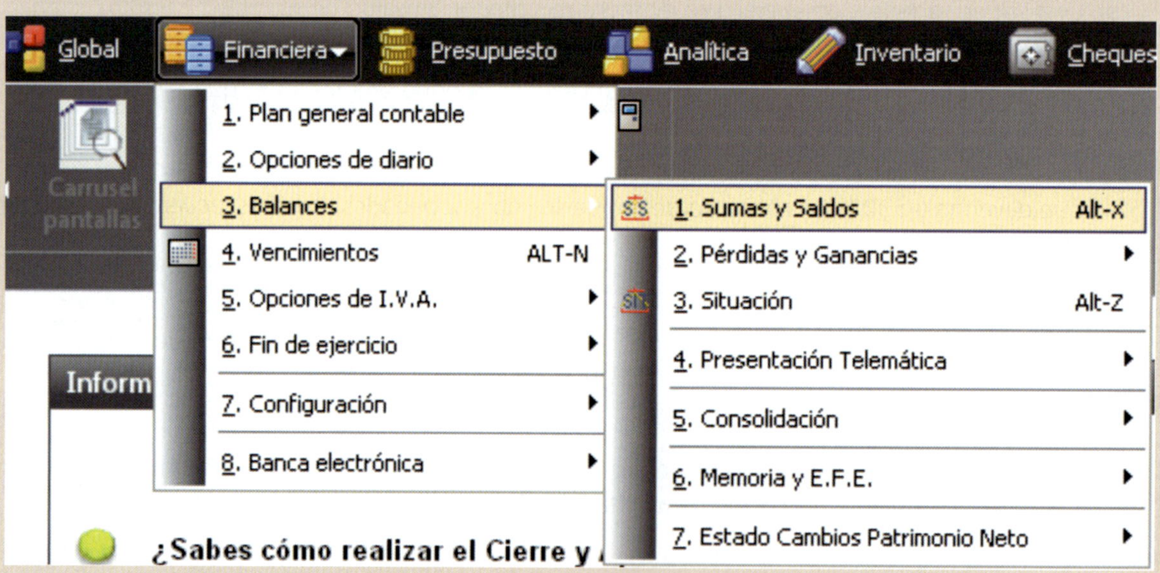

Pulsando esta opción se realizará el Balance de comprobación de sumas y saldos.

Luego, terminaremos en el libro Diario con nuestras anotaciones contables de fin de ejercicio, de la forma en que hemos procedido anteriormente, aplicando a algunos hechos contables la opción de asientos predefinidos.

Y por último vamos a aprender a realizar en el libro Diario, el **asiento de regularización**, el **asiento de cierre** y el **asiento de apertura del año siguiente.**

4. En la barra de menús selecciona **Financiera:**

- Selecciona 6. **Fin de ejercicio.**
- Dentro selecciona 1. **Cierre de ejercicio.**

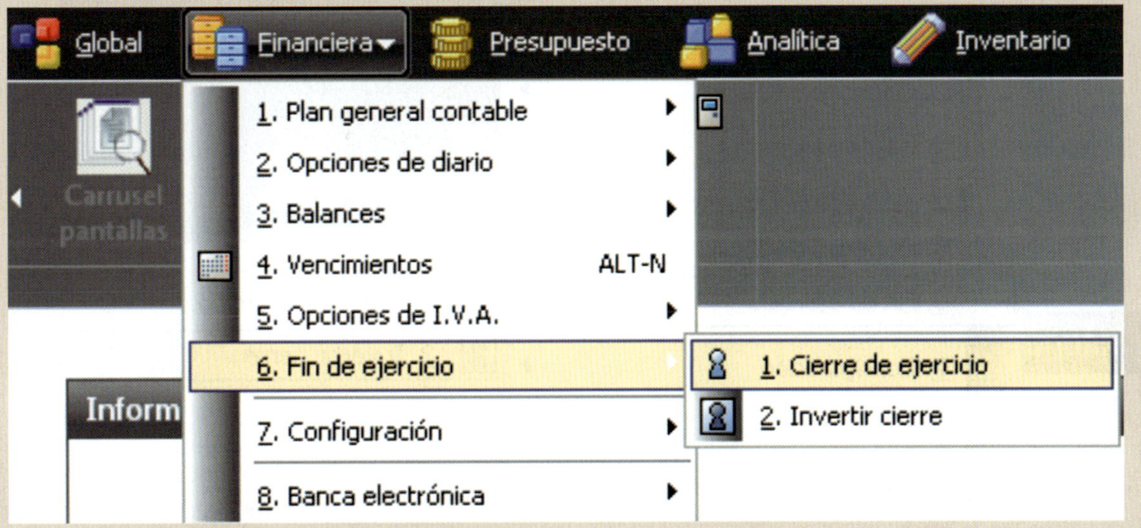

Desde esta opción, realizaremos los asientos de regularización y cierre. Para ello, habrá que crear una nueva empresa –en la ventana que lo permite– para realizar el asiento de apertura del año siguiente.

Pulsaremos **Cerrar,** y si se realiza correctamente nos tendrá que salir otra ventana que dice:

CIERRE DEL EJERCICIO TERMINADO

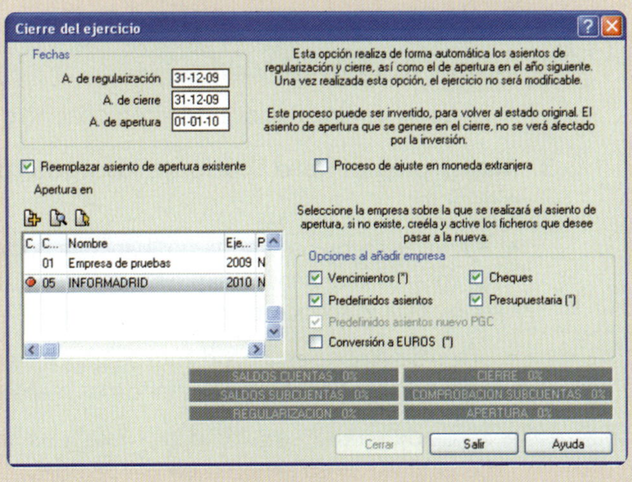

Importante: el botón de cerrar solo se puede activar cuando seleccionamos la empresa creada para el ejercicio siguiente.

Una vez realizado el cierre del ejercicio, no se podrá introducir ningún asiento en el libro Diario, hasta que no se invierta el cierre. Si se intenta, pondrá:

ESTE EJERCICIO ESTÁ CERRADO
NO SE PUEDEN REALIZAR OPERACIONES

PRÁCTICA PROFESIONAL

Para invertir el cierre, si se considera necesario, habrá que hacer lo siguiente:

- Selecciona 6. **Fin de ejercicio.**
- Dentro selecciona 2. **Invertir cierre.**

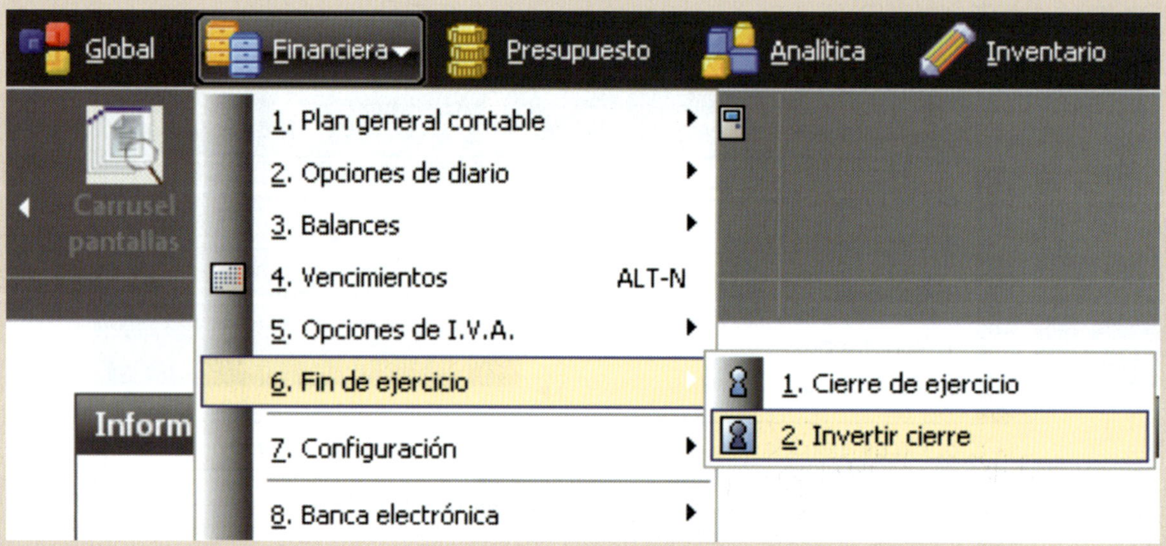

Al invertir el cierre, se borrarán el asiento de regularización y el asiento de cierre y el ejercicio quedará dispuesto para trabajar.

ACTIVIDADES

1. Libro Mayor:
   - 29 de diciembre: listado del libro Mayor.
2. Balance de comprobación:
   - 29 de diciembre: Balance de comprobación o de sumas y saldos.
3. **Registro en el libro Diario de las siguientes operaciones de fin de ejercicio:**
   - 30 de diciembre: se abona por banco la nómina del mes de diciembre con las mismas características que las anteriores, pero sin que haya habido ningún anticipo solicitado por el empleado.
   - 30 de diciembre: está pendiente de pago el alquiler que corresponde al mes de diciembre por el mismo valor de las mensualidades anteriores.
   - 31 de diciembre: se valoran las existencias finales de las diferentes mercaderías que hay en almacén por 9.798,36 €.
   - 31 de diciembre: regularización contable.
   - 31 de diciembre: asiento de cierre.
   - 1 de enero: asiento de apertura del ejercicio o año siguiente.

EN RESUMEN

OPERACIONES DE FIN DE EJERCICIO

PERIODIFICACIÓN CONTABLE	Los gastos e ingresos habrán de imputarse al período en que se devengan (corresponden), independientemente de la fecha o período en que se paguen o cobren. • Cuentas: (480) Gastos anticipados; (485) Ingresos anticipados.
REGULARIZACIÓN CONTABLE	Conjunto de operaciones encaminadas a obtener el resultado de un ejercicio económico: • Las cuentas de los grupos 6 y 7 con saldo deudor se saldan y cierran con cargo a la cuenta (129) Resultado del ejercicio. • Las cuentas de los grupos 6 y 7 con saldo acreedor se saldan y cierran con abono a la cuenta (129) Resultado del ejercicio.
ASIENTO DE CIERRE	• Consiste, al final del ejercicio y después de la regularización, en cargar las cuentas que presenten saldo acreedor (Pasivo) y abonar las cuentas que tengan saldo deudor (Activo). • Ha de cuadrar: Total Debe = Total Haber.
APLICACIÓN DE RESULTADOS	La cuenta (129) Resultado del ejercicio se saldará y cerrará en el ejercicio económico siguiente, tanto si hay pérdida como si hay beneficio y se procede a su reparto.

EVALÚA TUS CONOCIMIENTOS

1. La periodificación contable se basa en el principio de ______________________.

2. Cuando el total de gastos supere al total de ingresos, habrá ______________ para la empresa.

3. La cuenta (129) Resultado del ejercicio, engloba, al finalizar el ejercicio económico, las cuentas de:

a) Activo.
b) Pasivo.
c) Patrimonio Neto.
d) Gestión.

4. La situación de las cuentas de Activo, Pasivo, Patrimonio Neto y Gastos e Ingresos, después de la regularización es la siguiente:

a) Todas permanecen abiertas.
b) Las de Activo, Pasivo y Patrimonio Neto, están abiertas, y las de Gastos e Ingresos, cerradas.
c) Las de Activo, Pasivo y Patrimonio Neto, están cerradas, y las de Gastos e Ingresos, abiertas.
d) Todas quedan cerradas.

5. De la regularización solo se lleva una cuenta al asiento de cierre, que es:

a) (129) Resultado del ejercicio.
b) (610) Variación de existencias de mercaderías.
c) (300) Mercaderías.

6. En una regularización hay beneficios cuando la cuenta (129) Resultado del ejercicio presenta:

a) Saldo deudor.
b) Saldo acreedor.

7. El asiento de cierre del ejercicio consiste en ______________ las cuentas que presenten saldo acreedor y ________________ las cuentas que presenten saldo deudor, de tal manera que las sumas de saldos ______________________.

8. Anota si es verdadera o falsa cada una de las siguientes afirmaciones:

El asiento de cierre de un ejercicio económico es, al invertirlo, el asiento de apertura del ejercicio siguiente.
a) Verdadero.
b) Falso.

En las empresas individuales se devenga el impuesto sobre sociedades que se registra en la cuenta (630) Impuesto sobre beneficios.
a) Verdadero.
b) Falso.

En el caso de que hubiera pérdidas, se pueden traspasar en ejercicios posteriores a la cuenta (121) Resultados negativos de ejercicios anteriores.
a) Verdadero.
b) Falso.

SOLUCIONES

EVALÚA TUS CONOCIMIENTOS

UNIDAD 1

1. a) *Qué* bienes y servicios van a producirse.
   b) *Cómo* van a producirse los bienes y servicios.
   c) *Para quién* se van a producir los bienes y servicios.
2. El factor de producción «capital» es la combinación de esfuerzos físicos, manuales o intelectuales de distintos individuos para crear riqueza. *Falso.*
3. Las dos finalidades básicas de la empresa son: producir bienes o servicios para su oferta a posibles consumidores y obtener los mayores márgenes de beneficio posibles. *Verdadero.*
4. a) La situación económica y financiera de la empresa; d) Los resultados de cada ejercicio económico; e) Los motivos de los resultados de la empresa.
5. c) Una entrada de dinero.
6. a) De empresas individuales; c) General; e) Interna; g) De sociedades.
7. b) Comerciales, industriales o de servicios; e) Individuales o sociedades; f) Pequeñas, medianas o grandes.

UNIDAD 2

1. a) Un local. *Activo.*
   b) Programa informático. *Activo.*
   c) Reservas. *Patrimonio Neto.*
   d) Un vehículo. *Activo.*
   e) Una deuda por una compra. *Pasivo.*
   f) Un derecho de cobro por una venta. *Activo.*
   g) El capital aportado por el propietario. *Patrimonio Neto.*
2. d) Corriente; e) Activo; h) Disponible.
3. b) Inmovilizado; d) Activo; e) Material; f) No corriente.
4. a) Activo = Pasivo – Patrimonio Neto. *Falso.*
   b) Patrimonio Neto = Pasivo – Activo. *Falso.*
   c) El Pasivo es la estructura económica de la empresa. *Falso.*
5. a) Los derechos de cobro forman parte del activo corriente. *Verdadero.*
   b) El Activo representa las deudas de la empresa. *Falso.*

UNIDAD 3

1. b) Saldo cero.
2. b) Liquidar.
3. Se llama cargar o adeudar a hacer una anotación en el *Debe* y abonar o acreditar es hacer una anotación en el *Haber*.
4. Las cuentas de Activo nacen y aumentan por el *Debe* y disminuyen por el *Haber*.
5. Las cuentas de Pasivo y de Patrimonio Neto nacen y aumentan por el *Haber* y disminuyen por el *Debe*.
6. El método de partida doble establece que cualquier hecho u operación de carácter económico contable da lugar, como mínimo, a dos anotaciones: *una de carácter deudor (en el Debe) y otra de carácter acreedor (en el Haber).*
7. c) Clientes; d) Mobiliario; e) Caja, €; f) Construcciones; g) Propiedad industrial; i) Elementos de transporte.
8. c) Deudas a corto plazo con entidades de crédito; d) Proveedores, efectos comerciales a pagar; f) Proveedores de inmovilizado a corto plazo.

UNIDAD 4

1. Cuando el libro Diario y el libro Mayor concuerdan, ¿qué significa? ¿Cómo se suele comprobar si todos los cargos y abonos concuerdan? *Cuando el libro Diario y el libro Mayor concuerdan significa que hemos ido transcribiendo correctamente las cantidades de un libro a otro. Se suele comprobar si todos los cargos y abonos concuerdan punteando las operaciones anotadas y verificando numéricamente los totales o sumas de ambos libros.*
2. a) Un Balance de comprobación. *En cualquier momento del ejercicio. Al menos se realizará un Balance de comprobación de sumas y saldos al trimestre.*
   b) Un Balance de situación. *Al final del ejercicio.*
   c) Un Balance inicial. *Al comienzo del ejercicio.*
3. e) Balance inicial; c) Libro Diario; a) Libro Mayor; b) Balance de comprobación; d) Balance de situación.
4. a) Diario.
5. El rayado del libro Mayor se suele presentar simplificado y se le conoce con el nombre de cruceta. *Verdadero.*

   Un asiento en el libro Diario solo puede relacionar una cuenta deudora con otra acreedora. *Falso.*
6. a) Seis años.
7. d) Los Tribunales.

UNIDAD 5

1. Los hechos contables que producen cambios en el patrimonio de la empresa pueden ser *permutativos* y *modificativos*.
2. b) Podrá tener saldo deudor o cero.
3. Una cuenta de Activo que funciona por el sistema especulativo, admite funcionamiento *bilateral*, y su saldo puede ser *deudor, acreedor o cero*.
4. c) Entradas a precio de coste y salidas a precio de venta.
5. b) Gestión.
6. d) Resultado del ejercicio.
7. Si una cuenta es de Pasivo y aplica el procedimiento administrativo, podrá tener saldo acreedor o saldo cero. *Verdadero.*

   Cuando una cuenta es de gestión y se trata de un gasto, el saldo que puede presentar en el ejercicio económico admite la posibilidad de ser deudor o acreedor. *Falso.*
8. Las empresas registran su Contabilidad por períodos de igual duración coincidiendo con el *año natural*, desde el *1 de enero* hasta el *31 de diciembre*.

UNIDAD 6

1. El PGC (Pymes) consta de cinco partes: *1. Marco conceptual; 2. Normas de registro y valoración; 3.Cuentas anuales; 4. Cuadro de cuentas; 5. Defini-*

ciones y relaciones contables.

2. Todas las empresas deben presentar una cierta uniformidad en la presentación y valoración de su contabilidad con el fin de facilitar esta información a: *todos los interesados: deudores, acreedores, trabajadores, socios, Administración, etc.*
3. a) La 1, 2 y 3.
4. Los principios contables del PGC y del PGC (Pymes) son: *– Principio de uniformidad; – Principio de prudencia; – Principio de no compensación.*
5. En caso de conflicto entre principios contables, deberá prevalecer el que mejor conduzca a que las Cuentas anuales expresen *la imagen fiel del patrimonio, de la situación financiera y de los resultados de la empresa.*
6. d) Grupo 4.
7. b) Dos cifras.

UNIDAD 7

1. c) Géneros que son objeto de compraventa habitual.
2. c) Entradas a precio de coste y salidas a precio de venta.
3. a) Ventas de mercaderías. *Ingreso.*
   b) Rappels sobre ventas. *Gasto.*
   c) Descuentos sobre compras por pronto pago. *Ingreso.*
   d) Devoluciones de compras y operaciones similares. *Ingreso.*
   e) Compras de mercaderías. *Gasto.*
4. Las existencias iniciales de un ejercicio, son las existencias *finales* del ejercicio anterior.
5. La cuenta (609) Rappels por compras es un gasto. *Falso.*

   Los descuentos por pronto pago dentro de factura se restan de la compra o de la venta, sin registrarse como una cuenta específica. *Verdadero.*
6. El IVA es un impuesto *indirecto que recae sobre el consumo.*
7. Los seguros constituyen una operación exenta de IVA. *Verdadero.*

   La cuenta (472) HP, IVA soportado representa y registra el IVA por la adquisición de bienes y servicios, que tenga carácter deducible. *Verdadero.*

UNIDAD 8

1. b) Un derecho de cobro de la empresa.
2. a) Créditos a favor las dos.
3. b) La (436) sí, la (438) no.
4. a) Representa créditos favorables.
5. La cuenta (400) Proveedores, representa una deuda *por la compra de bienes que son objeto del tráfico habitual de la empresa, al realizarse la operación a crédito.*
6. c) Nacerá la cuenta (411) Acreedores, efectos comerciales a pagar.
7. a) Libra letras de cambio siendo, por tanto, librador.
8. c) Entregarla al banco para que se encargue de cobrarla a su vencimiento.

UNIDAD 9

1. c) No están destinados a la venta, pero se pueden vender.
2. b) Grupo 2.
3. Las ventas de inmovilizado se contabilizan por el precio de *compra o adquisición* llevando la diferencia a beneficios o pérdidas.
4. El PGC (Pymes) asigna, dentro del grupo 2, el subgrupo 20 para Inmovilizaciones materiales. *Falso.*
5. b) Capital social.
6. b) Con financiación propia y ajena.
7. a) Beneficios que no se reparten.
8. La cuenta (550) Titular de la explotación, se utiliza para reflejar el beneficio o pérdida que tiene una empresa individual. *Falso.*

   La cuenta (555) Partidas pendientes de aplicación, se utiliza para registrar el dinero recibido del que se desconoce su origen. *Verdadero.*

UNIDAD 10

1. c) Las disminuciones en el Patrimonio Neto.
2. a) Aumentos.
3. c) Compras de mercaderías; d) Rappels sobre ventas; f) Sueldos y salarios; k) Arrendamientos y cánones.
4. b) Rappels por compras; f) Ingresos por comisiones; g) Beneficios procedentes del inmovilizado material; i) Prestaciones de servicios; k) Otros ingresos financieros.
5. Las cuentas de gastos e ingresos solo duran un ejercicio económico. *Verdadero.*

   Los gastos se anotan en el Haber cuando se producen y se anotan en el Debe al finalizar el ejercicio. *Falso.*

UNIDAD 11

1. La periodificación contable se basa en el principio de *devengo.*
2. Cuando el total de gastos supere al total de ingresos, habrá *pérdidas* para la empresa.
3. d) Gestión.
4. b) Las de Activo, Pasivo y Patrimonio Neto, están abiertas, y las de Gastos e Ingresos, cerradas.
5. a) (129) Resultado del ejercicio.
6. b) Saldo acreedor.
7. El asiento de cierre del ejercicio consiste en *cargar* las cuentas que presenten saldo acreedor y *abonar* las cuentas que presenten saldo deudor, de tal manera que las sumas de saldos *sean iguales.*
8. El asiento de cierre de un ejercicio económico es, al invertirlo, el asiento de apertura del ejercicio siguiente. *Verdadero.*

   En las empresas individuales se devenga el impuesto sobre sociedades que se registra en la cuenta (630) Impuesto sobre beneficios. *Falso.*

   En el caso de que hubiera pérdidas, se pueden traspasar en ejercicios posteriores a la cuenta (121) Resultados negativos de ejercicios anteriores. *Verdadero.*

Edición: Elsa Tébar

Colaboración técnica en los casos prácticos: Joan Ortiz

Diseño de cubierta: Paso de Zebra

Fotocomposición, maquetación y realización de gráficos: Opción K

Fotografías: Jupiterimages, Sage SP y archivo Editex

Dirección producción: Teresa del Arco

Preimpresión: José Ciria

Producción editorial: Francisco Antón

Dirección editorial: Carlos Rodríguez

El presente material didáctico ha sido creado por iniciativa y bajo la coordinación de **Editorial Editex, S. A.**, conforme a su propio proyecto editorial.

Vía Dos Castillas, 33. C.E. Ática 7, edificio 3, planta 3ª, oficina B
28224 Pozuelo de Alarcón (Madrid)
ISBN: 978-84-9771-648-2
Depósito Legal: M-16134-2011
Imprime: Orymu, S.A.
Ruiz de Alda, 1 y 3. Pol. Ind. La Estación
28320 Pinto (Madrid)
Impreso en España - Printed in Spain